陇上学人文存

LONGSHANG XUEREN WENCUN

陇上学人文存

李清凌　卷

李清凌　著　　何玉红　编选

甘肃人民出版社

图书在版编目（CIP）数据

陇上学人文存. 李清凌卷 ／ 范鹏，王福生，陈富荣
总主编；李清凌著；何玉红编选. -- 兰州：甘肃人民
出版社,2020.11(2024.1重印)
ISBN 978-7-226-05586-1

Ⅰ. ①陇… Ⅱ. ①范… ②王… ③陈… ④李… ⑤何
… Ⅲ. ①社会科学－文集 Ⅳ. ①C53

中国版本图书馆CIP数据核字(2020)第200029号

责任编辑：张　菁
封面设计：王林强

陇上学人文存·李清凌卷

范鹏　王福生　陈富荣　总主编
李清凌　著　何玉红　编选
甘肃人民出版社出版发行
（730030　兰州市读者大道568号）
德富泰（唐山）印务有限公司印刷
开本890毫米×1240毫米　1/32　印张11.375　插页7　字数287千
2020年11月第1版　2024年1月第2次印刷
印数：1001~3000
ISBN 978-7-226-05586-1　定价：60.00元
（图书若有破损、缺页可随时与印厂联系）

《陇上学人文存》第二辑

编辑委员会

总　序

陇者甘肃，历史悠久，文化醇厚。陇上学人，或生于斯长于斯的本地学者，或外来而其学术成就多产于甘肃者。学人是学术活动的主体，就《陇上学人文存》（以下简称《文存》）的选编范围而言，我们这里所说的学术主要指人文社会科学研究。《文存》精选中华人民共和国成立以来，甘肃人文社会科学领域成就卓著的专家学者的代表性著作，每人辑为一卷，或标时代之识，或为学问之精，或开风气之先，或补学科之白，均编者以为足以存当代而传后世之作。《文存》力求以此丛集荟萃的方式，全面立体地展示新中国为甘肃学术文化发展提供的良好环境和陇上学人不负新时代期望而为我国人文社会科学事业做出的新贡献，也力求呈现陇上学人所接续的先秦以来颇具地域特色的学根文脉。

陇原乃中华文明发祥地之一，人文学脉悠远隆盛，纯朴百姓崇文达理，文化氛围日渐浓厚，学术土壤积久而沃，在科学文化特别是人文学术领域的探索可远溯至伏羲时代，大地湾文化遗存、举世无双的甘肃彩陶、陇东早期周文化对农耕文明的贡献、秦先祖扫六合以统一中国，奠定了甘肃在中国文化史上始源性和奠基性的重要地位；汉唐盛世，甘肃作为中西交通的要道，内承中华主体文化熏陶，外接经中亚而来的异域文明，风云际会，相摩相荡，得天独厚而人才辈出，学术思想繁荣发达，为中华文明做出了重要贡献。

近代以来，甘肃相对于逐渐开放的东南沿海而言成为偏远之地，反而少受战乱影响，学术得以继续繁荣。抗日战争期间作为大后方，接纳了不少内地著名学府和学者，使陇上学术空前活跃。新中国成立之后，人文社会科学领域的专家学者更是为国家民族的新生而欢欣鼓舞，全力投入到祖国新的学术事业之中，取得了一大批重要的研究成果，涌现出众多知名专家，在历史、文献、文学、民族、考古、美学、宗教等领域的研究均居全国前列，影响广泛而深远。新中国成立之后，人文社会科学几次对当代学术具有重大影响的争鸣，不仅都有甘肃学者的声音，而且在美学三大学派（客观派、主观派、关系派）、史学"五朵金花"（史学在新中国成立之后重点研究的历史分期、土地制度史、农民战争史等五个方面的重点问题）等领域，陇上学人成为十分引人注目的代表性人物。改革开放以来，甘肃学者更是如鱼得水，继承并发扬了关陇学人既注重学理求索又崇尚经世致用的优良传统，形成了甘肃学者新的风范。宋代西北学者张载有言："为天地立心，为生民立命，为往圣继绝学，为万世开太平"，此乃中华学人贯通古今、一脉相承的文化使命，其本质正是发源于陇原的《易》之生生不已的刚健精神，《文存》乃此一精神在现代陇上得到了大力弘扬与传承的最佳证明。

《文存》启动于中华人民共和国成立六十周年之际，在选择入编对象时，我们首先注重了两个代表性：一是代表性的学者，二是代表性的成果，欲以此构成一部个案式的甘肃当代学术史，亦以此传先贤学术命脉，为后进立治学标杆。此议为我甘肃省社会科学院首倡，随之得到政界主要领导、学界精英与社会各界广泛认同与政府大力支持，此宏愿因此而得以付诸实施。

为保证选编的权威性，编委会专门成立了由十几位省内人文社会科学领域著名学者组成的专家指导委员会，并通过召开专题会议研讨、发放推荐表格和学术机构、个人举荐等多种方式确定入选者。为使读者对作者的学术成就、治学特色和重要贡献有比较准确和全面的了解，在出版社选配业务精良的责任编辑的同时，编委会为每一卷配备了一位学术编辑，负责选编并撰写前言。由于我院已经完成《甘肃省志·社会科学志》（古代至 1990 年卷，1990 至

2000 年卷）的编辑出版工作，为《文存》的选编提供了坚实的基础和基本依据，加之同行专家对这一时期甘肃人文社会科学发展的研究，使《文存》能够比较充分地反映同期内甘肃人文社会科学的基本状况。

我们的愿望是坚持十年，《文存》年出十卷，到 2019 年中华人民共和国成立七十周年之际达至百卷规模。若经努力此百卷终能完整问世，则从 1949 至 2009 年六十年间陇上学人以"人一之、我十之，人十之、我百之"的甘肃精神献身学术、追求真理的轨迹和脉络或可大体清晰。如此长卷宏图实为新中国六十年间甘肃人文社会科学全部成果的一个缩影，亦为此期间甘肃人文社会科学学术业绩的一次全面检阅，堪作后辈学者学习先贤的范本，是陇上学人献给祖国母亲的一份厚礼。此一理想若能实现，百卷巨著蔚为大观，《文存》和它所承载的学术精神必可存于当代，传之后世，陇上学人和学术亦可因此而无愧于我们所处的伟大时代，并有所报于生养我们的淳厚故土。

因我们眼界和学术水平的局限，选编过程中必定会出现未曾意料的问题，我们衷心期望读者能够及时教正，以使《文存》的后续选编工作日臻完善。

是为序。

2009 年 12 月 26 日

目　录

编选前言

《陇上学人文存》精选中华人民共和国成立以来甘肃省人文社会科学领域成就卓著的专家学者的代表性成果，在学术界已产生重大的影响力。编选《陇上学人文存·李清凌卷》，对我而言是一次学习李清凌老师论著的过程。从"主要论著目录"的梳理、编选文章篇目的确定，再到文稿校对等，反复阅读的过程中再次领略李老师治学的精神和方法。现将李老师治学经历和主要学术成就做一回顾，作为学习的心得和体会。

李清凌，1944 年 8 月出生于甘肃省甘谷县。"文化大革命"前最后一届通过高考进入甘肃师范大学（今西北师范大学）历史系读书。因"文化大革命"的干扰，没有读完所有课程。"文化大革命"结束后，通过考试"回炉"复读，于 1978 年 11 月至 1980 年 12 月回甘肃师范大学学习。在时任系党总支书记、知名宋史和西北史地研究专家陈守忠先生组织下，成立由金宝祥先生、王俊杰先生、郭厚安先生等组成的指导小组指导其学习。两年时间，不仅学完规定课程，还系统阅读了《马克思恩格斯选集》《资本论》《宋史》《续资治通鉴长编》《建炎以来系年要录》《续资治通鉴》以及范文澜、郭沫若、翦伯赞等主编的《中国通史》等基本理论和专业书籍，打下了研究的基础。毕业后留校。1983 年 8 月至 1984 年 1 月到北京师范大学参加由白寿彝先生主讲的"史学概论讲习班"学习。1997 年 9 月至 1998 年 8 月到北京大学中文系作访问学者，一步步走上史学研究的道路。

受指导老师陈守忠先生的影响，李清凌老师的学术生涯起步于宋代历史研究。李老师第一篇学术论文《范仲淹与宋夏和议》1983年发表在《西北师院学报》增刊《历史教学与研究》，同年被《中国人民大学复印报刊资料》全文转载。①之后连续发表有关宋代营田等论文。②在治学过程中，宋史作为断代史一直是李老师关注的方向。李清凌老师的宋史研究，主要集中在宋代经济史领域，发表有关宋代弓箭手田制、学田制度、职田制度、官庄经营等论文多篇。③在宋代经济史研究中，又偏重与西北地区相关问题的讨论，包括宋代的西北民间贸易、西北土地经营、西北人口、西北经济开发等。④这些成果，既是宋代经济史研究内容的拓展，又从西北区域史的角度予以聚焦和深化。由著名宋史专家漆侠先生主编的《辽宋西夏金代通史》，⑤是全面系统总结辽宋夏金史研究成果的里程碑式著作，其中《宋朝的土地制度》一节由李清凌老师执笔。李清凌老师多年担任中国宋史研究会理事，并于2002年负责承办"中国宋史研究会第十届年会暨唐末五代宋初西北史研讨会"。会后与宋史研究会会长朱瑞熙先生、王曾瑜先生合作主

①《中国人民大学复印报刊资料·中国古代史》1983年第6期。

②李清凌：《关于宋代营田的几个问题》，《西北师院学报》1985第3期；《南宋秦陇军民的抗金斗争》，《西北师院学报增刊·历史教学与研究》1985年。

③李清凌：《试论北宋的弓箭手田制》，《西北师大学报》1992年第1期；《学田制度：庆历改革的一项创举》，《西北师大学报》1995年第6期；《宋代的职田制度与廉政措施》，《西北师大学报》1997年第1期；《从官庄看宋朝政府的管理活力》，《西北师大学报》1998年第3期。

④李清凌：《宋朝陇右地区的榷卖与民间贸易》，《西北师大学报》1993第1期；《宋代陇右地区的土地经营》，《西北师大学报》1994年第2期；《北宋的西北人口》，《河西学院学报》2002年第4期；《宋朝西北经济开发的动力》，《中国社会经济史研究》2005年第1期。

⑤漆侠主编：《辽宋西夏金代通史》，人民出版社2010年版。

编《宋史研究论文集》①,在宋史学界产生了重要的影响。

西北史研究是李清凌老师学术研究的重心,主要包括西北经济史、西北政治史、西北文化史三个方面。

李清凌老师在西北经济史研究领域用力尤深。1996年,李老师主编的《甘肃经济史》由兰州大学出版社出版。该著论述上起远古,下迄当代,对甘肃经济发展的演变作了详尽考察,从整体和全局的高度勾勒出甘肃经济发展的历史轨迹。值得肯定的是,论著把甘肃经济放在全国经济格局中展开讨论,联系西北乃至全国经济发展的共性,深入探讨甘肃经济发展的规律,着力突出甘肃经济特有的优势及不足。②在甘肃经济史探索的基础上,《西北经济史》1997年由人民出版社出版,这是李老师的学术代表作。论著将西北经济演变划分为六个阶段,分别为远古至春秋时期西北社会经济的开端、战国秦汉时期西北社会经济的初步发展、魏晋十六国北朝时期各民族政权竞争下的西北经济、隋唐五代时期西北社会经济的繁荣和衰落、宋夏金时期各民族政权对峙下西北区域经济开发、元明清时期统一多民族政权下西北经济缓慢发展。该著出版后,得到学术界的好评,认为全方位、跨地域、跨时间地总结论述了古代西北地区的经济模式、发展水平以及与中原经济的关系。在分阶段、按照经济门类论述西北经济发展历程中,论著围绕影响西北经济发展的主要因素,如地理环境、人口迁移、多民族聚居、生产方式、政治局势变动等展开。③论著将西北经济史放

①朱瑞熙、王曾瑜、李清凌主编:《宋史研究论文集》第十辑,兰州大学出版社2004年版。

②张兴胜:《钩深致远,服务现实——评李清凌主编〈甘肃经济史〉》,《甘肃社会科学》1997年第2期。

③张秀平、漆永祥:《评李清凌著〈西北经济史〉》,《中国史研究》1998年第4期。

置在整个中国经济史的大视野下展开讨论，尤其采取东西部经济发展的横向比较研究，从中提炼出有价值的学术观点。《尾论》"从东西部差距的形成看民族关系的重要性"认为，唐代中期以后，在剧烈的民族冲突下东西部经济差距形成，主要表现为农业衰落、生产关系落后、手工业技术难以提高、自然资源浪费大、管理水平低下、商品经济萎缩等。民族冲突的加剧是造成西北与内地或东西部经济差距的关键，这一认识升华了研究的主旨。

除上述两部著作，关于西北经济史，李清凌老师发表了多篇论文予以深入探讨。《西北古代农田水利开发的三个高峰》①认为，中国历代中央政府为解决军需供应问题，在西北实行屯田和开发水利资源，但由于不同时代统治方式差异，可用于投资的人力、物力和财力不同，遂使各时代西北水利开发呈现出高低波动的曲线，在汉、唐、明清出现三个高峰期。李老师将历史上西北经济开发分为军事动力型和经济动力型两个类型。《西北古代农田水利开发的类型投资者和基本经验》②认为，西北历史上许多大的经济开发都是国家投资的军事型开发，也是在民族、社会矛盾激化的背景下作为军事行动的配套措施提出和开展，因此历史上尤其是甘宁青新地区农业水利开发，大都跳不出军事动力的窠臼，也脱不开忽起忽落的实践轨迹。西北经济活动背后，存在着不同的经济开发思想。《魏晋十六国北朝西北的经济开发思想》③认为，魏晋十六国北朝时期，五凉等政权的政治家利用陇

①李清凌：《西北古代农田水利开发的三个高峰》，《西北师大学报》2007 年第 5 期。

②李清凌：《西北古代农田水利开发的类型投资者和基本经验》，《西北师大学报》2006 年第 5 期。

③李清凌：《魏晋十六国北朝西北的经济开发思想》，《宁夏社会科学》2006 年第 2 期。

右、河西等地的"独安"条件，以官营屯田、官苑牧马、丝路贸易为主营，多管齐下地组织经济开发，客观上为隋朝的统一奠定了物质基础。《隋唐五代时期西北的经济开发思想》[①]将隋唐五代西北经济开发的战略思路总结为设屯田以益军储、养军马以壮国威、兴贸易以睦四邻的思想。这些讨论深入揭示出经济活动背后的思想，拓宽了西北经济史研究的视域。

李清凌老师于1985—1989年参加金宝祥先生组织的《隋史新探》撰写和研究，这为其打下了政治史研究的坚实基础。李清凌老师撰写其中的第二章《隋朝统一的历史条件》。书稿写成后，金宝祥先生说，参与编纂的李清凌等三位老师"态度严谨，狠下功夫"，"引证史料，颇有深度"，基本掌握了治学的门径。[②]在之后的政治史研究中，李清凌老师依然侧重于西北政治史的探索，并于2009年在人民出版社出版《中国西北政治史》。作为《西北经济史》的姊妹篇，《中国西北政治史》系统梳理从先秦至明清以来西北政治发展的轨迹，对影响西北政治演进的因素展开深入研讨。李老师尤其在西北政治演进中的地域特色，如民族政权的历史作用、"因俗而治"的政治思想、土司等地方政治制度以及地方治理诸多方面，提出许多新颖的观点。

关于西夏民族政权，李清凌老师发表《论西夏政权的历史作用和影响》，[③]分析西夏政权在中国多民族国家形成中的重要意义，认为西夏立国190年间，在西北经济开发、行政管理和文化建树等方面，都

---

①李清凌：《隋唐五代时期西北的经济开发思想》，《西北师大学报》2005年第6期。

②金宝祥、李清凌、侯丕勋、刘进宝：《隋史新探》，兰州大学出版社1989年版，第1页。

③李清凌：《论西夏政权的历史作用和影响》，《宋史研究论文集》，宁夏人民出版社1999年版。

有可贵的历史性贡献。《西夏立国长久的原因》①认为,西夏之能够割据一方,有宋朝国策的失误,也有辽、金等国的支持,而主要的内在原因则是党项民族俗尚武力、统帅人才杰出、军事形势优越以及农牧业生产基础良好等。

关于历代王朝治理西北的政治思想,李清凌老师既有着眼代表政治人物的微观探索,也有长时段的考察。《苏绰治理乱世的政治思想》②认为魏晋南北朝时期,由于社会动乱,传统儒学受到极大的冲击,在此情势下,苏绰弘扬儒学、倡导治人心、敦教化等一系列儒家思想来改良和振兴西魏政治,在当时发挥着重要的作用。《元明清管理甘青民族地区的政治思想》③认为,元明清三朝对甘青多民族地区的统治,尽管具体做法因时、因地、因民族而有所变化,形式各异,但实质上都是"因俗而治"的不同表现,这对巩固国家统一格局、凝聚各族人心、推动社会进步具有重要意义。

对西北地方政治制度的研究,李清凌老师从区域比较中分析西北的特色。《元明清时期甘青地区的土司制》④认为,与华中、华南和西南土司制的形成及特点相比,元明清甘青地区土司建置实行土流参治、土控于流、多封众建、守土与护家休戚相关等措施,既发挥了土官熟悉本地民族、语言、宗教、风俗的特长,强化了中央对民族的治理,又有效地防止土官专权,因而有利于调动土司的积极性,这是古代中央政府管理民族地区的新思路、新模式。

---

① 李清凌:《西夏立国长久的原因》,《丝绸之路》2011 年第 8 期。
② 李清凌:《苏绰治理乱世的政治思想》,《西北师大学报》2011 年第 2 期。
③ 李清凌:《元明清管理甘青民族地区的政治思想》,《史林》2006 年第 6 期。
④ 李清凌:《元明清时期甘青地区的土司制》,《云南社会科学》2003 年第 5 期。

在西北政治史研究中,李清凌老师注重从"治理"而非"统治"的视角予以考察。2008年由中国科学文化出版社出版的《元明清治理甘青少数民族地区的思想和实践》,就是其中的代表。论著使用"治理"一词,而非"统治"。与政府统治相比,治理的内涵更加丰富。统治主要以具有强制性的行政、法律手段为主,而治理则更多的是强调各种力量之间的合作。论著强调元明清在甘青少数民族地区治理中中央与地方、官方与民间的互动,包括国家权力怎样渗透到甘青地方和基层、甘青地方政府执行国家政策的实际情形、地方和民间力量对治理政策的应对等。正是从中央政府与甘青民族地区互动的视角出发,将甘青民族地区治理问题引向深入。①

西北文化史、宗教史、教育史等是李清凌老师勤于用力的领域。关于华夏文明起源、秦文化等,是西北文化史乃至中华文明史研究的重要问题,李老师连续出版两部专著予以讨论。《华夏文明的曙光》2013年由中国社会科学出版社出版。全书包括《昆仑丘与华夏文明》《伏羲氏:轩辕文化的先驱》《轩辕氏对华夏文明的贡献》等。论著以甘肃省清水县轩辕黄帝及其相关文化遗存为主要研究对象,综合运用文献记载、民间传说、考古发现等,考证轩辕黄帝的族源世系、主要事迹、子嗣后裔、历史贡献、社会影响与现代意义等,展现出以轩辕文化为核心的华夏文明早期发展演变的历程。"源头性"是甘肃历史文化资源的一个鲜明特点。从"源头性"这一点出发,李老师将轩辕部族的来源与形成、轩辕文化的前驱与奠基者、轩辕文化创建的政治背景、轩辕文化对华夏文明的贡献、轩辕文化形成的社会氛围等内容逐步推开,研究逐层深入。这是该论著在立意等方面的独特之处。

①何玉红、杨荣:《研究甘青少数民族地区治理的多维视角——李清凌〈元明清治理甘青少数民族地区的思想和实践〉评介》,《甘肃社会科学》2010年第4期。

被学界称之为"钩稽辨族姓,雄浑发秦声"①的《秦亭与秦文化》,2016 年由中国社会科学出版社出版。论著包括《秦嬴的族源与非子封秦》《秦人的建国立朝》《秦人的文化》等。论著以秦嬴族源、先祖和秦国、秦朝兴亡为主线,以秦文化为核心内容,全面论述了秦嬴一族从秦亭发迹,在中国历史上创建首个统一多民族国家以及对中国历史文化所作出的重大贡献。李老师对秦嬴族源的考辨尤为精细,认为族源是要寻找秦地嬴姓人的世系渊源,而不是其近宗或远祖的原住地。在综合利用考古资料、出土实物与传世文献的基础上,论著对秦文化之渊源等展开深入探究。

在宗教文化研究中,李清凌老师注重分析西北宗教的地域特色及其对地方社会的影响。《明代西北的佛教》②认为,汉传佛教与藏传佛教和谐发展是宋明以来西北佛教的一大特色。中央政府采取的多封众建、僧俗并用等措施,有效地实现了对藏传佛教区的管理。《藏传佛教与中国传统文化的关系》③认为,藏传佛教是在中国传统文化的哺育及历代中央政府的关注下形成和发展起来的,与中国传统文化有着内在的联系,是中国传统文化的延伸和重要组成部分。藏传佛教与中国传统文化内在、密切的关联,也是藏族、蒙古族等信仰藏传佛教民族与中华民族大家庭历史联系的见证和结果。

关于西北教育史研究,李清凌老师尤其关注教育与西北社会治理之间的关系。《元代西北教育的特点》④认为,由于统治阶级赋予学

①漆永祥:《钩稽辨族姓,雄浑发秦声——李清凌教授〈秦亭与秦文化〉读后》,《历史教学》2018 年第 2 期。

②李清凌:《明代西北的佛教》,《甘肃教育学院学报》2001 年第 2 期。

③李清凌:《藏传佛教与中国传统文化的关系》,《中国藏学》2001 年第 3 期。

④李清凌:《元代西北教育的特点》,《西北师大学报》2008 年第 6 期。

校以民众教化的功能，西北地区的官学教育重视和照顾少数民族生员，拓展了传统官学教育的领域，有益于民族地区的社会稳定和发展。《明代西北的教育》等[①]研究表明，儒学思想在西北各民族中的广泛传播，对于培育和加强各少数民族对中华传统文化的认同，对于在各少数民族中育成共同心理素质，从而自觉维护民族团结和国家统一，发挥着重要的作用。

关于西北文化史的整体发展脉络、内容体系、区域特点等，眼下李清凌老师已经完成40余万言的《中国西北文化史》，即将由人民出版社出版。这与《西北经济史》《中国西北政治史》共同构成西北史系列研究的"三部曲"。再加上与郭厚安先生共同主编的《西北通史》第三卷[②]，李老师在西北史研究中，取得了丰硕的成果。

李清凌老师重视教材编纂，且注重体例与内容的创新。著名教育学家李秉德先生主编的《教育科学研究方法》[③]是我国教育科学研究方法论领域的经典著作，李清凌老师执笔该教材《教育科学研究的历史法》一节，从历史学角度介绍了教育科学研究的方法。前文提到，李老师曾参加北京师范大学"史学概论讲习班"，在多年为本科生和研究生讲授"史学理论与方法"的基础上，于1993年编纂出版《史学理论与方法》。在同类教材中，《史学理论与方法》别具特色。赵吉惠先生评价称，作者提出了一个讲述"史学理论"的新思路、新框架：在历史本体论、历史认识论、历史学方法论之外，将"史学论"作为首编。与此同时，教材注重应用性，把编纂方法、叙述方法纳入"方法论"体系中

---

① 李清凌：《明代西北的教育》，《历史教学》（高校版）2009年第9期；《清代甘青宁民族地区的教育》，《青海民族研究》2008年第2期。

② 郭厚安、李清凌主编：《西北通史》第3卷，兰州大学出版社2005年版。

③ 李秉德主编：《教育科学研究方法》，人民教育出版社1987年版。

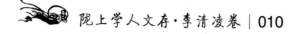

加以论述。①

李清凌老师主编的《中国文化史》2002 年由高等教育出版社出版。《中国文化史》将中国传统文化的内涵概括为以儒学为核心,以儒、释、道文化为主流,融合各地区、各民族、各时代主要文化形式的动态文化系统。和同类教材相比,最明显的特点是从物质、精神、制度、风俗四个方面,将中国文化发生、发展的历程分为起源阶段、形成阶段、发展阶段、冲突与融合阶段、繁荣阶段、高峰阶段、出现转机阶段、走向近代化的阶段,重点揭示各阶段重要文化现象的内涵、外延和在中华文明史上的地位。②李老师使用此教材主讲的"中国文化史"课程,也于 2004 年建设成为甘肃省精品课程。十多年来,教材在全国各高校推广使用,效果较好,2017 年由高等教育出版社出版第 2 版。

李清凌老师编写的第三部教材《中华文明史》2011 年由天津古籍出版社出版。李老师认为,"文化史研究的重点是人类各时代文化发展的面貌;而文明史关注的重点则是社会整体进步的状况。"与其他同类教材"将文明与文化理解为同一概念"不同,"本书以国家的出现作为文明时代的标志","重点研究文明社会出现以后中华文明的内容和发展轨迹"。教材简明而系统地介绍中华文明从史前到中华人民共和国成立前的发展脉络、各历史阶段的发展创新、内在联系等。③

以上所述,是李清凌老师史学研究的主要内容和成就,从中也反映出其治学的特点,主要有三个方面:

---

① 赵吉惠:《史学理论研究的新作——评李清凌著〈史学理论与方法〉》,《西北师大学报》1994 年第 4 期。

② 何玉红:《体系宏大蕴含新意的教科书——简评李清凌主编〈中国文化史〉》,《甘肃社会科学》2002 年第 3 期。

③ 徐秀玲、丁玉莲:《李清凌等著〈中华文明史〉评介》,《图书情报论坛》2013年第 5 期。

　　一是不囿于陈说,在扎实史料分析的基础上阐幽探微,提出创新性观点。李清凌老师的论著,建立在对传统文献史料的辨析考证之上。《华夏文明的曙光》《秦亭与秦文化》等著述中,将神话传说、传世文献和考古资料相互印证,细致考辨,从而得出可信的结论。李老师也善于利用新史料,如从元代西夏遗民文献《述善集》出发,考察生活在西夏境内的蒙古族游牧民由从军、迁徙、弃牧从农而逐渐汉化的历程。①对新旧史料的深入解析,成为立论的坚实基础。

　　提出创新性观点,是学者治学功力的体现。在此方面,李老师可谓独辟蹊径,提出新说。如学术界关于佛教传入中国的时间问题,聚讼纷纭,论者大都以佛教传到长安、洛阳等内地作为传入中国的标志,而对于佛教传入内地前,早已盛行于中国西域即今新疆一带的历史,则语焉不详。对此,《佛教传入中国应从西域算起》②认为,佛教从印度传入我国西域即今新疆于阗一带,是传到中国的第一站,也是佛教输入中国的标志。确认印度—中亚—西域(新疆)—长安—洛阳的佛教传入中国的次第路线及佛教传入于阗等西域国家是传入中国的标志,对中华各民族共创中华文化的研究,有重要的学术价值和现实意义。再如《宋夏金时期佛教的走势》③指出,学术界关于宋夏金时期佛教走向衰落的看法,存在认识上的误区:只看到佛经译传的不足,而忽视了汉地佛教传播的特点;只重视佛教对统治集团政治活动的作用,而忽视了其对社会下层民间习俗的影响;只见中原内地,而忽

　　①李清凌:《从〈述善集〉看河南濮阳西夏遗民的族属与汉化》,《固原师专学报》2000 年第 4 期。

　　②李清凌:《佛教传入中国应从西域算起》,《史学论丛》,甘肃文化出版社2000 年版。

　　③李清凌:《宋夏金时期佛教的走势》,《西北师大学报》2002 年第 6 期。

视了周边少数民族佛教发展的情况。李老师认为,宋夏金时期佛教发展出现新的特点:汉地佛教宗枝归并,三教合一成时代趋势,宗教内容和形式进一步中国化,宣传通俗化、取向大众化等。佛教在宋夏金时期的发展与隋唐五代相比,不但没有衰落,反倒有许多新的发展和特点。这些新观点的提出,得益于研究视角的转换,从而在充分史料的基础上建立新说。

二是从中国通史和长时段视野下对西北区域史提出新的解释。李老师治学,所涉时段从先秦传说时代的文化溯源,到明清时代史事,均有论述。这一开阔的视野,能够突破朝代的界限,避免在西北区域史研究中就区域而谈区域,就西北而论西北。有了通观的视野,才能在研究中做到既聚焦于西北问题,又能走出西北的限制,从而对西北区域史的问题予以新的解读。如《西北区域政治史上比较优势的骤衰》①一文认为,周、秦、汉、唐前期,西北地区一直处于国家的核心地位,对于其他地区的比较优势很明显。"安史之乱"后这一局面改变,吐蕃乘势占领河陇,回鹘自北方西迁,党项由西南北上,蒙古从大漠勃兴,使西北民族关系日趋复杂,社会动荡不安,从此西北区域政治的对比优势开始衰落,区域政治边缘化,开始出现了中国西北与内地开发和发展的差距。将西北区域政治史上比较优势骤衰问题,置于通观的视野下观察其长时段的变化趋势,揭示民族关系问题在此变化中的关键性制约作用,诚为卓识。《魏晋至清朝西北史家治史重点的转变》,②将西北史家治史问题放置在魏晋至明清长时段中进行考察,

---

① 李清凌:《西北区域政治史上比较优势的骤衰》,《宁夏社会科学》2009 年第 6 期。

② 李清凌:《魏晋至清朝西北史家治史重点的转变》,《赵吉惠纪念文集》,陕西人民出版社 2008 年版。

认为书写当代史和割据政权史是魏晋十六国时期西北史家治史的特点,宋元以后西北史家在地方史和家族史编写方面独具特色,明清之时西北学人的修史重点转移到地方史志和家乘谱牒的编纂上。通观而能明变,在长时段的视野下,西北史的特殊之处才能显现出来。其他研究如前文提到的《西北古代农田水利开发的三个高峰》《西北古代农田水利开发的类型投资者和基本经验》等,均是从长时段的视野展开讨论,以此对西北区域的历史发展得出新的认识。

三是以历史研究为基础,将学术探索和现实关照有机结合,从既往的史事中寻求有益于当下的启示。李老师的史学研究,有着对现实的深切关注和思考。《以区域文化优势促进西部经济发展——论史学遗产在西部大开发中的作用》[1]认为,作为精神文化遗产的史学遗产与现实社会有着密切的联系。记录和传播开发者的足音,为后人留下我们这一时代的史学,即为史学遗产增添新的内容,乃是当代史学工作者的天职。从具体的历史问题中寻求经验和智慧启示,渗透在李老师的论著之中。如《元明清三朝治理甘青民族地区的特点、成就和经验》[2]指出,元明清三朝治理民族地区积累了许多宝贵的经验,摸索到了国家与民族、中央与地方、政治与宗教关系的规律,可为促进今天西北民族地区社会经济和文化发展提供有益的历史借鉴。《西北古代农田水利开发的类型投资者和基本经验》[3]认为,纵观西北历史,凡水

---

①李清凌:《以区域文化优势促进西部经济发展——论史学遗产在西部大开发中的作用》,《开发研究》2005年第3期。

②李清凌:《元明清三朝治理甘青民族地区的特点、成就和经验》,《甘肃联合大学学报》2007年第4期。

③李清凌:《西北古代农田水利开发的类型投资者和基本经验》,《西北师大学报》2006年第5期。

利建设较好的时代，政府都实行农田灌溉用水优先的政策。时至今日，依然具有重要的史鉴价值。《藏传佛教与宋夏金时期西北的民族关系》①认为，藏传佛教在西北的传播，有利于民族共同文化心理的形成；共同文化基础上形成的共同心理，是中华民族各成员相互认同、相互团结、凝成一体的切合点。从历史中总结西北民族地区共同体意识塑造的智慧，意旨深远。

李清凌老师多年担任甘肃省历史学会会长和名誉会长，多次组织省内高校和科研机构的历史系、所与地方政府合作办会，围绕甘肃地方历史文化资源保护利用等开展学术研讨。2020 年由其总纂的《甘肃省志·文化志》(1986—2007 年)由甘肃文化出版社出版。这两年，李老师在《甘肃日报》专栏发表《让兰州黄河文化资源活起来》②等系列文章，探索史学大众化的新路。

我自 2000 年考取硕士研究生，跟随李清凌老师读书。之后留校任教，无论在生活、学习、工作等方面，李老师对我关心和指导有加，已经整整有 20 年的时间了。每每在学习中有点滴的心得与收获，我即向老师报告分享，生活与工作中遇到不顺心的事情，也找老师倾诉求教。老师或鼓励，或开导，或点拨，或指引，如沐春风。尤其近两年来，每过一段时间，就到李老师家中说说话，冀有收获。于我而言，身边有良师随时请益，实是人生的幸事。

李清凌老师已发表的学术论文有 100 余篇，独立撰写、合著、主编、合作主编的论著达 10 余部。因篇幅所限，本书只选用其中的 18 篇论文，基本能反映出李老师各时期史学研究的旨趣所在和代表性

①李清凌：《藏传佛教与宋夏金时期西北的民族关系》，《西北民族学院学报》2001 年第 2 期。

②李清凌：《让兰州黄河文化资源活起来》，《甘肃日报》2020 年 1 月 2 日。

成果。本书最后一篇《陇原不息的智慧之光——金宝祥先生和他的史学研究》，是李老师对金宝祥先生学术成就和治学精神的回顾，其中回忆到他与金宝祥先生 40 年交往的师生情谊，令人感动，也让我们看到学术的薪火相传。《陇上学人文存·李清凌卷》出版在即，祝愿包括李老师在内的前辈和后辈学人再接再厉，在史学园地凝聚成"陇原不息的智慧之光"。

何玉红

2020 年 10 月 20 日

北宋西北人口蠡测

我国西北地区包括陕、甘、宁、青、新五省（区），自古就是一个多民族聚居的地方。北宋时期，这里的主要居民除汉族外，还有吐蕃、党项、回鹘、契丹等，它们盘踞一方，各自为政，建立了许多区域性民族政权。各政权之间及各政权与宋朝政府之间频繁交往，紧密联系，三百年间，乱中有治。各族人民不仅在西北经济开发中充当了骨干力量，而且在政治舞台上也是影响西北乃至全国局势的举足轻重的因素。然而对于这样一个重要地区的人口，史书没有明确的记载，今人缺乏全面深入的考察，连研究人口的专著，也很少涉及西北少数民族人口问题。本文不揣谫陋，管窥蠡测，拟据所见资料，将北宋统治晚期西北各族的人口，按照宋陕西五路、湟鄯廓吐蕃统治区、党项西夏统治区、甘沙西州回鹘统治区、喀喇汗王朝统治区及西辽统治区等几大块，作一综合性考察和粗估，以给我们一个纵向比较的参考值。由于资料不足，我们找不到同一时间的人口统计数，因而我们只能根据已有资料，将统计时间粗定在北宋末。

一、陕西五路的汉族人口

宋仁宗庆历元年（1041 年），宋朝政府将陕西路划分为鄜延、环庆、泾原、秦凤四路，加上神宗熙宁时新建的熙河兰会路，合称陕西五路。按《宋史·地理志》记载，陕西五路及利州路兴元府，利、洋等州今属西北范围各府州军监的人口如下表：

府州军监	户数	人数	府州军监	户数	人数
京兆府	234 699	537 288 233	保安军	2 042	6 931
同州	81 011	233 965	庆阳府	27 853	96 433
华州	94 750	269 380	环州	7 183	15 532
耀州	102 667	347 535	彬州	58 255	162 161
延安府	50 926	169 216	宁州	37 558	122 041
鄜州	35 401	92 415	坊州	13 408	40 191
秦州	48 648	123 022	镇戎军	1 961	8 057
凤翔府	143 374	322 378	熙州	1 893	5 254
陇州	28 370	89 750	河州	1 061	3 895
成州	12 964	33 995	巩州	4 878	11 857
凤州	37 796	61 145	岷州	40 570	67 731
渭州	26 584	63 512	文州	12 531	22 078
泾州	28 411	88 699	兴元府	60 284	123 540
原州	23 036	63 499	利州	25 373	51 539
德顺军	29 269	126 241	洋州	45 490	98 567
阶州	20 674	49 520	兰州	395	981
合计	5 181 924 口	1339 315 户	户均		3.87

除上表统计的人口外,陕西还常年驻兵数十万人,如宋英宗治平年间(1064—1067 年),陕西就有战兵 45 万余人,他们未被列入民籍,应作单独统计。还有,像汉族地区居住着许多少数民族一样,西北少数民族地区也居住着大量的汉族。古人在划分居民族属的时候,往往是按照居住区和文化面貌来确定,而很少考虑种族来源的因素。宋

神宗熙宁五年(1072年)五月,王韶招附30万蕃部的消息传到京师后,王安石对神宗说:"今三十万众若能渐以文法调驭,非久遂成汉人,缘此本皆汉人故也。"①这些人在蕃地的时候就被当成蕃人,归附宋朝以后又将被调教和恢复为汉人,这是反映古人民族观念的一个典型例子。由于史籍中提供少数民族地区汉人的数据很少,以至我们很难对其做出比较准确的民族区分。因此除史籍有记载者外,这里难免有将少数民族地区的汉人按原资料计入当地民族的情况。好在本文的主旨是估计北宋晚期西北地区的总人口,而不是精确地统计各民族人口数,因而即使出现上述情况也无妨于本文宏观目标的实现。

综上表列,加上驻军,北宋晚期陕西五路的汉人为560余万,考虑到下面熙、河、兰、会路少数民族人口统计中可能将当地一部分汉人重复计算,打个20万人的折扣,将陕西五路的汉族人口估计为540万,当不为过。这个数字,已经超过了汉、唐时期西北汉族可统计人口而达到历史最高点。

二、陕西五路及河湟地区的吐蕃人口

鄜延、环庆、泾原、秦凤及熙河兰会路自晚唐、五代以来就散居着许多吐蕃人。史家将归附于宋朝的吐蕃等少数民族称作熟户,其余的称作生户。②宋仁宗宝元元年(1038年),元昊称帝建国以前陕西的吐蕃人数,据《长编》卷192宋仁宗嘉祐五年(1060年)七月,殿中侍御史吕诲上言中云:"陕西四路所管熟户,不下十数万。"从吕诲上言的整个文义来分析,他所说的十数万人,是指以吐蕃为主的蕃兵而非

---

① (宋)李焘:《续资治通鉴长编》(以下简称《长编》)卷233,熙宁五年五月辛卯。

② (元)马端临:《文献通考》卷334谓:"内属者谓之熟户,余谓之生户。"

一般人口。若按每帐 5 口,有兵士 1.6 人计,[①]这十数万兵士当来自 30 多万蕃部人口,其中秦凤、泾原二路的蕃户最多,[②]如庆历初泾原路有熟户一万四百七十余帐,按每帐 5 口计算,当有 5 万余口。[③]环庆路熟户蕃部约及二万人。[④]秦州管下"诸族帐一十九万八千有余人骑"。[⑤]这里的"人骑",当是人和坐马的总数,宋人常将不同种类的事物放在一起统计,史书记载也是这样,如宋真宗咸平三年(1000 年)十月,延州上报:"钤辖张崇贵等破蕃族大卢、小卢等十族,禽获人口、羊马二十万。"[⑥]就与本条计法相同。有学者以为"'人骑'即骑兵",仅指兵数而言,于是根据上述史料,得出"按五口之家有军人 1.6 人的标准估测,秦州所统番部诸族帐已有 12 万帐,比元丰户数几乎多出一倍"的结论。[⑦]12 万帐就是 60 万人,这一结论反映的人口数字太大,显然令人不安。即使按一人一骑,人马各半理解上述引文,再按"五口之家有军人 1.6 人"来计算,当时秦州管下(当即秦凤路)的蕃部至少已有 6 万余户,30 万口以上。宝元用兵以后,这些熟户有的陷入西夏,有的在宋夏拉锯战中频频向背。到宋英宗治平二年(1065 年),宋朝政府下令陕西四路"各管勾本部蕃部,团结强人",结果,秦凤路有强人 41194 人,鄜延路有蕃兵 14595 人,强人 6548 人,泾原有强人 12466 人,环

①这里的每帐人数、兵数,是参照吴松弟《宋代户口的汇总发布系统》一文中的估测确定的,见《历史研究》1999 年 4 期。

②(宋)文彦博:《潞公集》卷 17。

③《长编》卷 132,庆历元年六月己亥。

④(宋)范仲淹:《上仁宗乞令陕西主帅并带押蕃部使》,《宋名臣奏议》卷 125《兵门》。

⑤(宋)张方平:《乐全集》卷 22。

⑥《长编》卷 47,咸平三年十月丙寅。

⑦吴松弟:《宋代户口的汇总发布系统》,《历史研究》1999 年 4 期。

庆路有强人 31723 人。若以平均每户出一名强人,即每个强人代表一户人家,又蕃兵计算方法同上,则秦凤路有蕃部 20 余万人,比咸平时减少了三分之一(这是符合情理的)。合上陕西四路,在籍蕃部即以吐蕃为主的少数民族人口仍在 50 万人以上,到北宋末,即使不增加,也应不减于此数。

熙、河、兰、会路包括熙(治今甘肃临洮县)、河(治今甘肃临夏市)、洮(治今甘肃临潭县)、岷(治今甘肃岷县)、叠(治今甘肃迭部县)、宕(治今甘肃宕昌县)、兰(治今甘肃兰州市)、会(治今甘肃靖远县)等州,宋夏金时期是吐蕃人聚居的地方。其汉族人口上表已有统计。少数民族人口,宋神宗熙宁中(1068—1077 年),宋将李宪"讨生羌于露骨山,斩首万级""羌族十万七千帐内附",①折合 50 余万口。宋神宗熙宁五年(1072 年)五月前,王韶攻下熙、洮、岷、叠、宕等州,"拓地千二百里,招附三十余万口。"②到宋神宗熙宁六年(1073 年)十月,战果进一步扩大,据上报,宋将前后招附"小大蕃族三十余万帐"③。有学者怀疑这一数字,认为这个"帐"当是"口"字之误。我们认为上引史料并非纯属子虚,理由有三:其一,两条史料所记内容不在同一年内,后者当是前者战果的扩大;其二,李宪河州一战,即降附 50 余万人,王韶夺取熙、洮等州又降 30 万人,若将整个"熙河之役"招降人数缩作 30 万口,那将低于阶段性战役的招降数字,因而不合情理;其三,熙、河、兰、岷等地历来就是吐蕃民族聚居的地方,通过熙宁之役,将那里 30 万帐,150 万吐蕃等族人口举族招附于宋朝,应是有可能的。但在作人口估计时,为了谨慎起见,我们仍将王韶上报的 30 万帐按

---

①《宋史》卷 350《苗授传》。
②《长编》卷 233,熙宁五年五月辛卯。
③《长编》卷 247,熙宁六年十月辛巳。

30万口计算，又将李宪招附的10余万帐与王韶上报的30万口，按数字有重复处理，实际是从上引三个数字中只取了居中一个数字。又《宋史·苗授传》有"威震洮西"的话，因而这个数字中还可能包括了一部分洮西降人以及一部分重复计算的汉人。以这样保守的观点计算，熙、河、兰、洮、岷一带的吐蕃人口至少当有50多万口。降至北宋末，估计也能保持此数。

熙河之役30年后，宋朝政府又派王厚深入河湟地区，克复湟、鄯、廓三州及河南地（青海境内黄河以南）。据《续资治通鉴长编拾补》卷23宋徽宗崇宁三年（1104年）四月条记载，这次战役，"开拓疆境幅员三千余里。其四至：正北及东南至夏国界，西过青海至龟兹国界，西至卢甘国界，东南至熙河兰岷州，连接阶、成州界。计招降到首领二千七百余人，户口七十余万。"其中，湟州（治今青海乐都县）"户口约十余万计"①，鄯州（即青唐，治今青海西宁市）"管户口三十余万"②，廓州管户口20余万。③

综上，抛开人口增长、变动因素不计，到北宋晚期，陕西五路及河湟地区吐蕃或吐蕃化居民至少有170万人。

三、党项西夏的人口

1038年建国的党项西夏，统治范围包括今宁夏、河西走廊全部及陕北、内蒙古、青海一部分地区，"方二万余里""州军凡二十有二"。④

---

①《续资治通鉴长编拾补》（以下简称《长编拾补》）卷21崇宁二年六月辛未，同条另一数字是王厚招纳湟州境内漆令等族大首领，"管户十万"，当是管户口10万。

②《长编拾补》卷23，崇宁三年四月丁巳。

③《长编拾补》卷23，崇宁三年四月辛酉。

④《宋史》卷486《夏国传下》。

据《长编》卷 120 宋仁宗景祐四年（1037 年）十二月附载，"赵元昊既悉有夏、银、绥、静、宥、灵、盐、会、胜、甘、凉、瓜、沙、肃，而洪、定、威、怀、龙皆即旧堡镇伪号州。置十八监军司，委酋豪分统其众。自河北至卧啰娘山七万人，以备契丹；河南洪州、白豹、安盐州、罗洛、天都、惟精山等五万人，以备环、庆、镇戎、原州；左厢宥州路五万人，以备富、延、麟、府；右厢甘州路三万人，以备西番、回纥；贺兰驻兵五万人，灵州五万人，兴庆府七万人为镇守，总三十余万。"另据《宋史》卷 486《夏国传下》记载：西夏有左右厢十二监军司，"诸军兵总计五十余万。别有擒生十万。兴灵之兵，精练者又二万五千。别副以兵七万为资赡，号御围内六班，分三番以宿卫。"从这两段史料中，我们可以窥见西夏人口的梗概。

首先，这两段史料反映西夏不同时期的军员情况。西夏建国前的 30 多万军额，建国后仍保留了一段时期，直到宋神宗元丰四年（1081年）九月，宋朝政府给李宪的诏书中还说："近据东北诸路所奏，夏人举一国之兵以当官军，约三四十万之众。"[1]可见夏国 30 余万的兵额从建国到宋元丰时，至少保持了半个多世纪的时间。联系《长编》所载，我们认为《宋史》记载的西夏军事建制和"诸军兵总计"，反映夏国的管军机构和军员有一个发展变化的过程。宋哲宗绍圣三年（1096年）九月，宋哲宗"闻夏人来寇，泰然笑曰：'五十万众深入吾境，不过十日，胜不过一二寨须去'"。[2]这段话表明，从宋神宗末到宋哲宗时，夏国军队已从三四十万发展到 50 万人。

其次，西夏社会的基层组织是"其民一家号一帐，男年登十五为

---

①《长编》卷 316，元丰四年九月。
②《宋史》卷 486《夏国传下》。

丁,率二丁取正军一人。"①宋人曾巩在《隆平集》中也说:夏人"凡年六十以下,十五以上,皆自备弓矢、甲胄而行"。就是说西夏15岁至60岁的男子,都是自然兵员。"人人能斗击,无复兵民之别。"②西夏和吐蕃的族帐规模差不多,能出二丁的一帐,至少也应有五口人,我们若参照吐蕃的丁口比例,以五口之家有1.6至2丁计;又以50万各类"军兵"和10万"擒生"共60万人为西夏的总丁数。按此推算,西夏男女老幼总人口当在150万~187.5万人之间。把保险系数放大一些,则夏乾顺在位(1086—1139年)前后,即两宋之际,西夏总人口也当有150万~200万。这些人口包括党项、吐蕃、回鹘、汉人等民族成分,只是由于资料不足,我们已很难将他们细加区分,只好以"夏人"这个多民族汇总性名词称呼了。

最后,需要指出,有些论者由于对上引《宋史·夏国传》兵数理解不同,因而在用相同史料以兵员推算人口时,对西夏的人口估计过高。如王育民先生在《中国人口史》一书中,将10万"擒生"当作正军,又将兴、灵兵额内"精练"的2.5万人,"为资瞻"的7万人重复计算,得出"西夏各色兵种合计有69.5万"人的过高估计。③其实,"擒生"是劳务性质的人员,并非正军,因而可计为丁而不能算做正军。其余"精练"的2.5万人,"为资瞻"的7万人,又都已包括在兴、灵兵额内,否则《宋史》卷485《夏国传上》在叙述灵州和兴庆府兵额时,何以不说是21.5万而只说是12万人呢?又在统计夏国总军额时,何以不说是69.5万,而只说50余万呢?职此之由,我们将西夏各族在北宋晚年的

---

①《宋史》卷486《夏国传下》。

②《长编》卷217,熙宁三年十一月。

③王育民:《中国人口史》第五章第六节,江苏人民出版社1995年版,第345页。

人口就低估计为 150 万人。

四、西州回鹘、喀喇汗国及西辽等政权下的人口

10 世纪以后,西北西部(今新疆),出现了喀喇汗、于阗、西州回鹘等民族政权鼎立的局面。宋真宗咸平四年(1001 年),于阗被喀喇汗王朝吞并。辽保大四年(1124 年),契丹贵族耶律大石率兵来到西域,建立了西辽政权,并陆续占有今新疆全境。喀喇汗、于阗和西州回鹘的人口,史书缺乏明确的记载。马端临《文献通考》卷 336、337 提供的资料尽管没有具体的统计年代,但仍能反映作者对当时西域人口的粗估。据该书记载,于阗境内的人口:于阗 32000 户,莎车 2339 户、16373 人,且末 234 户,扜弥(今于田县)3200 户,合计 37773 户。我们将没有标明人口的 3 地,按每户 5 口计算,再加上莎车人口,共为193543 口,约计为 20 万口。于阗与宋朝的交往,自"熙宁以来,远不逾一二岁,近则岁再至"①。可见宋人要了解于阗的情况还是有条件的。《文献通考》的记载,有一定参考价值,我们在下面的人口估计中,适当参考了这些数据。

哈喇罕在今新疆一侧的面积较小。见于《文献通考》的,有疏勒1500 户,乌秅(今乌恰)500 户,难兜(在乌恰西)5000 人,共 7000 户,按户均 5 口计,为 35000 人。喀喇汗在中国一侧其他地区及其全境的人口,文献失载,但有资料说,回历三四九年(960 年),有 20 万帐突厥人信奉了伊斯兰教,史家一般认为这些突厥人是指喀喇汗朝的突厥人,②据此按一帐 5 口计。同时,考虑到其他回鹘、汉、阿拉伯等民族

---

①《宋史》卷 490《于阗国传》。

②见新疆社会科学院历史研究所编著:《新疆简史》第一册第五章,第 156页,新疆人民出版社 1980 年版。

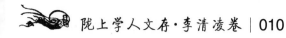

人口,则喀喇汗国的人口总数至少当在 100 万人以上。11 世纪灭于阗后,哈喇罕国在中国一侧的人口,当至少也有二十四五万人。

西州回鹘的人口,据载宋神宗熙宁六年(1073 年),回鹘入贡于宋朝,宋神宗向使臣"问其国种落生齿几何"。答云:"三十余万。"①这个回鹘使臣应是从西州来的,因为甘州回鹘政权早在西夏建国前就被元昊攻灭了。其居民,有的投奔了吐蕃,如元昊取西凉府(治今甘肃武威市)时,收降"唃厮啰并厮铎都之众十余万,回鹘亦以数万归焉"②,有的归附于西夏,也有一部分投奔于西州。这条关于回鹘人口的史料,应是当时西州回鹘人口的一个概数。《文献通考》记载西州人口较少,时间也显然偏早,这里就不再征引了。

西辽统治时期,西域境内的人口资料也很少。《辽史》卷 30《天祚帝纪四附耶律大石传》云:耶律大石死后,"子夷列即位,改元绍兴。籍民十八岁以上,得八万四千五百户。"西辽绍兴改元之年为公元 1151年,这一年号用到公元 1163 年止。按西辽的户口登记制度不同于内地,它适应西域游牧社会家庭分散的特点,实行以丁计户征税。《耶律楚材神道碑》云:"始隶州县,朝臣共欲以丁为户,公独以为不可。皆曰:我朝及西域诸国,莫不以丁为户,岂可舍大朝之法,而从亡国政也?"③这是说西辽当时实行丁户制。在丁户制下,每个 18 岁以上的男子代表一户人家,西辽统计到有 18 岁以上男子的丁户 84500 户,按通常户型每户 5 口计,其总人口当有 42.25 万人口。我们推算的这个数字,与葛剑雄《中国人口发展史》中推测的结论相一致,而比袁祖亮

①《宋史》卷 490《回鹘传》。

②(宋)王称:《东都事略》卷 129《附录七》。

③(元)苏天爵编:《元文类》卷 57。参见袁祖亮主编:《丝绸之路人口问题研究》第四章,新疆人民出版社 1998 年版,第 201 页。

等先生的推测数多了近一倍。①我们认为西辽境内籍得的人户，既包括西迁契丹人及其后裔或西辽都城附近的人口，也包括袁祖亮先生大作中所说西辽直接控制的人口，因此它可以代表西辽统治区各族户口的约数。考虑到公元 11 世纪时，喀喇汗、西州等地区已有居民 50 多万口，奄有今整个新疆的西辽人口不应再少于此数。就是说，西辽初或北宋末生活在今新疆一带的人口也应有 50 万。

五、北宋西北人口的特点及历史局限性

综上，到北宋晚年，西北的人口，东部汉族有 540 余万，陕西五路吐蕃约 170 万，党项西夏各族 150 万，西州回鹘、喀喇汗、西辽先后统治的西域即今新疆各族约计 50 万，总计各族人口共约 910 万。前已述及，了解古代人口，我们很难找到同一时间内的统计数字作到像今天的人口统计那样准确。这里的数字仅是我们根据能够找到的不同年代的史料做出的推测，尽管如此，我们仍然可以据此推算，窥见西北当时人口的梗概状况和发展趋势。

北宋西北的人口有三个特点：一是民族成分复杂。除汉、吐蕃、党项、回鹘、契丹等族外，还有突厥、大小众熨、样磨、割禄、點嘎司、末蛮、格哆族、预龙族等小部族，总数不下十数个。每个民族又都不是单一的，往往是交错居住，互通婚姻，你中有我，我中有你，共同构成西北的主人和开发者。

二是人口呈增长趋势。西北先秦人口统计数较少，难窥全豹。西汉以来，据粗略的计算，除西域、湟中等地外，司隶校尉部之京兆尹、左冯翊、右扶风、弘农郡；益州刺史部之武都郡；凉州刺史部之陇西、

① 见袁祖亮主编：《丝绸之路人口问题研究》第四章，第 201 页。

金城、天水、武威、张掖、酒泉、敦煌、安定郡;朔方刺史部之上郡、北地郡,共有人口5036546口。东汉以降,人口剧减,有时连统计资料也断了线。直到唐中期的唐玄宗天宝元年(742年),京畿、关内、陇右3道,大致相当于今西北地区的人口,才又恢复、达到5167000口。在全国人口增长较快的形势下,西北地区的人口也赶上和超过了西汉。①北宋晚期西北各主要民族的人口,比汉、唐可统计数高出近80%,呈大幅度增长趋势。然而由于西北地域辽阔,占全国总面积的三分之一,尽管这一时期西北的人口已达到历史最高点,但仍未改变地广人稀的局面。

三是战乱频仍,灾荒不断,人口波动很大。各民族上层为了争权夺利,互相杀伐,将社会拖入旷年累代的战乱之中,百姓无法正常生产和生活。宋神宗元丰四至五年(1081—1082年)宋夏灵州、永乐城之役,宋朝"官军、熟羌、义保死者六十万人,钱、粟、银、绢以万数者不可胜计"②。西夏乾定三年(1226年)十二月,蒙古兵进攻夏盐州,"大杀居民""民至穿凿土石避之,免者百无一二,白骨蔽野,数千里几成赤地。"③自然灾害的历史记载更多,几至无年无之,这里仅举一例:宋神宗熙宁七年(1074年),自春及夏,河北、河东、陕西、京东西、淮南诸路久旱。时新复洮、河一带亦旱,羌多饿殍。④类此记载,史不绝书。由于战乱灾荒,西北许多人口地理优势,如地广人稀,人均拥有自然资

---

① 汉唐人口计算依据梁方仲:《中国历代户口、田地、田赋统计》甲表,上海人民出版社1988年版。

②《宋史》卷486《夏国传下》。

③(清)吴广成撰,龚世俊等校证:《西夏书事校证》卷42,甘肃文化出版社1995年版,第498页。

④ 转见《中国历代自然灾害及历代盛世农业政策资料》,农业出版社1988年版。

源量大；农牧兼营，经济互补性强；多民族聚居，文化内涵丰富；民风劲健，勇于进取等等都得不到应有的发挥，经济社会发展也因之缓慢。宋代人口史上的这些局限性，再一次告诫我们，在处理西北的问题时，不能不首先处理好民族关系的问题。

（原载《漆侠先生纪念文集》编委会编：《漆侠先生纪念文集》，河北大学出版社，2002 年）

宋朝的土地制度

宋朝的土地制度与前代相比,有三个明显的特点,一是所有制关系复杂,名目繁多;二是土地买卖更加盛行,耕地易主频率很高;三是各类田地普遍采取文书契约租佃制经营形式。下面,我们分官田和私田两部分,论述宋朝的土地制度。

一、屯田、营田和官庄

两宋的官田分屯田、营田、官庄、弓箭手田、职田、学田等种类,其中屯田、营田和官庄往往从名称到经营方式都"名虽殊而制相入也"①,很难加以区别。但仔细分析,三者的个别特点还是明显可以找到的。

(一)屯田

1. 屯田分布和规模

屯田主要是组织军队进行农业生产的形式。宋代以前的屯田多在边界地区。由于特殊的历史和社会条件,宋代的屯田地点几乎遍布于诸州,其中比较集中的有以下几个地区。

河北屯田区

宋太宗雍熙(984—987年)以后,宋朝连续向涿州歧沟关一带进

---

① (元)马端临:《文献通考》卷7。

兵,准备灭辽,然而由于兵力不济,反被辽兵大败于君子馆。从此以后,宋辽之间兵连祸结,河北之民,农桑失业,土地荒芜,戍兵反而大增,这就提出了屯田问题。

宋太宗崇化中（990—994年）,沧州临津令黄懋上书于宋朝政府,请求在河北诸州建立水利田。宋朝政府派何承矩、黄懋主持其事,发诸州镇兵18000人充其役,何承矩等组织军兵,在雄州(治今河北雄县)、莫州(治今河北任丘县)、霸州(治今河北霸县)、平戎军(在今河北霸县南)、破房军(后改信安军,在霸县东)、顺安军(在今河北高阳县东)等600里范围内筑石堰,置斗门,引水灌溉,种植稻谷,获得成功。"莞蒲蜃蛤之饶,民赖其利。"①宋真宗咸平五年(1002年),殿直牛睿上疏,请增设方田,治理沟塍,阻拦胡马南下。宋真宗接受并实行了这一建议。于是,威虏军(今河北徐水县西)、保州(今河北保定市)、定州(治今河北定县)等地也开置了屯田。宋朝政府还在以上9州均建立屯田务,派遣官员,招募役兵,扩大屯田规模。宋真宗天禧(1017—1021年)末,河北屯田每年收入29400余石,而其更大的作用,乃在于"蓄水以限戎马"②。

宋英宗治平三年(1066年),河北屯田发展到367顷,当年收谷35468石。③到神宗熙宁四年(1071年),河北屯田司屡言屯田效益不好,丰岁所入,亦不偿费,加上这时北方边界也较安宁,于是宋朝政府下令:沿边水旱屯田,全部募民租佃。从此,河北屯田大都改用租佃制经营了。

---

① (元)马端临:《文献通考》卷7。
② (元)马端临:《文献通考》卷7。
③ (元)马端临:《文献通考》卷7。

秦陇屯田区

包括今陕西西部、甘肃东部和宁夏东南一部分在内的秦陇地区，是宋代屯田的重点区之一。宋太宗至道元年（995年），陕西转运使郑文宝就组织人在黄河以西、贺兰山以东的广阔平原上大搞屯田。真宗时，根据陕西转运使刘综的建议，宋朝政府又在今固原建立了镇戎军，置屯田务，开田500顷，配军2000人，牛800头，进行耕种。后来，原州（今甘肃镇原县）、渭州（今甘肃平凉市）也开方田，安置内附少数民族垦种。宋仁宗庆历间（1041—1048年）种世衡在延安东北的青涧城筑宥州城，开地2000顷。宋神宗熙宁三年（1070年），王韶上书说：渭源城至秦州成纪沿渭河两岸，良田不耕者无虑万顷，耕种千顷，每年也可收获30万斛。宋朝政府派人落实，知秦州李师中上言王韶所指，是极边弓箭手地。王韶以"妄指闲田"被贬官。后韩绛知秦州，证明实有古渭寨（今甘肃陇西县）弓箭手未请耕的闲地4000余顷，遂复韶官，从其所请行之。宋神宗元丰五年（1082年），宋朝政府选知田厢军，在熙河新复土地上，人给1顷屯耕。[1]宋神宗元丰七年（1084年），知太原府吕惠卿雇用五县耕牛，以兵护耕，开垦葭芦（今陕西佳县）、吴堡（今陕西吴堡县北）之间的木瓜原，鄜（今陕西富县）、府（今陕西府谷县）、丰（今陕西府谷县西北）等州以及宋夏两不耕之地2190余顷，"自谓所得极厚""乞推之陕西"。[2]宋哲宗元祐元年（1086年），宋朝政府又在熙河路检括弓箭手耕种不及之地置屯田，仅河州（今甘肃临夏州）就新置屯田100顷。[3]南宋高宗绍兴五年（1135年）吴玠于梁州（治今陕西南郑县）、洋州（治今陕西洋县）、凤州（治今陕西凤县）、

①（元）马端临：《文献通考》卷7。

②《宋史》卷77《食货志上四》。

③（元）马端临：《文献通考》卷7。

成州(治今甘肃成县)、岷州(治今甘肃岷县)大兴屯田,受到朝廷嘉奖。

京西湖北屯田区

京西南路的襄州襄阳县(治今湖北襄樊市),北宋真宗时就有屯田 300 余顷。①宜城县亦有屯田 300 余顷。宋神宗熙宁七年(1074年),章惇初筑沅州(治今湖南芷江县),置屯田务。南宋时,京西南路和荆湖北路都接近宋金边界,长年屯驻大军,因此,宋朝政府也将其建设成屯田区。宋高宗绍兴三年(1133 年),德安府(治今湖北安陆县)、复州(治今湖北天门县)、汉阳军(治今武汉市西南)镇抚使陈规组织军士屯田,并向朝廷条上屯、营田事宜,受到嘉奖。宋朝政府颁其法于诸镇。陈规的屯田措施:将军队安置在险要隘口,立堡寨,且守且耕。耕种费用由官方垫支,收获物则统一支配:先按锄田法规定给足军士口粮,其余粮食全部纳入官仓。军队与百姓各处一方,不相混杂。凡屯田事营田司兼之,不再另置官吏。此法推行之后,各地屯田发展很快。宋理宗绍定二年(1229 年)二月,监进奏院桂如虎奏云:"屯田荆襄,才行数年,积谷已逾百万斛。"②

京西南路随州枣阳军(治今湖北枣阳县),是南宋屯田面积最大的一个地方。《宋史·孟珙传》云:宋理宗绍定元年(1228 年),孟珙"创平堰于枣阳,自城至军西十八里,由八迭河经渐水侧,水跨九阜,建通天槽八十有三丈,溉田十万顷,立十庄三辖,使军民分屯,是年收十五万石"。嘉熙四年(1240 年),孟珙兼夔路制置大使兼屯田大使,"大兴屯田,调夫筑堰,募农给种,首秭归,尾汉口,为屯二十,为庄百七十,

---

①(元)马端临:《文献通考》卷 7。
②《古今图书集成·经济汇编·食货典》卷 44。

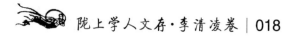

为顷十八万八千二百八十。"①受到朝廷奖谕。南宋京西路屯田,还设于郢州(治今湖北钟祥县)、唐州(治今河南唐河县)、邓州(治今河南邓县)等地。②

两淮屯田区

淮南东西路是南宋与金的边界地带。宋高宗绍兴元年(1131年),宋朝政府就令刘光世兼淮南、京东路宣抚使,置司扬州,措置屯田。次年三月,淮南营田副使王寔括闲田3万顷,给六军耕种。宋高宗绍兴五年(1135年)和绍兴三十二年(1162年),南宋政府派人经画两淮堡寨屯田。孝宗隆兴二年(1164年)正月,刘宝报告两淮共有营田官庄42所,田地475顷85亩,官兵505人,客户265户。③显然,这是屯田和营田混在一起的数字。宋孝宗乾道元年(1165年)郭振在淮东真州六合县措置屯田。同年三月,命沈介、张松、王炎、杨倓、王彦、赵樽等措置荆湖北路和京西南路荆门军、襄阳府一带的屯田。直到宋理宗端平元年(1234年),淮南一带仍有耕夫5万人,在屯田判官主持下且田且守。

除以上屯田比较集中的地区外,江南、两浙、四川、广西一带也有为数不等的屯田。两浙的屯田,北宋统一南北后大多出租给百姓耕种,"第存其名",这类屯田实质上与普通官田已经没有区别了。南宋初,江南、两浙膏腴之田弥亘数千里,无人可耕。从宋高宗绍兴二年(1132年)十二月起,南宋政府就下令都督府督促江东西、湖北、浙西的帅臣经画屯田。吴玠在四川一带与金军周旋近10年,他努力屯田,年收数十万斛。广西从唐末、五代时就有屯田,后来随着国家的统一,

①《宋史》卷412《孟珙传》。
②(明)柯维骐:《宋史新编》卷13。
③《古今图书集成·经济汇编·食货典》卷46。

这些屯田宋时也采取了出租经营的形式。宋理宗景定三年（1262年）前后，尚书省报告说，广西各州军兴办屯田已经见效，若邕、钦、宜、融、柳、浔等州也能开设屯田，就可以大大地节省国家粜运的劳费。理宗采纳这一建议，诏令守臣主办，经略安抚使提领，"课以殿最"，书面报告朝廷，可见南宋政府对屯田的重视。

北宋屯田的规模，史书上没有留下确切的数字。其见于记载者，真宗天禧（1017—1021年）末，诸州有屯田4200余顷。仁宗以后的屯田绝不止此数，这从上述各地屯田发展的情况也可以粗略地看到。亩产量有记载者，淮南、京西一带端拱间（988—989年），亩约收3石。[①]熙河路在宋神宗熙宁中（1068—1077年）亩收一石左右。[②]秦州一带亩三石。[③]南宋屯田之总数按史料统计，约有36万顷以上，主要集中在淮南、湖北、京西、川蜀一带。

2. 屯田的经营管理和特点

北宋中央管理屯田的机构，仍是尚书省工部屯田司。屯田司设郎中、员外郎各一人，掌屯田、营田、职田、学田、官庄之政令及其租入、种刈、兴修水利、财物给纳等事。该司下分3案，置吏8人，[④]管理全国屯田事宜。各地方的屯田，一般由经略安抚司、转运司、都统制司等帅、漕臣或州军长吏兼管，或设屯田务、屯田司等专门机构，主管一路或数路屯田。如宋太宗淳化中（990—994年）河北有屯田务。宋真宗大

①《宋史》卷176《食货志上四》，度支判官陈尧叟等上言中有："陈、许、邓、颍及蔡、宿、亳至于寿春……人给一牛，治田五十亩……亩约收三斛"的估算。

②《宋史》卷176《食货志上四》：熙宁七年枢密使吴充上疏中有"熙河四州田无虑万五千顷，十分取一以为公田，大约中岁亩一石，则公田所得十五万石"。

③《宋史》卷176《食货志上四》：熙宁三年，王韶言渭源城至秦州成纪，"旁河五六百里，良田……治千顷，岁可得三十万斛"。可知亩产三斛，即三石。

④《宋史》卷163《职官志三》。

中祥符九年（1016年），改定州等营田务为屯田务。仁宗嘉祐时（1056—1063年）河南府有屯田司。神宗时河北改设屯田司等。诸路府屯田司官职，有都大制置屯田使、屯田大使、提领（举）措置屯田、提督（点）屯田、提举屯田使（副使）、屯田都监、屯田使、管勾屯田司公事、同提点制置屯田使事等。州军一般设屯田务，由武官或州军长吏兼任制置屯田使（事）、管内屯田、屯田使（判官）、总辖诸军屯田统领官等。屯田的基层单位是"屯"。管理人员有押、大小使臣、准备差遣、总辖某处屯田事务等。此外，各级屯田管理机构都有一定的属吏，办理日常事务。屯田收获的粮食实行统收、统管，统一分配作军粮。南宋的屯田管理大致与北宋相同。宋高宗绍兴三年（1133年），镇抚使陈规在湖北经营屯田的做法是只对屯兵"少增钱粮"，作为犒赏，"余并入官"。①淮南屯田有的是"军人开垦，官给种子等，所收花利，主客中半分受"。②

宋朝屯田有以下几个明显的特点：

一是土地所有权分明，屯田官中有私。前代官耕闲田，很少计较原业主的利益，宋代土地所有制观念深入人心，官私土地界限分明，故政府建立屯田时就要考虑土地所有权的问题。和其他官田形式一样，宋朝政府在建立屯田的时候，将一部分私家地主抛荒田或逃田也包括进来。并规定在一定年限内政府承认和保留原业主的所有权。这就使宋代屯田中包含了一部分政策、法律上属于私人的土地。政府对这类私田的处理办法是官府暂时耕种，"有逃户归业者，收毕给之。过三年者不受理。"③南宋高宗绍兴三年（1133年）德安府、复州、汉阳军

---

①（元）马端临：《文献通考》卷7。

②《宋会要·食货》3之19。

③（元）马端临：《文献统考》卷7。

镇抚使陈规在荆湖北路的屯田，就是这样办的。宋理宗嘉熙四年
（1240年），四川宣抚司兼知夔州，节制归、陕、鼎、丰州军马孟珙大兴
屯田，"田在官者免其租，在民者以所收十之一二归其主。俟三年事
定，则各还元（原）业。"①这是在答应退地的同时拨给一定地租，以弥
补原业主在其地被占耕期间的损失。宋朝政府从统治阶级的整体利
益出发，既允许地方官检括逃户弃业，建立屯田，又严令逃户归业后，
要按规定退还被占的田地。淳祐三年（1243年）九月诏："四川累经兵
火，百姓弃业避难，官以其旷土权耕屯，以给军食，后民归业，占据不
还。自今，凡民有契券，界至分明，所在州县屯官随即归还。其有违戾，
许民越诉，重罪之。"②面向全国的同类诏令很多，兹不一一列举。不过，
这类情况只在兵火初停，屯田始建时比较多见，而能从屯田官那里讨
还私田的业主，也是寥寥少数，因而我们在总体上仍将屯田看作官田。

二是经营方式落后，管理体制混乱。屯田是一种人身依附性很强
的生产形式。唐以前，整个生产领域里世族所有制占支配地位，无论
私家佃农还是国家佃农，都在极其严格的人身依附关系下生产和生
活，没有生产的自主性和人身自由，因而也显示不出生产制度本身的
优越或落后性。唐朝中期以后，我国封建经济领域里，庶族地主所有
制取代了世族地主的统治地位，在商品经济的推动下，农业生产领域
普遍地实行文书契约租佃制，主、佃地位对等，佃农在交纳地租的前
提下，有一定的生产自主权和个人自由，整个生产关系领域内，人身
依附关系相对减弱，这是历史发展的方向。在这一背景下，再要按老
样子维持屯田制度，其落后性就显而易见。宋朝的屯田之所以数起数
落，其效果之所以不佳，一个很重要的原因就是经营方式的落后性。

---

①（明）王圻：《续文献通考》卷14。
②（明）王圻：《续文献通考》卷14。

宋代屯田的管理体制，就像宋朝的整个官僚机器一样，叠床架屋，臃肿紊乱。这里只举一个例子：宋孝宗乾道三年（1167年）二月，武锋军正将、总辖楚州宝应县屯田事务贾怀恩上奏云："本庄除隶本军所管外，有高邮军及淮东安抚司总领所、淮南转运司、镇江府都统制司并带屯田职事，逐处不时行移取索，委是文字繁冗，供报不前。"①贾怀恩的上奏不仅是一处屯田官兵的呐喊，它反映了所有屯田官兵的呼声。一处屯田，管领者有当地军将，有上级军事、行政、检察机关，还有临近州军的官员，真是八方插手，应接不暇，这是何等的混乱和压力！在这种生产管理体制下，加上其他弊端，生产者还有什么积极性可言？又哪能指望有好的收效？史载宋神宗熙宁四年（1071年）以后，宋朝政府将河北缘边等地的水陆屯田改用租佃制经营。南宋建立不久的屯田，宋孝宗乾道（1165—1173年）以后也改用招佃制经营。由此可见，两宋屯田都经历了一个由统管、统收、统支到改用租佃制经营的变化过程，从某种意义上说，这是带有历史必然性的变化。

三是屯田区域广阔，各地效果差别很大。前代屯田多设于边疆地区，宋朝则不然，由于民族政权多，边界变化大，土地抛荒严重，客户流民所在多有，而政府的军需筹措又相当困难，因此，宋朝的屯田设置相当分散，从河北、河东、陕西到京东西、湖南北、江淮、两浙、四川、两广，屯田几乎遍布于全境，而且所有的屯田都直接受制于中央，对于屯耕将士来说，并无特殊的吸引力。于是，屯田的效果很大程度上便取决于主管官员的素质。遇上勤政廉洁，热心报效国家的官员将士，效果就好些，如何承矩等在河北，吴玠、吴璘、郑刚中在四川，孟珙在京西的屯田，业绩都十分明显。相反，若是屯田官员因循顽懦，措置失宜，或有各方掣肘，不得施展其抱负，那就必定是干干停停，得不偿

①《宋会要·食货》3之15。

费。如宋神宗元丰八年(1085年)枢密院奏报河东经略司之言曰:去年出兵耕种木瓜原地,用兵将18000人,马2000余匹,钱7000余缗,谷8000余石,糇粮近47000斤,草14000余束。又保甲守御,费钱1300缗,米3200石,役民1500人,牛1000头,都是强迫老百姓干的。耕种结果,所收只有荞麦18000石,草102000束,所得不偿所费。①南宋孝宗乾道三年(1167年)七月,镇江府驻扎御前诸军都统制兼提举措置屯田戚方上奏说:淮东营田并扬州、滁州屯田3项,共占官兵1512人,去年所收粮食价值9万余贯,而官兵一年费用钱、米、衣物等计钱共约20.68万余贯。②类似记载很多,说明两宋屯田除少数外,多数都不景气。其原因是多方面的,但最根本的一条仍应归结到落后的屯田生产关系。

3. 屯田的历史作用和意义

屯田不可避免地要给广大农民带来许多骚扰,包括侵占民田,差借农夫、耕牛,兵民杂处,民间悉不安居等。但也有许多积极的值得肯定的地方。其一,封建国家利用受战争影响而宋、辽、夏、金各国百姓都无法耕种的土地进行屯田,"因地之利,课以耕耘,瞻师旅而省转输"③,大大减轻了内地民众挽运军粮的负担。其二,边界荒闲田地的开发利用,活跃了当地经济,增强了宋朝的边防力量,正如宋宁宗嘉定十六年(1223年)十一月太常少卿魏了翁所言:"并边之地久荒不耕则谷贵,贵则民散,散则兵弱;必地辟耕广则谷贱,贱则人聚,聚则兵强,此理必然。"宋仁宗庆历间(1041—1048年),范仲淹、种世衡等在陕西大兴屯田,招商贾,实边廪,加强了对西夏的防御。南宋初,吴

---

① 《宋会要·食货》63之48—49。

② 《宋会要·食货》3之16。

③ (元)马端临:《文献通考》卷7。

玠在川蜀屯田的成功,一度挡住了金人南下的势头。这些事实都反映了屯田在宋朝边界防务中的重大作用。其三,开发了经济资源,增加了社会生产量。在干戈不息,兵火遍地的环境下,无论宋夏边界的两不耕之地,还是内地各路的抛荒田,离开武装护耕的屯田生产形式是很难耕垦的。宋朝数十万大军屯驻在边界上,不论他们是否生产都要吃饭,利用这部分劳动力从事屯田,就能增加社会生产量,减轻一些农民的负担。从这个意义上讲,屯田生产即使"得不偿费",也还不能全盘否定。最后,屯田本意非止积谷,它还是一种防御工事。如北宋的河北沿边屯田,在"实边廪"的同时还起到了"限戎马"的作用,这就扩大了屯田的作用范围,实为我国军事史上的一项创举。

(二)营田

营田是宋朝官营土地的又一种形式。它是政府为供应军需、安辑流民、恢复受战争破坏的社会经济的重要措施。宋朝政府建立营田的土地来源相当复杂。其中有属官田地,如市易、抵当、折纳、籍没、常平、户绝、天荒、省庄、废官职田、江涨沙田、弃堤退滩、濒江河湖海芦苇荻场、献田、圩埠湖田等。也有一部分私有性质的土地,主要存在于南宋营田中。如两宋之际,金兵南侵,"淮南人户逃窜,良田沃土悉为茂草。"①绍兴初,"沿江两岸沙田、圩田顷亩不可胜计,例多荒闲"②"江州、南康、兴国军界,赤地千里,无人耕种"。③其他遭到战争侵害的地方,也多是"民去本业,十室而九,其不耕之田,千里相望"。④南宋政府建立以后,出于解决兵食,安辑流亡,恢复社会生产秩序等政治目的,

①《宋会要·食货》63之97。
②《宋会要·食货》63之84。
③《宋会要·食货》63之86。
④(宋)李心传:《建炎以来系年要录》(以下简称《要录》)卷40。

将这些私有土地和官田一样检括来作为营田。同时保留私人的土地所有权，并没有随着营田的设置而将其转化为国有土地。这一事实，史书记载得十分详细。如绍兴六年（1136年）六月，荆湖南路安抚制置大使兼知潭州吕颐浩言："湖南一路，流移甚多，旷土不少。"他建议由本路各县令佐"同管营田职事，踏逐抛荒田土，权暂耕种，及令本路营田官与转运司同共相度，条具耕凿事务敷奏，趁来年春作种植。如将来有人户归业、及户绝有人识认请佃，即使给还。从之"①。南宋政府在江淮、两浙、荆襄一带"检踏"官私荒地，将不少虽有主而未耕种的土地检做营田，"时暂耕莳"，并明确规定，拘作营田的私田，在三年、五年或十年内，只要田主归认旧业，屯田官就要"画时"退还其田地。原田不能完全退还的，便应"踏逐荒地"，补足原数。直到宋理宗淳祐三年（1243年），还针对部分屯田官及"民归业，占据不还"其田的情况，下令强调："自今凡民有契券，界至分明，所在州县屯官随即归还，其有违戾，许民越诉，重罪之。"②宋朝政府除了将逃离或死亡人户的产业，在保留其一定期限内私有权的前提下拘作营田外，还将一部分"有主而无力开耕"的土地，也以"权与官中合种"的名义括做营田。"候至地主有力耕时，赴官自陈，即时给还元（原）业。"③绍兴间，韩世忠在建康（今江苏南京市）设置营田时就采用过这种办法。宋朝政府之所以一再明令保护私有制土地，一方面是为了争得地主阶级的广泛支持，另一方面还因为营田之设是为了安辑流亡、恢复生产、供应军需。而国家用保护土地私有权的方式，最容易吸引那些逃移人户，

①《宋会要·食货》63之104—105。
②（明）王圻：《续文献通考》卷14。
③《宋会要·食货》63之93。

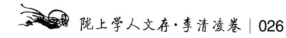

包括地主和小自耕农尽快地返回家园,安定社会,从事生产,承担起国家急需的赋役。同时,恢复私有制经营方式,还能尽快地改变国家营田"得不偿费"的被动局面。

宋朝营田与屯田的关系,史学界已经讨论很多。其实,屯田和营田是两种相当接近的国营农业生产形式。它们二者都由国家直接经营;都有"赡师旅而省转输"以及"足国安民"的开设目的;都用荒闲田地;生产过程中都需要政府提供牛、粮、种、具等生产、生活资料;劳动者对政府的人身依附关系都比一般农民更强;二者在整个封建生产关系中都不占主要成分等。

屯田与营田的主要区别:(1)劳动人手的身份不同。虽然由于屯、营田"专用乎军则军伍有限,专用乎民则民各有田",因而在实际经营中,屯田有"差借民夫"的,营田也有派遣军兵的,"但及给用便取之""不复更限兵民"。可"屯田以兵,营田以民"①这个原则毕竟是区分宋代屯、营田的标志之一。而且需要注意,参加营田生产的主要是丧失了土地或逃离家园的流民,而不是一般的自耕农。(2)组织管理的方式不同。屯田按军事条令调配劳动人手,组织单位一般是"屯",实行集体耕作。营田则按民间组织编组劳动者,组织单位一般是"庄",佃客仍多是个体性的生产。在管理上,屯田事营田司兼行,营田事府县官兼行。(3)生产重点不同。营田是为了赡军,此外大多数情况下还有安辑流亡、恢复受战争破坏的社会生产的目的,而屯田则是军队粮食自供的一种形式。然而军士生产多,却不一定有多的个人收获,他们不参加生产,政府照样要供给口粮,因此屯田兵士的生产积极性并不高。可见,屯田是宋朝军士与封建政府结成的一种生产关系,而营田

---

① (元)马端临:《文献通考》卷7。

则是以流民为核心的劳动者与政府结成的生产关系。

两宋营田存在的主要问题，一是缺乏稳定的国有制土地。前代"系官庄田仅万计"，已在后周太祖广顺三年（953年）被周太祖郭威"悉以分赐见佃户充永业"了，①因此北宋的营田自始就不发达。南宋初，人户逃移，土地抛荒，政府在江淮、两浙、荆襄、川陕一带检括逃户"弃业"建立营田，使宋代营田在高宗绍兴（1131—1162年）前后出现了兴盛发达的局面，总面积有近10万顷。但随着战争的平息和逃移人户的归认旧业，营田又迅速地减少了。二是吏治腐败。营田官除通过"附种""抑配""表散和雇钱"等方式掠夺生产者的剩余劳动外，还直接向营田民多方苛取。如"浙西营田，既纳租谷，又令纳税"②。各地营田官克扣佃客应得子粒的现象也很普遍。据《宋会要·食货》六三记载，宋高宗在一道敕令中说，对于州县减克佃户应得子粒一事，朝廷曾经"累行约束"，但仍改进不大，致使他在南郊大礼后再一次提出来警告。这可以看作贪官污吏大肆刻剥，影响佃客生产积极性的一个例证。三是私家地主的侵蚀破坏。《宋会要·食货》六三记载，在战乱中逃亡的地主，战后返回乡里，有的看到自己的"弃地"被拘作营田，便"往往用情计嘱州县，前来识认旧业。因生诈冒，渐坏成法"；有的"冒占膏腴，动至数千百顷，州县不敢究治"；有的"私役人牛，耕种己田，夺民农具，伐民桑柘，占据水利，强耕百姓之田。民若争理，则营田之人群起攻之，反以为盗"。这些，都是造成营田被破坏的主要原因。

（三）官庄

在宋代文献资料中，有时将屯田、营田统称为官庄，并分别叫屯田官庄、营田官庄；南宋时期，又将营田的基层单位叫庄。本文所说的

---

① 《旧五代史》卷112《周书三·太祖本纪第三》。

② 《要录》卷172。

官庄,是指宋朝政府直接经营农业的又一种形式。封建政府设立的官庄,至迟在五代时期就有了。宋真宗天禧四年(1020年),福建转运使方仲荀上言:福州王氏(审知)时有官庄千二百一十五顷。宋仁宗天圣三年(1025年),屯田员外郎张希颜奏文中也有"福建八州皆有官庄"①的记载。宋朝建立后,继承和扩大了前代的官庄经营形式。

关于宋代官庄的出现,马端临在他的《文献通考》卷七中有一个说明,其文云:屯田以兵,营田以民,"屯、营固异制矣。然咸平中营田襄州,既而又取临州兵用之,则非单出民力。熙丰间屯、营多在边州,土著人少,则不复更限兵民,但及给用即取之,于是屯田、营田,实同名异,而官庄之名最后乃出,亦往往杂用兵民也。"②这是说,屯、营田的劳动者本不相同,咸平、熙、丰以后,屯、营田"杂用兵民"耕作,既不同于单纯兵耕的屯田,也不同于单纯民耕的营田,于是就将它称做官庄。官庄之名在宋代出现以后,就成了一种既不同于屯田,又不同于营田的独立的国家直接经营形式,同时,屯、营田的形式继续存在。

宋朝建立官庄的田地来源很复杂,主要有:(1)常平田。即常平司所管的折纳、抵当、户绝等田地。宋真宗天禧三年(1019年)七月,"诏户绝庄田,自今才有申报,即差官诣地检视,其沃壤、园林、水碨止令官司招人租佃及明谥疆界数目附籍收系"。就是将户绝田变成官庄田的一个例子。(2)转运司所管官田。如天荒(远年荒地)、逃田(逃亡人户弃地)、省庄(前代遗留下来名义上属尚书省直接管理的一部分"官田")等。(3)提刑司所管"贼徒"田舍。如宋高宗绍兴七年(1137年)二月,户部奏请,"欲将应拘籍到贼徒田舍、逃田并充官庄……从之。"③

---

①(元)马端临:《文献通考》卷7。

②(元)马端临:《文献通考》卷7。

③《宋会要·食货》61之12。

就是指这类田地。(4)由营田转变成的官庄。如宋孝宗乾道七年(1171年),"提举浙西常平李结乞以现管营田拨归本司,同常平田立官庄。梁克家亦奏:'户部卖营田,率为有力者下价取之,税入甚微,不如置官庄'"①即是。(5)官牧地。如宋神宗元丰三年(1080年)六月,"都大提举淤田司请以雍丘县(今河南杞县)黄酉等十棚牧地为官庄田,从之",②就是属于这种情况。(6)其他系官田地。宋徽宗宣和元年(1119年)八月,农田所奏,请将浙西水涨退滩地,"除出人户己业外,其余远年逃田、天荒地、草葑菱荡及湖泺退滩、沙涂等地,并打量步亩""召人实封投状,添租请佃"。③宋人把这类系官出租地都叫官庄。

官庄经营方式与宋朝政权相终始。宋朝初,就有五代时期王氏闽政权遗留的福建官庄以出租制经营。宋仁宗天圣二年(1024年),按照转运使方仲荀的建议,宋朝政府将福州官庄全部卖给百姓。④宋真宗景德元年(1004年),保州(治今河北保定市)、相州(治今河南安阳市)"置屯田庄",都用兵士耕种,虽以庄名,其实与屯田差不多。熙、丰开边以后,宋朝政府在新收复的熙河一带兴办了不少官庄。元丰二年(1079年),岷州麋川、荔川、闾川寨、通远军熟羊寨设立了16个官庄。⑤由地方招募的兵士耕种。南宋初,川陕、荆湖、江淮、二浙等地遭受严重的破坏。南宋政府乃大办屯田官庄或营田官庄。川陕地区在宋高宗绍兴七年(1137年)有官庄854顷。⑥荆湖地区宋理宗绍定元年

①《宋史》卷173《食货志上一》。
②《宋会要·食货》2之5。
③《宋会要·食货》1之33。
④《长编》卷106,天圣六年十月。
⑤《宋会要·食货》2之5。
⑥《宋史》卷176《食货志上四》。

（1228年）立10庄，收15万石。①按亩收2石，官私对半分成计，这里当有官庄1500顷。南宋初这里就是官田经营的核心区域之一，官庄当不减于此数。江淮地区宋高宗绍兴六年（1136年）"官中所收约七十四万石"。②按耕种"次年乃收三之一，又次年则半收之"③的租入和每亩2~3石的收成计，这里当有营田官庄7400顷左右。两浙地区宋高宗绍兴二十九年（1159年）有官庄420顷余。④以上几个地区的屯、营田官庄，最多时当有1万余顷。宋孝宗淳熙（1174—1189年）以后，随着南宋吏治的腐败，官庄和其他官田经营形式一样日趋衰落。到宋度宗咸淳四年（1268年），宋朝政府以差庄官弊病太多，乃在"毋私相易田"，即保持国家所有制的前提下，普遍实行了分散的出租经营形式。

宋代的官庄生产兼用兵民，突破了屯田以兵，营田以民的界限，其经营目标也主要是利用荒闲田地，增加政府的粮食收入，是一种特殊的官田形式。它初设或有军事行动时采取集体耕作，而到军事活动结束或集体耕作效果不佳时就改行出租制，经营方式相当灵活。同时与屯、营田一样归尚书工部屯田郎中、员外郎通管，管理制度十分严密。这一切，都反映了宋朝政府经济管理的活力。

二、职田、学田和弓箭手田

（一）职田

宋朝的职田既是一项土地制度，又是职官制度的补充，是作为一

---

①《宋史》卷412《孟珙传》。

②《宋会要·食货》63之135。

③《宋会要·食货》63之108。

④《宋史》卷173《食货志上一》。

项廉政措施实行的。宋太祖建国以后,就在"吏不廉则政治削,禄不充则饥寒迫,所以渔夺小利,蠹耗下民,由此而作矣"①的认识下,对诸道府州县长官及其幕职官"置俸户",厚禄廪,以培养各级官员的廉政品格。宋真宗咸平二年(999年)闰三月,京西转运副使朱台符建议:对牧宰官"复俸户以增月入,受空土以为职田,俾其衣食足以恤家,车服足以示众"②。同年七月,宰相张齐贤"请给外任官职田",于是,宋真宗乃诏三馆、秘阁"检讨故事,申定其制,以官庄及远年逃田充,悉免其税",③恢复了西晋、北魏以至隋唐实行了数百年之久的职田制度。

当时以官府为单位给职田。其标准是两京、大藩府40顷,次藩镇35顷,防御、团练州30顷,中、上刺史州20顷,下州及军、监15顷,边远小州、上县10顷,中县8顷,下县7顷,转运使、副使10顷,兵马都监押、寨主、厘务官、录事参军、判司等,参照通判、幕职官的给田数执行。④这是以官府为单位分给职田,再在各官府内按职务分配"所得租课","州县长吏给十之五,自余差给"。⑤此制推行不久,弊端很多,贪官污吏,或多占佃夫,或"多取以残细民",甚至无田而令出租。遇上水旱又不蠲免租课,至民愁苦无告,"狱讼数起"。宋仁宗天圣七年(1029年)八月,宋朝政府准备"罢天下职田,官收其入,以所直均给之"。⑥正在议论具体实施办法的时候,宋仁宗看到狱案具结中,许多官员因行贿受贿而犯法,"恻然伤之",他意识到官吏贪污可能是由于

①《宋大诏令集》卷178。
②《长编》卷44,咸平二年闰三月。
③《长编》卷45,咸平二年七月。
④《宋史》卷172《职官志十二》。
⑤《宋史》卷172《职官志十二》。
⑥《长编》卷108,天圣七年八月。

养廉不够造成的。乃于宋仁宗天圣九年（1031年）二月下诏"复给职田"，并明确指出，给职田的理由是"所以惠养廉节也"。①宋仁宗庆历三年（1043年）十一月，宋朝政府审定并重新颁布了《定职田诏》，这一次是按官职将职田直接分配到各级官员个人名下。宋神宗熙宁（1068—1077年）、宋高宗绍兴间（1131—1162年），宋朝政府又两次审定职田成式，所定给田标准大体与庆历时一致。现列表比较如下：

庆历、熙宁、绍兴间所定职田顷数比较表

官职名		庆历中定数	熙宁间定数	绍兴间定数
知大藩府		20	20	20
知节镇		15	15	15
知余州军		10	10	10
藩府、节镇通判		藩府8，节镇7	藩府8，节镇7	8
知小军、监、节镇、通判		7	7	7
余州通判		6	6	6
大藩、节镇判官		大藩5，节镇4	大藩5，节镇4	节镇4
幕职官，藩府及节镇推官		大藩4，节镇3.5，防团以下州军3	3.5	3.5
防御、团练军事推官，军监判官		3.5	3	3
县令	万户以上	6	6	6
	不满万户	5	5	5
	不满5000户	4	4	4

---

① 《复职田诏》，见《宋大诏令集》卷178。

续表

官职名		庆历中定数	熙宁间定数	绍兴间定数
县丞	万户以上		4	4
	不满万户		3	3
	不满 5000 户		2.5	2.5
县簿尉	万户以上	3	3	3
	5000 户以上	2.5	2.5	2.5
	不满 500 户	2	2	2
备注	1. 其余官员比附同列官确定职田数。 2. 此表据《宋史》卷一七二制成。			

从上表可以看出,熙宁、绍兴年间审定的职田给田标准与庆历时所定的基本相同,而庆历诏所定职田制度与咸平令相比则有许多差别:(1)给田数额不同。咸平令已比前代增加了给田数额。庆历诏则在此基础上进一步提高了给田标准,如咸平令规定大藩府给田 40 顷,其租课分配办法:"长吏给十之五,自余差给。"[1]开封府是一个大藩府,其官员除牧、尹(不常置)或权知府等长吏 1 人外,还有判官、推官 4 人,领南司者一人,司禄参军一人,功、仓、户、兵、法、士曹参军各一人,左右军巡使、判官各二人,左右厢公事干当官共 20 人。按庆历诏的规定,若各职人员配齐,其应给职田总数当在 100 顷上下,比咸平令所定的数额超过一倍半。再如宋代一般中下州都有知州、通判、签判、判官、司户曹参军、司法、司礼、录事参军各一人,按庆历诏规定,各职额满,共应得职田 30 顷以上,也超过了咸平令中、上刺史州职田

---

①《宋史》卷 172《职官十二》。

20顷，下州15顷的50%~100%。按庆历诏，转运使、副使的职田数"比节镇长吏"，为15顷，咸平令明定"转运使、副十顷"。①其他职官，包括县令、丞、簿、尉，每个官府按官职所得的职田总数均多于咸平令规定的数目，反映了宋朝政府愈来愈优待官僚队伍的倾向。（2）经营和分配原则不同。咸平令确定职田由官府统管统收，将租入统一分配给官员个人。而庆历诏则明确规定：其田许自差公人经营，并招置客户。给予官员个人以经营权，这会造成比一般官私田地收租更多的弊端。在分配上，咸平令规定各官府租人长吏得一半，另一半由其他官员按官职大小分配；而庆历以后则都按官职分别给田（粮），实行个人经营制，减少了同一官府官员个人之间的纠纷。（3）给田来源不同。咸平令所给田地是"官庄及远年逃荒田"。②而庆历诏规定所给的主要是"官荒地，并绝户田及五年已上逃田""若系官庄田见有人户出租者，不得一例支拨"，③停止用官庄充做职田，反映出宋朝政府保护国家直接经营土地和租入的倾向。熙宁、绍兴诏的基本精神与庆历诏一脉相承。宋朝政府的职田制度除了照顾官员的经济利益，吸引更多士人从政外，还想以此来诱导京官外任，强化中央对地方的统治。

据统计，宋朝各路的职田总数，宋神宗熙宁时（1068—1077年）有23486顷97亩。④这是一个不大的数字，然而在经营中反映出来的问题却很多，如官员占田逾制；经营手段残暴；苛敛无节等等。结果，正如有些官员揭示的那样："职田所以养廉也，而士大夫取之适以启

---

①《宋史》卷172《职官十二》。

②《宋史》卷172《职官十二》。

③《宋大诏令集》卷178。

④梁方仲编著：《中国历代户口、田地、田赋统计》，上海人民出版社1980年版，第292页。

其不廉。"①然而从另一个方面看，宋朝政府通过给职田、照顾外任官经济利益等办法，引导大量京官到地方上去任职，在加强封建国家对地方的统治上起了重要的作用。

(二)学田

学田是封建国家赐给地方府、州、县学一定数量的田地，以其租入作为办学经费的一项制度。早在五代南唐时期，就有人在庐山五老峰下创建白鹿洞学馆，并"置田以给诸生"，"学者大集"。②据王禹偁在宋真宗咸平三年(1000年)所作《潭州岳麓山书院记》云：该书院也有人"辟水田，供春秋之释奠"。宋仁宗即位初，"赐兖州学田"。宋仁宗天圣二年(1024年)，给江宁府茅山书院赐田。③宋仁宗天圣七年(1029年)，建康始建学，宋朝政府给赐田10顷。④宋仁宗康定元年(1040年)正月，"赐国子监学田五十顷。"⑤类似赐田见于记载的还有一些，它们都出现于庆历改革之前，其数虽多，但并没有形成制度。庆历改革中，范仲淹等人总结了前代和本朝设置学田的经验，奏请在各府、州、县普遍地建立官学，并由中央政府向各级官学赐给一定数量的学田，以解决办学经费问题，从此开始，学田才走向制度化。

宋朝学田的来源，大致有五条途径：一是朝廷赐予。宋仁宗庆历初，太学就接受了"朝廷拨田土二百余顷"。⑥庆历新政颁布后，一般州学都能得到赐田5顷，藩府大州得到的则更多。宋神宗熙宁四年

---

① 《宋会要·职官》58之29。
② (明)王圻：《续文献通考》卷61。
③ (元)马端临：《文献通考》卷46。
④ 《景定建康志》卷28。
⑤ 《宋史》卷10《仁宗纪二》。
⑥ (宋)赵抃：《清献集》卷8。

（1071年）三月，诏："诸路置学官，州给田十顷为学粮，元（原）有学田不及者益之，多者听如故"。①赐田是学田的主要来源。二是地方官将一部分系官田，包括没收、户绝、夺产等拨做学田。如宋仁宗庆历中（1041—1048年），知扬州韩琦增拨官田为学田。南宋初，桐州建学，"斥闲田之在官者为永业，以食来学者。"②宋孝宗淳熙七年（1180年），知州丘岳拨给扬州学田1顷90亩。宋宁宗庆元五年（1199年）昆山县以奸民隐占之田3顷，没官田2顷充学田。③宋理宗开庆元年（1259年）八月，地方官拨给明州学田97顷81亩，涂田6顷10亩。④三是地方官用公款购买田地，充做学田。例如宋高宗绍兴十年（1140年）张浚以二千万贯帅司钱购得闽县鼓山里洲田2顷90亩为学田。⑤嘉熙元年（1237年），知桐庐县赵汝镗"发县帑五千缗，增置学田养士"。⑥类似记载，史志所见尚多。四是官僚地主私人捐赠的田地。如建炎兵火之后，明州有个叫林暐的户曹参军曾将半顷地捐做学田养士。⑦宋宁宗嘉定中（1208—1224年）赵崇本知崇安，兴学校，捐俸买田充学廪，⑧等等。五是由官学包佃的公私田地。如南宋宁宗嘉定时，知崇安赵崇本除买田外，还"请佃西林、兴福二寺废租，以折纳余羡助养士之费"⑨，等等。

①《长编》卷221，熙宁四年三月。

②（宋）葛胜仲：《丹阳集·军学记》卷8。

③［嘉靖］《昆山县志》卷14。

④《四明续志》卷1。

⑤［淳熙］《三山志》卷12。

⑥（明）王圻：《续文献通考》卷60。

⑦［宝庆］《四明志》卷2。

⑧（明）王圻：《续文献通考》卷60。

⑨（明）王圻：《续文献通考》卷60。

两宋时期的学田总数,史书缺乏明确的记载,但我们可以大致地估算。《宋会要·崇儒》云:庆历改革中,"诏诸路州府军监各令立学"后,"州郡不置学者鲜矣"。①从这时到神宗熙宁间,宋朝统治区的州、军、县数虽有变动,总数不应少于太宗朝的 1562 个(其中州军 328个),②若每个州、军、县都按规定办起一所官学,并得赐田 5 顷,则全国各级地方官学当有学田 7810 顷。加上京师三学,各地书院和官学通过其他途径得到的田地,学田总数当远大于此。宋徽宗大观时期(1107—1110 年),天下 24 路,"学田以顷计之,凡一十万五千九百五十……而中都两学之数不与焉。"③这个数字比北宋前期大多了。

南宋版籍缩小,又"赡士公田,多为形势之户侵占请佃,逐年课利,入于私家"④。因而政府控制的学田总数肯定少于北宋时期,但从局部看,有些州县学所占的田地,又远远超过了政府的赐田。如浙东路的浦江县于宋理宗绍定五年(1232 年)置学田,后来,这个县的学田通过各种途径发展到水田 395 亩,旱地 213 亩,山地 652 亩,池塘 36亩。还有坊廓房赁地 416 丈。⑤一所县学,占有 1200 多亩水、旱、山、塘田地,这在北宋承平时期,也是不少的了。南宋类似占田较多的州军县学不止这一所,反映了这一历史时期学田分布的趋势和规模。

宋代学田一般都采取出租的形式来经营。租佃业务有两种管理形式:一种是掌于官,在户部统辖下,由各路提举学事官负责,州县"守贰董干其事"。就是说,学田的筹置、租佃、地租收支等都由州县官

---

①《宋会要·崇儒》2 之 3。
②《宋史》卷 85《地理志一》。
③(宋)葛胜仲:《丹阳集》卷 1。
④《宋会要·食货》5 之 26。
⑤[嘉靖]《浦江志略》卷 6。

具体主办。如南宋理宗景定时(1260—1264年),建康府学的学田有9380亩,加上坊场、芦荡等,岁入米3880石余,菽麦400石,钱41000贯余,"皆掌于学提督,钱粮则通判东厅之职也"。①一种是掌于学,就是在地方官的宏观指导下,学田由各官学自主经营。如庆元二年(1196年)正月所立《吴学粮田籍记》,记载该学学田就是由"本学差催租人朱彦、俞彦同田甲头陈三六等,令众租户自就本学入契分种",收取地租的。②宋朝各府州县与赡学有关的义庄、贡士庄等,大都采取这种经营形式。

在文书契约租佃制普遍实行的情况下,两宋官私田地的地租形态已经普遍完成了由劳役租向实物租的历史性转变,而在一部分学田中,更出现了大量的货币地租。如江南明州鄞县、奉化、慈溪、定海、昌国等县的学田租,除米谷外还收货币。四明学田中有"租地钱120贯563文,四明山租钱280贯文"。③泰州学田除粮租外,又收秋租钱5327贯余,夏租钱238贯余。④嵊县学田"桑地一片……年立租地钱三贯文,桑叶钱一十二贯;桑地一片……系金宅租种,年立租钱三贯文,桑叶钱三贯五百文"。⑤马克思说:"从产品地租到货币地租的转化,要以商业、城市工业、一般商品生产、从而货币流通有了比较显著的发展为前提。这种转化还要以产品有一个市场价格,并或多或少接近自己的价值出售为前提","没有社会劳动生产力的一定程度的发展,这种转化是不能实现的。"⑥在货币地租还不普遍的情况下,我们

①《景定建康志》卷28。

②《江苏金石志》卷13。

③[宝庆]《四明志》卷2。

④[嘉靖]《惟扬志》卷7。

⑤《越中金石志》卷4。

⑥马克思:《资本论》第三卷,人民出版社1975年版,第898—899页。

从学田征收货币地租中,可以窥见宋代商品经济和生产力发展的趋势。

(三)弓箭手田

弓箭手田是北宋政府在陕西、河东等地区建立的边防性土地经营形式。北宋的弓箭手防边制度,导源于五代的保毅军。后周太祖广顺(951—953 年)初,周太祖郭威令镇州(治今河北省正定县)诸县,每十户取材勇者一人为弓箭手,其余 9 户提供武器、衣粮等,守护边防。宋太祖以来继承这一做法,在陕西、河东等地普遍地建立了弓箭手组织和弓箭手给田制度。所给田地,多是官庄、天荒、逃田、空地、蕃户献田、政府从私人手中收买来的田地以及官员的职田等。职田被收做弓箭手田时,只要给原占有职田的官员支给盐钞或钱就行。给弓箭手授田的标准,一般是汉弓箭手步兵每人给田 2 顷,骑兵 3 顷,[①]或 2.5 顷。[②]押官以上军官也给身份田。蕃弓箭手则"每人给地一顷,蕃官两顷,大蕃官三顷"。[③]

弓箭手的租课负担各时、各地不尽相同,宋真宗景德(1004—1007 年)初令"永蠲其田赋"。[④]但后来仍免不掉或重或轻的地租和劳役负担。如宋仁宗天圣六年(1028 年)四月,"诏渭州、镇戎军新招弓箭手,涅其左手背以别之,仍给新开壕内田,岁所收租半予之,余充本处公用。"宋仁宗庆历中(1041—1048 年),河东都转运使欧阳修奏准在岢岚军北草城川禁地募人占耕,"得二千余户,岁输租数万斛,自备弓马,涅手背为弓箭手。"[⑤]宋仁宗至和二年(1055 年),韩琦奏请在代

①《宋史》卷 190《兵志四》。
②《宋会要·兵》4 之 11。
③《宋会要·兵》4 之 7。
④《宋会要·兵》4 之 1。
⑤《宋史》卷 190《兵志四》。

州、宁化军上万顷禁地上募弓箭手,诏"视山坡川原均给,人二顷;其租秋一输,川地亩五升,坂原地亩三升,毋折变科徭……无得擅役"①。宋徽宗政和五年(1115年)九月,提举河东路弓箭手司在忻州秀容县(今山西省忻县)置弓箭手的奏文中建议:"依本路弓箭手久来出纳租课条令,取酌中数目,每亩止纳租课三升。"并说:"本路弓箭手请射官地,所出课则例系自景德四年至熙宁六年立定,即非本司今来创有增添",②都是弓箭手承担地租的例子。又据宋神宗元丰元年(1078年)六月经制财用司言:"熙河路弓箭手,昨准朝旨,四人同治官庄一顷,颇闻困于役使,见缺二千人。欲罢四人治田指挥,唯收成时,听暂应副收获,余毋得役。"从之。③说明弓箭手还有额外的劳役负担。不过这种情况并不普遍。一般认为,从宋真宗景德二年(1005年)知镇戎军曹玮建议弓箭手永蠲田租后,到"熙丰变法"中弓箭手"与免所纳租课",④直到徽宗崇宁五年(1106年)赵挺之奏:弓箭手"官给以地而不出租,此中国法也",⑤弓箭手尤其是汉弓箭手是免除或少交地租的,比起蕃兵的"既输纳供亿之物,出战又人皆为兵",⑥负担确实是轻多了。

宋代弓箭手田的数量,史料中没有准确的记载,这里我们只能从弓箭手的数目推知梗概。据《宋史》卷190记载,宋仁宗庆历时(1041—1048年)诸路弓箭手总数为32474人。宋英宗治平(1064—

①《宋史》卷190《兵志四》。

②《宋会要·兵》4之23。

③《宋会要·兵》4之8。

④《宋会要·兵》4之7。

⑤《宋史》卷190《兵志四》。

⑥《宋史》卷190《兵志四》。

1067 年)末,河东 7 州有弓箭手 7 500 人,陕西 10 州军并寨户总
46 300 人,宋神宗熙宁二年(1069 年)兵部上弓箭手河东 7 000 人,
陕西 46 300 人。前已述及,每个弓箭手的身份田为 2 顷,马口田为50
亩到 1 顷。据此,治平和熙宁间,陕西及河东的弓箭手田当在 106
600 顷至 161 400 顷之间。这个数字,尚不包括弓箭手隐占的田地。
事实上,弓箭手冒占耕地的情况相当普遍,数额庞大。宋徽宗崇宁二
年(1103 年)十一月,提举泾原路弓箭手安顺文奏,检查出怀远、隆
德、得胜、静边、治平五寨新包占到旧边壕外地土 48731 顷 26 亩多,
其中只有 8360 顷为五寨弓箭手应得身份地,冒占地超过应占地的
1.6 倍以上。史书上类似记载不少,说明弓箭手实际开垦的田地,比我
们推算的还要多。这些边境地土都是荒闲田,离开武装护耕,很难经
营生产,正是在弓箭手制度下,它才得到了开发利用。

三、地主土地所有制

宋代的地主土地所有制是在商品经济大潮中形成和发展起来
的,因此,在它身上带有许多商品经济的烙印。下面,就地主土地所有
制的结构、特点,它与国家所有制、小自耕农所有制的关系及其历史
作用等作一论述。

(一)地主土地所有制的结构

宋代的地主土地所有制是由贵族官僚地主、商贾高利贷地主和
其他地主三部分构成的。

一是贵族官僚地主。包括皇亲、国戚、各级官吏的贵族官僚地主,
是宋代地主阶级的核心。他们占有的土地,一部分是从前辈继承下来
的祖业,还有很多是"赐田"和新买(占)的田地。宋代历朝政府从统治
阶级的最高利益出发,以照顾前代帝王后裔、本朝皇亲及奖励军功、
事功等名义,将大量户绝、抛荒等荒闲地赏赐给贵族官僚。宋仁宗嘉

祐四年（1059 年），宋朝政府封后周柴氏后裔为崇义公，"给田千顷，奉周室祀"。①神宗时，杨汲引汴水淤田，"瘠土皆为良田，神宗嘉之，赐以所淤田千亩。"②南宗高宗、孝宗两朝，先后给主管侍卫马军司公事李显忠赐田 133 顷。③宋高宗绍兴十三年（1143 年），诏知兴元府杨政于利州路赐田五十顷。④宋高宗绍兴二十五年（1155 年），诏赐刘錡荆湖路官田一百顷及应副牛具粮种。⑤宋理宗景定三年（1262 年），"赐公主田以秀丰庄二万九千有奇。"⑥贾似道母亲死，"赐功德寺及田六千亩"。⑦宋恭宗德祐元年（1275 年）以田百顷赐镇王赵竑家。⑧类似的赐田很多，不再列举。

贵族官僚还利用他们手中的特权，大量兼并公私土地。宋太祖时（960—976 年），孟州汜水县（在今河南荥阳县）有个酒务专知官李诚，其庄园"方圆十里，河贯其中，尤为膏腴。有佃户百家"。⑨一个小小的酒务官竟能置办这样大的家产，其他显贵贪官的兼并能力可想而知。宋太宗时（976—997 年），青州录事参军麻希梦以老退居临淄，"有美田数百顷……希梦居乡里，常兼并不法……人皆畏之。"⑩宋真宗大中祥符八年（1015 年）十一月，王旦等上奏："兼并之民，徭役不

①《古今图书集成·经济汇编·食货典》卷 63。
②《宋史》卷 355《杨汲传》。
③《宋会要·食货》70 之 65。
④《宋会要·食货》70 之 65。
⑤《宋会要·食货》61 之 49
⑥《古今图书集成·经济汇编·食货典》卷 4 引《续文献通考》
⑦（宋）周密：《齐东野语》卷 15。
⑧《宋史》卷 246《镇王竑传》。
⑨（宋）魏泰：《东轩笔录》卷 8。
⑩《太宗皇帝实录》卷 44。

及,坐取厚利。京城资产,百万者甚多,十万而上,比比皆是。"①他们居物逐利,兼并田产,对小自耕农构成最大的威胁,势力所及,中小地主也深受其苦。②宋高宗绍兴间(1131—1162年)杨沂中在代郡为其卫姓义兄买得膏腴田千亩。③正是通过这些渠道,贵族官僚及御前寺观"田连阡陌,亡虑数千万计,皆巧立名色,尽蠲二税。"④所收租米有及百万石者,他们是地主阶级中最富有的一部分。

二是商贾高利贷地主。商贾高利贷者是宋代土地兼并十分活跃的一个阶层。《夷坚志·癸集》记载了一个富贾起家的典型人物——吴十郎。吴十郎本是兴安人。宋孝宗淳熙(1174—1189年)初,避荒挈家渡江,居于宿松县,初以织草履为生,后改卖油,十数年间,资本渐起,将至巨万,乃广置田土,成为商人兼地主。被称为"六贼"之一的朱勔父子,也是以经商致富,然后交接权臣、投机得官,而至兼官僚、商人、地主于一身的。朱勔,苏州人,其父朱冲,狡狯有智术。他以微贱之身,受庸于人,通过乞贷,设店卖药,遂至发家,乃修葺园圃,过起了商人兼地主的生活。又巴结蔡京,父子皆得官。后投宋徽宗所好,进贡花石,官职节节升高,遂公然掠夺百姓土地。靖康之难中,宋钦宗接受御史的谏言,免去了朱勔的官职,"籍其资财,田至三十万亩。"⑤这是宋朝历史上屈指可数的官僚大地主。司马光在《涑水记闻》卷六中记载了一个贪官发家的劣迹:宋真宗时,青州临淄县(在今山东淄博市东)麻氏,其先五代末尝为本州录事参军。节度使广纳货贿,令麻氏主之,

---

①《长编》卷85,大中祥符八年十一月。
②《古今图书集成·经济汇编·食货典》卷63。
③《宋裨类钞》卷4
④《宋史》卷174《食货志上二》
⑤《宋史》卷470《朱勔传》。

积至数万。后节度使被召赴阙,不及取而卒,麻氏尽占其财,因而富冠四方。他家麻氏寨有"庄夫千余人""家财不可胜纪"。麻温舒兄弟皆举进士,作馆阁美官。家既富饶,宗族横于乡里,这是一个典型的恶霸官僚地主。

三是其他地主。即官、商户以外的豪强、形势户和一般地主,破落世族子弟等。他们继承祖业,地大业广,阡陌相接,又通过购买、强夺和包占侵蚀国有土地等手段,无限制地扩大私田占有量。宋真宗大中祥符九年(1016 年)四月,知永兴军寇准上疏云:"所部豪民多贷钱贫民,重取其息,岁偿不逮,即平入田产。"①说的是关中地主兼并土地的情况。宋仁宗时(1023—1063 年),越州鉴湖"溉田八千顷,食利者万家……多为豪右所侵"②。龙溪县(治今福建漳州市)"有陂塘数百顷,为乡豪斡其利"③。南宋高宗绍兴二十七(1157 年)年四月,通判安丰军王时升言:"淮南土皆膏腴,然地未尽辟,民不加多者,缘豪强虚占良田,而无遍耕之力;流民襁负而至,而无开耕之地。"④宋孝宗淳熙九年(1182 年),著作郎袁枢奏云:"豪民占田不知其数……力不能垦,则废为荒地;他人请佃,则以疆界为词,官无稽考。是以野不加辟,户不加多,而郡县之计益窘。"⑤宋宁宗庆元四年(1198 年)八月,臣僚上言:"二广之地,广袤数千里,良田多为豪猾之所冒占,力不能种;湖北路平原沃壤,十居六七,占者不耕,耕者复相攘夺,故农民多散于末作;淮西安丰军田之荒闲者视光、濠为尤多,包占之家与吏为市,故包

①《长编》卷 86,大中祥符九年四月。
②《宋史》卷 298《蒋堂传》。
③《宋史》卷 304《王济传》。
④《宋史》卷 173《食货志上一》。
⑤《宋史》卷 173《食货志上一》。

占虽多而力所不逮。"①衡州(治今湖南衡阳市)大姓尹氏"欺邻翁老子幼,欲窃取其田,乃伪作卖券,及邻翁死,遂夺而有之"。于是一家占田至千顷。②淮东土豪张拐腿"其家岁收谷七十万斛"③。常德府查市富户余翁家,"岁收谷十万石。"④这些记载,活画出两宋豪强、形势户不择手段地争夺公私田地,以扩大其土地占有量及财富的真实画面。

贵族、官僚、商人高利贷地主和豪强地主中,虽以官僚地主占地最多和势力最大,但他们三者相互联系又相互转化,贵族、官僚、豪强经商者很多,商人作官及兼并土地横行于乡里者也比比皆是,而豪强大姓通过培养子弟考进士或纳资买官,也可以转变为官僚。因此,史家将贵族官僚、商贾高利贷者、豪强地主三位一体看作宋代地主阶级的特征完全符合实际。

(二)宋代地主土地所有制的特点

以贵族官僚地主、商贾高利贷地主和豪强地主占有为核心的宋代地主土地所有制,是在商品经济影响下发展起来的,因此,它带有许多商品经济的烙印和特征。

一是土地交易频繁,政府成立了专门的管理机构。前代民间买卖土地,一般并不经过官府办理手续。由于宋朝土地买卖频繁,而一般买地之人,又是豪商、权贵、官僚之家,他们"计嘱公吏,不即过割(税赋)。致出产人户,虚有抱纳。或虽已割,而官司不为减落等第,抑令依旧差科"⑤。典卖田宅之人,本是出于穷困,典卖以后,产去税存,无力

①《宋会要·食货》6之29—30。

②《宋史》卷285《刘沆传》。

③(宋)李心传:《建炎以来朝野杂记》甲集卷8。

④(宋)洪迈:《夷坚志》甲集卷7。

⑤《宋会要·食货》61之66。

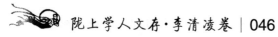

交纳,只好逃亡,既减少了国家赋税之收入,又影响到社会的安定。因此,宋朝政府不得不建立专门机构,加强对民间田宅典卖的管理。

早在宋太祖时,就令民间典卖田土者,要输钱印契,太宗太平兴国七年(982年)闰十二月,再次强调典当田宅要及时"随业割税"①。宋真宗乾兴元年(1022年),根据开封府的请求,进一步强化了对民间土地交易的管理,即"晓示人户,应典卖倚当庄宅田土,并立合同契四本:一付钱主,一付业主,一纳商税院,一留本县"②。以防止纠纷,及时过割税赋,征收税契钱,有效地防止了因民间田宅典卖而失落政府的税额。宋徽宗政和间(1111—1118年),宋朝政府严立法禁,核查土地典卖中的赋税落实情况,及时过割登记;将"一县移割之数"作为考核县令、丞、簿的内容;同时又不断增收税契钱、定帖钱和贴纳钱,用以补充"经制移用钱"。宋徽宗政和六年(1116年)四月,诏两浙转运司,民间典卖田宅除征收正契外,还应按淮南例,收缴正契、定帖、贴纳等税钱。"除正纸工墨钱外,其官卖定帖二张,工墨钱一十文省,并每贯收贴纳钱三文足。如价钱五贯以上,每贯贴纳钱五文足。"③宋徽宗宣和四年(1122年)六月,根据发运使、经制两浙江东路陈亨伯的建议,"淮、浙、江、湖、福建七路典卖田宅契勘每一贯文足增修(收)钱二十文足,通旧收不得过一百文省。"④南宋高宗绍兴间(1131—1162年),宋朝政府规定,典卖田宅依照有关条令所载之"契要格式",写明所典卖田地的"顷亩、田色间架、元(原)业税租色役钱数"等项目,"收状入案,当日于簿内对注开收讫,方许印契"⑤。否则,就被视作"违

①《宋会要·食货》61之56。
②《宋会要·食货》61之57。
③《宋会要·食货》61之63。
④《宋会要·食货》61之63。
⑤《宋会要·食货》61之64。

法",而加以干涉。两宋政府如此重视民间田宅典卖业,是因为当时田宅交易普遍频繁,直接影响到社会安定和宋朝政府的赋税收入,因而不得不采取干预措施。

二是土地经营中出现了包佃制。所谓包佃制,是指豪强地主大规模地承包国有土地,转手佃给贫民,从中攫取差额地租的一种经济行为。它是以土地私有制深入人心、文书契约租佃制已成为土地经营的主要方式为前提而产生的。包佃制主要以地租的占有为目的,它与汉、唐时代的"分田劫假""借荒"等土地政策有很大差别。那种认为包佃制早在汉、魏、隋、唐时期就已经产生了的说法不符合历史实际,是值得商榷的。因为包佃制只是在文书契约租佃制有了相当发展后,才在官田经营中出现的一种新的经营形式,从历史发展的顺序看,一定是文书契约租佃制发展在前,包佃制出现在后,而不是相反或平行。唐中期以前,文书契约租佃制还没有发展起来或在社会生产关系中不占支配地位,在世族豪右权力强盛、北方地广民稀的历史条件下,他们无须向政府"包佃",就可以随力所及,广占用地,因而不存在包佃制的问题。中唐以后,尤其是到了两宋时期,才在文书契约租佃制普遍实行、中央集权制空前强大的情况下产生了官田经营的包佃制。所以,记载明确的包佃制应是从宋代开始。

三是土地经营普遍采取文书契约租佃制。文书契约租佃制是在私家佃农人身依附关系相对减轻的历史条件下产生和发展起来的。[1]由于它适应了隋唐以来我国封建社会阶级关系变动的情况,所以至迟到中唐以后就在土地经营中普遍地实行。入宋,随着土地商品化程度不断提高,贵族官僚、商贾高利贷者和豪强地主再也不能像魏晋南

---

①详见李清凌:《文书契约租佃制的产生和发展》,《西北师大学报》1990年第2期。

北朝世族地主那样将劳动者束缚在庄园上进行生产。于是，无论庶族地主还是世族后裔，都不得不顺应历史发展的趋势，放松了对劳动者的人身控制，而将注意力转向对剩余劳动的追逐，文书契约租佃制就是在这样的社会历史背景下盛行起来的。

宋代的文书契约租佃制受到国家政权的保护。私人订立的租田契，不仅是田主与佃客权责关系的议定书，也是相关田地典卖抵当的依据。政和元年（1111 年）四月，户部奏："臣僚言，乞令县邑严立法禁，凡质贸田业印契之际，须执分书或租契，赴官按验亩角税苗分数之实，勒户案人吏并乡书手即时注籍。"①宣和七年（1125 年）二月，"三省言：'诸路州军人户欲自今应典卖田宅并赍元（原）租契赴官，随产割税，对立新契。其旧契，便行批凿除豁，官为印押。本县户口等第簿，亦仰随时销注，以绝产去税存之弊'，从之。"②以上都是租田契在宋代土地关系中普遍存在，并在确定人户税额及典卖田宅时发挥重要作用的明证。

与此相适应的是地租形式中定额租成分的增加。汉唐以来，我国地租额大都实行对半分成制，一亩地在正常年景下给地主带来的地租是一个相对稳定的数额。然而由于产量与地租相联系，地主便不能不严格地监督佃客生产。宋以后，随着商品经济的发展和地主对农民监督控制的难度加大，地主阶级逐渐地采用定额租制，在确定地租数量的前提下，放松了对生产过程的控制和监督，有利于提高生产者的积极性，这是我国生产关系史上的又一进步。

（三）宋代地主土地所有制与国家所有制的关系

私家地主所有制是宋代土地制度的主体。它要求国家政权的保

---

①《宋会要·食货》61 之 62。

②《宋会要·食货》61 之 63。

护,但在经济利益上又与国家相矛盾。私人地主既想更多地摆脱对国家的赋役负担,又想与国家政权争夺农民的剩余劳动和地租,而国家政权为了维护地主阶级的整体利益,也需要直接掌握一定的土地和税农,从而形成统治阶级内部公与私、部分与整体的矛盾斗争。这是封建制下固有的一对矛盾,只是在宋代反映得更加突出和尖锐了。另一方面,私人地主所有制与国家所有制也是相互转化的。国家直接掌握的官田转变为私田,除上述赏赐、包佃、隐占等渠道外,还有私家垦荒、承买官田两种重要的形式。宋承唐末五代战乱之后,加以天灾相继,民多转徙,土地大量抛荒,宋太祖建隆四年(963 年)八月,"诏:民能树艺,开垦者不加征,令佐能劝来者受赏。"①宋太宗至道元年(995年)六月,颁《募民耕旷土诏》:"应诸道州府军监,管内旷土,并许民请佃,便为永业。仍与免三年租税。三年外输税十之三。应州县官吏,劝课居民垦田多少,并书于印纸,以俟旌赏。"②类似诏令,两宋多次颁发。然而能够组织人力物力,大量开垦荒地者,只有官僚地主之家,小农是不敢问津的。宋高宗绍兴二十年(1150 年),南宋政府"募民耕两淮田",条件是官府对应募百姓(地主)赏以官资,或收成时,"除种之外,九分归佃户,一分归官","仍免科借差役"。当时有不少"土豪大姓"应募到淮南去垦荒。③宋高宗绍兴二十九年(1159 年)五月,殿中侍御史宁古上奏云:福建路江海畔新出沙田中就有"农户自备钱本兴修"④的。显然,这类"农户"是指有开垦实力的地主大户。他们通过合法或非法垦荒,将很多国有土地变成了私家地主的庄田。

①《宋史》卷 2《太祖纪二》。
②《宋大诏令集》卷 183。
③(宋)李心传:《建炎以来系年要录》卷 161。
④《宋会要·食货》5 之 30。

承买官田也是势家大族化公为私的一条途径。宋仁宗天圣元年（1023年），宋朝政府将福州唐、五代以来即由私人佃种，与一般税田无异的1375顷余官田定价出卖。①南宋建立后，宋高宗即于建炎元年（1127年）着手拘收和变卖没官、户绝等系官田，以筹措经费。为了抑制土地集中的势头，还于宋高宗绍兴五年（1135年）规定："监司、州县官吏、公人并不许收买"②没官田，但到孝宗乾道时（1165—1173年），这一规定就大大松动了。宋孝宗乾道九年（1173年）正月，将作监丞折知常前往浙西措置出卖营田并没官田产，他向朝廷的奏文中提出："其出卖田产，除本处常职官吏外，应官户、公吏等并许依价承买"，这一建议得到朝廷采纳。③事实上，常职官吏要冒占、收买官田极其方便，他们只要用个化名就成了。难怪宋宁宗嘉泰三年（1203年），臣僚上言中有云：官司出卖户绝、籍没等系官田，"类皆为强豪挟恃势力，以贱价买之，官司所获无几。"④

私人地主通过上述种种渠道，占有了绝大部分的土地，不仅对小自耕农形成莫大的威胁，而且直接影响到宋朝政府的赋入，形成私家地主与国家政权的矛盾。那么宋朝政府怎样对私家地主既保持政治上的一致性，又成功地夺取一部分经济利益呢？

一是检括逃田、户绝田及远年荒田。逃田是指战乱兵荒中广大农民和一部分官僚地主逃亡抛弃的田地。户绝田是土地所有者及其合法继承人全部身亡留下的田业。而所谓远年荒田，则包括多年抛荒的各类田地。两宋时期，由于战乱灾荒等原因，逃田、户绝田或抛荒地旋

①《宋史》卷174《食货志上二》。

②《宋会要·食货》5之23。

③《宋会要·食货》5之36

④《宋会要·食货》61之44。

括旋生,数量很大。如《宋会要·食货》六三之一七八记载:密州(治今山东诸城县)有个被人称作"户绝庄"的村子,原先共有 77 户,从宋真宗大中祥符八年(1015 年)到宋仁宗天圣五年(1027 年)十二年间,"只有六户未绝",其余全部绝户,类似记载史不绝书。政府将此类土地检括后就变成了官田。

二是没收脏罪等违法官僚地主的土地。按宋朝法律,官吏贪赃枉法,触犯刑律或犯有其他罪过被处罚者,其田宅财产要"拘籍入官",他如隐匿田地,不向官府砧基簿登记,在州县衙门、仓房服役或运送过程中损失官物,拖欠税款,违法交易土地等,都要籍没其田产。宋高宗建炎元年(1127 年)五月,"准朝廷指挥,委官拘收籍没蔡京、王黼等庄田变卖,收充籴本"①,以及前述籍没朱勔的田庄,就是官僚地主庄田被没收入官的典型。宋孝宗乾道二年(1166 年)十一月,权户部侍郎曾怀言,"诸路没官、户绝产已卖到钱五百四十余万贯"。次年闰七月,曾怀又上奏说:"诸路未卖没官田产计价钱一百四十余万贯。"②两相合计,可知那是一个不小的数字。直到宋宁宗嘉泰三年(1203 年)五月,臣僚上言中还说:"今天下州郡,户绝、籍没之田,往往而有。"③说明宋代没官田的数字不小。

三是收献、收买或强夺地主的私田。收献是接受官僚地主的献田。在国家经济极度困难的情况下,一些官僚往往从保护地主阶级的根本利益出发,将部分私田捐赠给政府,以帮助国家克服经费不足的困难。前述南宋孝宗时,张子颜、张完元、杨存中等将数万亩田产献给政府,就是这方面的例子。

①《宋会要·食货》61 之 1。
②《宋会要·食货》61 之 30。
③《宋会要·食货》61 之 44。

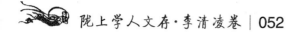

收买指封建官府或朝廷通过土地流通渠道收购私家地主的田产。南宋理宗景定四年(1263年),贾似道主持制定的"公田法",规定浙西大郡,官民超过规定限额之田通通由政府收买一定的比例,"除二百亩已下免行派买外,余类各买三分之一。及其后也,虽百亩之家,亦不免焉。"①

强夺私田也是常见的现象。北宋徽宗时所立的"西城括田所",名义上检括天荒、户绝、逃亡人家的土地,实际则强夺私田为官田,至宋徽宗政和六年(1116年),"所括凡得田三万四千三百余顷",②这是北宋灭亡前进行的一次公开的大规模的掠夺私田的行为。两宋时期,私家地主和国家政权正是通过上述途径实行着土地所有形式的转换及经济利益的争夺和调整。

(四)宋代地主土地所有制与小自耕农所有制的关系

宋代地主土地所有制除与国家所有制相关外,还与小自耕农所有制密切联系。小自耕农是封建国家主要的赋役承担者。地主与小自耕农二者是相反相成的。从阶级利益看,小自耕农至少在三个方面对地主阶级是有益的:一是承担了大部分国家赋税和力役,有利于私家地主减免赋役、积蓄和增殖财力。从这个意义上说,地主阶级积累的财富,不仅凝聚着客户的血汗,也包含着自耕农为其付出的代价。二是不少小自耕农在官私经济压力下破产,转化为客户,为私家地主提供了劳动力来源。三是大部分小自耕农的田地不足以糊口,需要佃种一部分地主的田地,这就直接为私家地主创造了财富,并为其承担着当差、保护田庄等义务。当然,地主对小自耕农也并非毫无作用。小自耕农通过租佃等形式从地主那里获得一小块土地,有了生产的条件。

①(宋)周密:《齐东野语》卷117。

②(元)马端临:《文献通考》卷7。

在灾荒和青黄不接的季节，小自耕农向地主告贷或作工，虽然附加着惨重的剥削，但比起奔走无告饥饿而死来毕竟是一条生路，如此等等，反映出地主与小自耕农之间对立统一、相反相须的关系。

宋代地主与小自耕农的所有关系，都是以土地所有制为基础的。正像地主土地所有制与国家所有制一样，小自耕农土地所有制和私家地主所有制也处于相互转化过程中。私家地主通过收买、抵当或强占等手段，不断地兼并小自耕农的土地；小自耕农也通过租佃垦荒等形式，获得地主的熟田和抛荒地。在农民起义或战乱中，小农还可以直接占有地主阶级的土地，从而在局部范围内实行耕者有其田。随着社会矛盾的发展，封建社会各阶级，包括地主和农民的经济地位常处于变动状态中。但作为个人，他们都希望保护其既得利益，这一共同的心理导致地主和小农对国家政权具有同样的依赖性和向心力。它们从不同的阶级地位和经济利益出发，都需要国家权力的保护。封建社会的矛盾斗争和发展，就是在国家组织下，以这个对立统一体为核心和动力的。

宋代地主制经济有很多历史的局限性。主要反映在：第一，各民族政权纷争，形成很多受战争影响的边界和战地。在这些地区，生产需要武装护耕，而宋代地主无私兵，所以他们很难经营这类边境地区的田地；第二，按照法律规定，逃田、没官田、抵当田等统统应由封建国家来管理，私家地主只能通过合法程序来占佃，而不能非法地将其据为己有；第三，很多商贾、官僚地主包占了大量国有土地而不能遍耕。所有这些方面，又为国有经济和小农个体经济留下了发展的空间。宋代的社会经济基础，正是由地主所有制、封建国家所有制和小农个体所有制结合而成，只不过在这个经济关系中，地主所有制占支配地位罢了。

四、小自耕农土地所有制

宋代的小自耕农是指占地不到百亩乃至只有几亩的农民。在中国封建社会里，小自耕农所有制经济既是封建政权赋役和财政的主要来源，又是其政治局势的风标，因此历代有远见的政治家都很重视维护小自耕农经济的稳定。下面，就宋代小自耕农土地所有制的状况和特点，外部干扰因素及封建政府扶持小自耕农所有制的政策措施等作一论述。

（一）宋朝小自耕农所有制的状况和特点

宋代小自耕农所有的土地，和国家所有制、地主所有制土地一样经常流通、变动主人，由于史料缺乏，我们对于宋代小自耕农所有制土地的确切数字已难完全搞清楚，只能从那些零星记载中推知一个近似的数字。

《宋会要·食货》一之二〇云：宋仁宗即位初，北宋的土地占有情况已经是"天下田畴，半为形势所占"。这里说的形势，就是形势户。《庆元条法事类》卷47云：形势户，乃"谓见充州县及按察（官）司吏人、书手、保正、耆（户）长之类，并品官之家，非贫户弱者"。这个概念的外延，正好包括了史籍中经常连称的"乡村三等并坊郭有物业人户"，即所谓"从来兼并之家也"[1]"乡村上三等及城郭有物业人户，非臣独知是从来兼并之家，此天下之人共知也。"[2]把这类人户通通说成是兼并之家容有出入，但我们仍可据以近实地把它们划分到中小地主或大地主的范畴，而将引文所列的"贫户弱者"即四、五等户看作"小自耕农"。

---

①（宋）韩琦：《韩魏公集》卷18。
②（宋）韩琦：《韩魏公集》卷18。

宋代耕地之半被包括官户在内的形势户或上三等户所占，剩下一半耕地中，又有10%左右属于国家所有制土地。占全国户口90%的第四、五等户①所占耕地不超过全国耕地总数的40%，这是宋代阶级矛盾最深层的根源。

宋代小自耕农是承接前代自耕农而来的，但宋代的小自耕农所有制与前代相比有许多新的特点，举其大者：一是经济独立性增强了。在均田制时代，自耕农除了一小部分脱离国家户籍和逃出地主庄田，②垦荒而为自由自耕农外，一般均田户即以国家佃户的形态而存在，对于国家政权有强热的依附性。均田制破坏以后，均田农民一部分丧失土地而沦为客户，另一部分则保有少量土地而变成自耕农，均田民的土地所有权名义上是属于国家的，民户只有使用权而一般不能随意转让；宋代自耕农所有制下的土地所有权归小农个人所有，可以自由地经营和出卖。这种小农土地所有制在国家法律、诏令中得到认可和保护。从没有土地所有权的国家佃户演变为有土地所有权的小自耕农，其经济上的相对独立性显然是增强了。

二是对国家的赋役负担比前代更重了。在均田制时代，国家的赋役由作为国家佃农的均田户和私家佃农两部分人负担，均田制瓦解后，宋代的赋役主要由税户（即主户）承担，客户一般免征赋役。而主户中的上三等户，尤其是为数很少、权势很大的官户、形势户，千方百计地逃避或转嫁国家税役，这样，宋朝的赋役就主要由自耕农负担了。姑且勿论势官大姓、豪强之家比他们的前辈逃税转赋的手段更多

---

①（宋）张方平：《乐全集》卷21：庆历元年，"天下州县人户……第四、第五等户常及十分之九。"同书卷26："万户之邑，大约三等已上户不满千"，"四等已下户不啻九千"。

②《宋史》卷174《食货志上二》。

更狡猾,就以受剥削的农民阶级来看,他们中以客户为主的私家佃农的剩余劳动,主要被私人地主所攫取,并不向国家负担赋役,这就使宋代负担国家赋役的劳动者,人数比例也少于均田制时代。然而,宋代自耕农直接承担的二税,"视唐增至七倍"。①唐玄宗开元中(713—741年),江淮一带"凡三年运米七百万石"到北方,唐德宗时(780—805年),"岁漕运江淮米四十万石以溢关中",北宋真宗大中祥符三年(1010年)九月,江淮发运使李溥言:江淮两浙六路当年春运往京师的米"凡六百七十九万石,诸路各留三年支用;江南留百七十万石,外有上供五十万石;淮南留三百三十万石,外有上供五十七万石,所留以备赈粜;两浙有米百五十万石,上供外有九十一万石,备淮南赈粜"②,天圣四年(1026年)闰五月,定江淮制置发运司岁漕米课六百万石,③仅此,就可以看到宋代小自耕农负担之沉重了。

三是经济地位更加不稳。均田制时代,均田户所占有的耕地法令一般不允许出卖,封建政府为了保护其兵赋来源,对于私家地主的兼并活动采取很强的抑制政策。均田制破坏后,在商品货币关系的影响下,土地转入流通领域,开始大量地自由买卖。到了宋朝,政府又采取不抑兼并,不抑商贾的政策,而小自耕农在贵族官僚、豪商和一般地主的虎视鹰瞵,蚕食鲸吞下,随时有被兼并的危险。

(二)宋朝影响小自耕农土地所有制的因素

和封建国家所有制、私家地主所有制一样,小自耕农土地所有制是与封建制度相始终的一种土地所有制形态,他的发生发展过程,既受到社会生产力和经济、阶级结构的影响,又有各阶段变异因素的制

---

①(明)柯维骐:《宋史新编》卷25。

②《长编》卷74,大中祥符三年九月。

③《长编》卷104,天圣四年五月。

约。就宋代看，贵族官僚、形势户、商人地主的兼并，各级官府、官吏的刻剥，连续不断的战争以及频繁的自然灾害，是对小自耕农所有制影响最大并在一定程度上造成其时代特征的基本因素。

一是贵族官僚、形势户、商人地主的兼并。势官豪商是宋代地主阶级的核心。他们财大气粗，恣意兼并，"占田千顷而不知止"，[1]是小自耕农经济最大的威胁。他们兼并小自耕农土地的手段，一是强买。势官豪富强市民田的记载，史籍中更多，宋太宗时（976—997年），工部侍郎、道士种放"禄赐既优，晚节颇饰舆服，于长安广置良田，岁利甚博，亦有强市者，遂致争讼，门人族属，依倚姿横"。长安长史上疏言："所部兼并之家，侵渔众民，凌暴孤寡，凡十余族，而放为之首，且述放弟侄无赖，据林麓樵采，周回二百余里，夺编甿厚利。"[2]是当时强占市民田，侵占民利的一个典型。二是强夺。如前述衡州占田千顷的大姓尹氏欲买邻人田而不能得，便以"邻人老而子幼，乃伪为买券，及邻人死，逐其子"[3]，强占了这份田产。三是接受投献。宋理宗淳祐六年（1246年），殿中侍御史谢方叔言："豪强兼并之患，至今日而极……小民百亩之田，频年差充保役，官吏诛求百端，不得已，则献其产于巨室，以规免役。小民田日减而保役不休，大官田日增而保役不及。依此弱之肉，强之食，兼并浸盛，民无以遂其生。"[4]所说的正是官吏逼迫小农献田的情况。四是高利贷抵押。如宋仁宗天圣六年（1028年）八月，审刑院大理寺奏文中说："陕西诸州县豪富之家，多务侵并穷民庄宅，惟以债负累积，立作倚当文凭，不逾年载之间，早已本利停对，便收折

---

① （宋）陈舜俞：《都官集》卷2。
② 《长编》卷76，大中祥符四年十一月。
③ （宋）张镃：《仕学规范》卷15。
④ 《宋史》卷173《食货志上一》。

所倚物业为主,纵有披诉,又缘农田敕内许令倚当,官中须从私约处分。"①法令允许豪富之家贷款给农民,因此,他们就借以放债,"重取其息,岁偿不逮,即平入其田产"②,对小自耕农造成致命的威胁。五是破坏生产条件。如兴化军莆田县(今福建莆田县)有陂塘五所,灌溉塘下8000多户人家的1000余顷碱地为田,宋真宗大中祥符中(1008—1016年),豪强地主陈清等在秋芦陂开渠,掘塘水灌溉私田。宋仁宗天圣时(1023—1032年),陈清等又与官户、形势户商议,沟通官府,先后将五所陂塘全部去水为田,至使旧日仰塘水灌溉的"沿海碱地,只仰天雨,有种无收,州县多是不与放免税赋,是致人户逃移,见居者只括土煎盐,枉陷刑狱"(按当时法律,私自煎盐是要治罪的),宋仁宗庆历二年(1042年)"秋旱,官司检放产税,例及九分"。"旧作陂塘,灌溉一千顷,济活八千余家,及决塘为田已来,收得塘内田一百余顷,丰赡得官势户三十余家。""若以民间利害,即贫困却八千余家,只丰赡得官户三十余家;若以官中租赋,即每年蠲放千顷租赋,只得百顷租赋。"豪强官户为了私家之利,竟置国家和自耕农利益于不顾,夺取8000余户自耕农的水利资源,不仅是夺去了他们1000多顷耕田的收入,也夺去了国家同样多耕地的税额。难怪蔡襄上疏,强烈要求将去水为田的旧塘"依旧积水为塘,利济民户"③。

二是各级官府、官吏的刻剥。宋朝官僚、兵员和宫廷的费用相当大,其中有很多是不必要的开支,被时人指斥为"三冗",加上对辽、夏的"岁币",遂使宋朝的财政问题越来越大。宋仁宗宝元元年(1038年)正月,大理评事苏舜钦上疏,一针见血地指出,当时的财政情况是"府

---

①《宋会要·食货》37之12。

②(宋)刘攽:《彭城集》卷37。

③(宋)蔡襄:《端明集》卷26。

库匮竭，民鲜盖藏，诛敛科率，殆无虚日，三司计度经费，二十倍于祖宗时，此用度不足也"①。为了收敛更多的钱粮，各级官府多将正税实行折变、支移，又在正税之外和买、和籴，征收丁绢、丁盐钱、身丁钱及其他名目繁多的捐税。

折变名义上是由于政府一时所需不同，故将岁赋改作他物征收，"其直轻重相当"，实际上，官府通过折变，"增取其直，重困良农"，②使农民的负担几倍地增加。如大名县（今河北大名县东北）宋徽宗政和八年（1118 年）秋税杂草钱，"初令民户折纳小豆，民苦秋灾无豆，乞纳白米，揭榜从之。令支往浚州输纳，间关四百余里，津输甫毕，却指挥纳豆。乃令自往浚州请米，米固万万无可请之理，而豆又非时监勒催驱，急于星火。方春东作，农事鼎兴，而田家坐此以见失业。"③宋徽宗宣和三年（1121 年），西蜀税钱三百，经反复折变后增至二十三千。"东蜀如之。仍支移新边，谓之远仓，民破产者众。"宋徽宗宣和七年（1125 年），言者又论"非法折变，既以绢折钱，又以钱折麦。以绢较钱，钱倍于绢；以钱较麦，麦倍于钱。又以钱折麦。以绢较钱，钱倍于绢，以钱较麦，麦倍于钱。展转增加，民无所诉"④。至宋高宗绍兴二十六年（1159 年），四川的情况仍是"绢一匹之直，私下不及五千，而官估则取十千。他物之估率皆称是"⑤。宋孝宗乾道三年（1167 年），绢一匹值"八贯有奇，折麦有至二石五斗"，加上"耗折"，几至五石，折变以

---

① 《长编》卷 121，宝元元年正月。
② 《宋史》卷 174《食货志上二》。
③ 《宋会要·食货》9 之 14—15。
④ 《宋史》卷 174《食货志上二》。
⑤ 《宋会要·食货》10 之 5。

后,"十六七千而办一端之税"。①

支移"本以便边饷",或以"有余补不足",但在贪官污吏手中,它却成了向百姓揩油的重要手段。宋徽宗重和元年(1118 年),地方官收纳二税时,"故徙歉以就丰,赍挟轻货,以贱价输官,其利自倍;而贫下户各免支移,估直既高,更益脚费,视富户反重,因之逋负,困于追胥。"②和籴和买类皆如此,天圣元年(1023 年)正月,盐铁判官俞献卿上言中提到:"稻苗未立而和籴,桑叶未吐而和买。自荆湖、江、淮间,民愁无聊。转运使务刻剥以增其数,岁益一岁。"③宋神宗熙宁九年(1076 年),河东路"民间所输一硕,才及私市一斗之价"④。绍兴初,江西、湖南北,"正税之外,科条繁重","税米一斛,税钱一千,有输及七八千者。如所谓和籴米,与所输正税等,而未尝支钱,它皆类此"⑤,乃至引起民众公开反抗。按照宋朝政府的规定,州县四五等户两税只纳正色,但在实际征收中,他们往往免不了折变、支移、和籴、和买以及其他名目的科敛。

宋代小自耕农负担的杂税名目很多。宋神宗熙宁三年(1070 年)韩琦奏言中就提到:"今天下田税已重……又随亩更有农具、牛皮、盐钱、麴钱、鞋钱之类,凡十余名件,谓之杂钱,每夏秋起纳,官中更以绸绢斛斗低估价值,令民以此杂钱折纳。又每岁散官盐于民,谓之蚕盐,折纳绢帛。更有预买、合买绸绢,如此之类,不可悉举。"⑥南宋高宗绍

①《宋会要·食货》1 之 21。
②《宋史》卷 174《食货志上二》。
③《长编》卷 100,天圣元年正月。
④《宋会要·食货》39 之 25。
⑤(宋)李心传:《建炎以来系年要录》卷 42。
⑥《宋会要·食货》4 之 27。

兴二年（1132年），阳羡、惠山的情况是：赋敛之名，"种类宏大，秋苗之外又有苗头，苗头未已，又行八折，八折未已，又曰大姓，大姓竭矣，又曰经实，经实均矣，又曰均敷，均敷之外名字未易数也。流离奔窜，益以无聊。"①宜兴县合收窠名，"有丁盐钱，坊场课利钱，租地钱，租丝租紵钱"，"其发纳之数，有大军钱，上供钱、籴本钱、造船钱、军器物料钱，天申节银绢钱之类"，"又有现任寄居官请俸、过往官兵批券、与非泛州郡督索拖欠，略无虚日。"使"今之为令者，苟以宽恤为意，而拙于催科，旋踵以不职罢；能迎合上司，惨刻聚敛，则以称职闻"②。浙西的情况是："下户贫民，俱已困乏不支，籴钱强令输粟，号曰均籴，又别立一名，曰借籴，当此艰食，方时大旱，而官吏于常赋均籴之外，复计顷亩，以月科敷，既均度牒矣又敷修城木，木未及输，复敷麻皮，又敷牛皮、羊皮，又敷糯米，则农末之病，殆不聊生。将鬻田而偿，则孰肯受者，将弃之而遁，则质其妻孥，锢其婢仆。"③潭州等地驻军券食钱由所属诸县分担，号曰赡军钱，此外，还有收纳麴引钱，罪赏钱，约束钱，罚错钱，卖纸钱，词状到事钱，诸色助军钱等等，名目翻新，不一而足。这里受害最深的，仍是第四、五等户。

在钱粮入库的环节上，各级官吏又可以上下勾结，做很多手脚。宋高宗绍兴六年（1136年）十月，右司谏王缙上书中提到："受纳多处漕臣差官，其次则本州选委，而仓库专斗等愿差某官，则预先贿赂州县监司主使之吏，差帖既下，私相庆贺，开场之后，百端作弊：或早入晚出，或随例迎送，或干当别事，或非理退换。使人户般（搬）担出入，守候费用，甘心重收加耗。或多收样米，分给人从，或照管亲知，惟纳

---

① (宋) 李心传：《建炎以来系年要录》卷52。

② 《宋史》卷174《食货志上二》。

③ (宋) 李心传：《建类以来系年要录》卷49。

封钞,或与揽纳之人通同作过,欲令人户高价贴陪,或收耗既多,阴计其数,印打虚钞,至般(搬)米在仓,经旬不纳,而追催鞭棰,略不加察,或已纳而不给钞,或给钞而不销簿。"①诸州苗税加耗,"有一斛而取五斗者"②,有的加耗比应纳正数超过一倍。直到宋孝宗乾道七年(1171年),还是"人户率用米二石有余,一千文足以上,方能了纳正米一石"③。州县官怂恿小吏高量斛面的现象也很严重。宋高宗绍兴二十一年(1151年)闰四月,知桂阳监赵不易上言中提到:"湖南人户纳苗,往往州县高量斛面,一石正苗,有至三石,少至一倍。"④宋孝宗乾道元年(1165年)正月,南郊赦文中专门指出夏秋二税催科中的弊端:"州县官吏多不尊奉法条,受纳之际,多端作弊,倍加斗面,非理退换,纵容专斗,拣子计会乞取,方行了纳。或先期预借,重重催理,不与涂(除)豁,既已纳足,阻节销钞之类,甚为民害。"⑤可见这类问题的严重性和普遍性。卖官印纸也是官吏刻剥的一种方式。宋孝宗乾道四年(1168年)十二月,臣僚言:"人户输纳租赋,非买官印纸则州县不肯给钞,每纸一张或六七十文,或三二十文,而其重者,有至一二百文。在处有之,而江西诸色尤甚。贫民下户,日削月朘,益见困弊,而不聊生矣。县道习以成风,多以办月椿为名,公然印售,恬不为怪。"⑥州县官吏竭泽而渔的刻剥,迫使广大贫民下户破产流亡,"遂皆去而为盗。"北宋末年,"胡马未南牧,河北蜂起,游宦商贾,已不可行","其后

①《宋会要·食货》68 之 3。

②(宋)李心传:《建炎以来系年要录》卷 13。

③《宋会要·食货》68 之 11。

④《宋会要·食货》68 之 5。

⑤《宋会要·食货》9 之 10。

⑥《宋会要·食货》70 之 146。

散为巨寇于江淮间"，①张遇、曹成、钟相、李成等武装反抗，都是在这种情况下爆发的。

三是自然灾害和战乱。我国是一个自然灾害频繁的国家。汉代以前，自然灾害没有系统的记载，西汉以后，史书记载几乎年年都有局部地区发生水、旱、风、雹、虫、饥等灾情。②宋朝也是这样。如宋太祖建隆四年（963年），京师等地夏、秋、冬旱。六月，澶、濮、曹、绛等州蝗。七月，怀州蝗。八月，齐州河决。宋太祖乾德二年（964年），京师、河南、河中府、陕、虢、麟、博、灵州旱。广陵、扬子等县潮水害民田。泰山水。河南、陕西诸州蝗。开封府的阳武县、宋州宁陵县、同州郃阳县雨雹。潞州、扬州等地风雹。宋太宗太平兴国八年（983年）五月，河决滑州，泛澶、濮、曹、济诸州，浸坏民田庐舍。陕州、河南府、雄州、鄜州、荆门军等地水灾。黄河、长江、汉水、滹沱河，徐州清河，宿州睢水等河流泛滥成灾。当年又有风雹等灾。南宋孝宗隆兴二年（1164年），淮甸流民二三十万避乱江南，结草舍遍山谷，暴露冻馁，疫死者半，仅还者亦死。宋宁宗开禧二年（1206年），东阳县大水，漂聚落540余所，湮田2万余亩，溺死者甚众。宋宁宗嘉定四年（1211年），山阴县海水冲溃堤防，淹民田数十里、毁地10万亩。③

战乱对小自耕农经济的破毁也是十分严重的。两宋政府面对周边几个少数民族政权，其内部的阶级矛盾也很尖锐。边界民族战争和镇压国内民众反抗的军事行动相当频繁，这里毋庸赘述。正是以上各

---

①（清）潘永因编：《宋稗类钞》卷1。

②参见中国社会科学院历史研究所资料编纂组编：《中国历代自然灾害及历代盛世农业政策资料》有关部分，农业出版社1988年版。

③参见中国社会科学院历史研究所资料编纂组编：《中国历代自然灾害及历代盛世农业政策资料》有关部分，农业出版社1988年版。

种原因,造成了宋朝小自耕农经济地位和生活状况的日益下降。这就是说,宋代生产关系的调整和改进,并没有给广大小自耕农带来什么经济实惠。宋仁宗皇祐中(1049—1054年),四川"旷土尽辟,下户才有三五十亩,或五七亩而赡一家十数口,一不熟,即转死沟壑,诚可矜恻"①。富弼在《论河北流民》札子中,详细地叙述了他亲眼看到的河北流民"扶老携幼,垒垒满道""逃命逐熟"的惨象:"臣亲见而问得者,多是镇、赵、邢、洺、磁、相等州下等人户……十中约六七分是第五等人,三四分是第四等人,及不济户与无土浮客,即绝无第三等已上之家。"②宋神宗元丰八年(1085年)八月,司马光上疏中表述小农的艰难处境云:"公私之债,交争互夺,谷未离场,帛未下机,已非己有矣。农夫蚕妇,所食者糠籺而不足,所衣者绨褐而不完。"③只是由于小自耕农承担着国家主要的赋役,是封建国家剥削和统治的主要对象,所以宋朝政府才不得不对其采取保护和扶助的政策。

(三)宋朝政府扶助小自耕农土地所有制的政策和措施

小自耕农负担过重带来社会不稳定因素,同时封建统治者从长期的赋役征集中看到:虽然私家地主在政治上与国家政权保持一致,但在经济上则千方百计地逃避国家赋役,使"一邑之财,十五六入于私家"④,然而国家政权要从私家地主身上分一点剩余生产物却是相当困难。同样,在国有制土地上组织生产难度也很大,如管理不善,官吏居间刻剥,调动不起生产者的积极性,等等。相比之下,只有小农所有制经济才易被国家所控制,形成封建国家最可靠的赋役源泉,因

①《长编》卷168,皇祐二年六月。

②(宋)吕祖谦编:《宋文鉴》卷45。

③《长编》卷359,元丰八年八月。

④(宋)秦观:《淮海集》卷8。

此，历代盛世的最高统治者，都把小自耕农的稳定和发展，看作封建国家财力、兵力强弱的擒纵器，而着意保护和扶植。宋朝政府保护小自耕农经济的政策和措施，主要有以下几个方面。

一是抑制非法兼并。宋朝开国以后就奉行允许土地合法买卖，"不抑兼并"的政策。官僚、地主、豪商可以自由地购买土地，但对那些非法侵蚀掠夺国家和小农耕地的做法，由于它从根本上影响到封建国家的财税和力役来源，因而宋朝与前代一样采取抑制、打击的政策，只是在手段上比前代更加灵活而已。大中祥符九年（1016 年）四月，知永兴军寇准言："所部毫民多贷钱贫民，重取其息，岁偿不逮，即平入田产，"①要求惩办，朝廷鉴于当地物价上涨，"贫民饥乏"，立即下诏"科责"，必然"诉讼纷起"，会给贫民带来更大困难，因而谕令寇准"俟丰岁行之"。这是注意惩治方式，而其抑制豪强的态度和决心还是相当坚决的。明道二年（1033 年），"诏天下山林，自天圣七年以来，为豪民规占其利者，悉还官，与百姓共之。"②江浙陂塘，涝则蓄水，旱则灌溉，是当时农业丰产的重要条件，南宋绍兴以后，浙西豪宗、兵卒，"占湖为田，筑为长堤。""旱则据之以溉，而民田不占其利；涝则远近泛滥，不得入湖，而民田尽没。"③在官员的请求下，宋朝政府多次下令恢复湖塘旧迹。如宋孝宗乾道二年（1166 年）四月，"诏漕臣王炎开浙西势家新围田：草荡、荷荡、菱荡及陂湖溪港岸际旋筑塍畦、围裹耕种者，所至守令同共措置。炎既开诸围田，凡租户贷主家种粮债负，并奏蠲之。"④宋宁宗嘉泰元年（1201 年），南宋政府再次下令决浙西围田。

①《长编》卷 86，大中祥符九年四月。
②《长编》卷 113，明道二年十月。
③《宋史》卷 173《食货志上一》。
④《宋史》卷 173《食货志上一》。

这些都在一定程度上保护了自耕农利益。

二是组织垦荒。宋朝建国伊始，宋太祖就于建隆四年(963年)八月下诏云："民能树艺、开垦者不加征，令佐能劝来者受赏。"①宋太祖乾德四年(966年)闰八月又诏："所在长吏告谕百姓：有能广植桑枣，开垦荒田者，并只纳旧租，永不通检。令佐能招复逋逃，劝课栽植，岁减一选者加一阶。"②太宗太平兴国七年(982年)二月诏曰："东畿近年已来，蝗旱相继，流民甚众，旷土颇多……宜令本府设法招诱，并令复业，只计每岁所垦田亩桑枣输税，至五年复旧，旧所逋欠悉从除免。"③宋太宗至道元年(995年)六月，至道三年(997年)七月，又两次下诏，募民请佃诸州旷土，百姓减免租税，州县官吏记功旌赏，④还以官仓粟数十万斛贷给京畿及内郡民为种。这在一定程度上促进了荒田的开垦和浮客、客户占有一定量耕地，转化为小自耕农。宋代垦荒地为熟田的效果相当明显，如宋徽宗政和三年(1113年)九月，京西路计度转运使王璹上奏说：本路唐、邓、襄、汝等州，"自熙宁中，四方之民辐凑开垦，环数千里并为良田。"⑤

三是兴办水利。这是宋代粮食大幅度增产最重要的一个因素，也是宋朝政府扶助小自耕农经济最有力的一条措施。早在宋太宗至道元年(995年)正月，度支判官陈尧叟、梁鼎在上言中就指出："自汉、魏、晋、唐以来，于陈、许、邓、颍暨蔡、宿、亳至于寿春，用水利垦田，陈迹具在，望选稽古通方之士，分为诸州长吏，兼管农事，大开公田，以通水利，发江、淮下军散卒及募民以充役。""水田既修，其利兼倍，与

①《宋史》卷2《太祖纪二》。
②《宋会要·食货》1之16。
③《宋会要·食货》1之16。
④《宋会要·食货》1之17。
⑤《宋会要·食货》9之13。

陆田不侔矣。"①这个建议得到朝廷的重视和实行。宋仁宗景祐元年（1034 年）六月，宋朝政府遣职方员外郎沈厚载到怀、卫、磁、相、邢、洺、镇、赵州，"教民种水田"。②宋仁宗嘉祐五年（1060 年）七月，知唐州赵尚宽"兴复邵信臣渠并境内之陂堰，下溉民田数万顷，荒瘠之地变为沃壤，今非徒流民自归，又有淮南、河北之民至者万余户"③。宋神宗熙宁三年至九年（1070—1076 年），"终府界诸路水利田一万七百九十三处，共三十六万一千一百七十八顷八十八亩"④，这是宋朝兴修水利的一个高峰。

南宋也很重视修治陂塘湖泊，兴办农田水利，"水田之利，富于中原，故水利大兴"。⑤对于兴修水利给社会经济带来的巨大变化，时人秦观有一个很好的对比，他说："今天下之田称沃衍者莫如吴、越、闽、蜀，其一亩所出，视他州辄数倍。彼闽、蜀、吴、越者，古扬州、梁州之地也，按《禹贡》：扬州之田第九，梁州之田第七，是二州之田在九州之中，等最为下，而乃今以沃衍称者何哉？吴、越、闽、蜀地狭人众，培粪灌溉之功至也。"⑥封建政府倡修水利首先是从其统治利益出发的，但它无疑也有利于小自耕农。

四是重视传授农业技术。宋太宗太平兴国七年（982 年）闰十二月，宋朝政府下令诸州县设立农师，传授技艺。"凡谷、麦、麻、豆、桑、枣、果实、蔬菜之类，但堪济人，可以转教"⑦，并配合里正、村耆，组织

①《长编》卷 37，至道元年正月。
②《长编》卷 114，景祐元年六月。
③《宋会要·食货》61 之 96。
④《宋会要·食货》61 之 68。
⑤《宋史》卷 173《食货志上一》。
⑥（宋）秦观：《淮海集》卷 15。
⑦《宋会要·食货》63 之 162。

开垦旷土,扩大生产。宋太宗淳化四年(993年)二月,诏岭南诸县,"令劝民种四种豆及黍、粟、大麦、荞麦,以备水旱。官给种与之,仍免其税。"①宋太宗淳化五年(994年),还在缺乏耕牛的宋、亳、陈、颍等州推广"踏犁","可代牛耕之功半,比钁耕之功则倍"。②宋真宗大中祥符五年(1012年),宋真宗以江淮两浙路稍旱,即水田不登,乃遣使就福建取占城稻三万斛,分给三路,又取西天荸豆在内地试种,使南北方乃至国外优良品种交流,不仅扩放大了各地作物种类,而且在广泛试种的基础上,也选择出了生长期短,增产效益高的优良品种。宋太宗至道二年(996年),"处州稻再熟",③宋仁宗庆历八年(1048年),合肥县稻也实现了一年两熟,就是这种试验的结果。

五是减轻赋役和实行赈贷。封建政府从维护统治秩序出发,十分重视减灾赈贷的举措。这一类诏书、旨令和措施史书记载很多。宋太祖乾德二年(964年)二月,"诏诸州长吏视民田旱甚者即蠲其租,勿俟报"。④宋太宗雍熙元年(984年)正月,澶州地方官上言:"民诉水旱二十亩以下求蠲税者,所需孔多,请毋受其诉。上曰:'若此,贫民田少者,恩常不及矣。灾沴蠲税,政为穷困,岂以多少为限耶?'……诏自今民诉水旱,勿择田之多少,悉与检视。"⑤"宋朝凡众役多以厢军给之,罕调丁男"⑥,虽然厢军也是应募的百姓,但毕竟在一定程度上减轻了百姓直接的力役负担。在赈济灾荒方面,宋朝政府也很认真,如宋仁

①《宋会要·食货》63之162。

②《宋会要·食货》63之163。

③(明)柯维骐:《宋史新编》卷2。

④(明)柯维骐:《宋史新编》卷4。

⑤《长编》卷25,雍熙元年正月。

⑥(元)马端临:《文献通考》卷12。

宗时曾多次"出内藏银绢赈济河北、陕西等地的饥民。"①南宋赈灾蠲赋的诏令也常见于记载。以上这些政策和措施,对于维护小自耕农的经济地位,巩固国家统治基础都起到了积极的作用。

（原载漆侠主编:《辽宋西夏金代通史》,人民出版社,2010 年）

---

① (明)柯维骐:《宋史新编》卷 4。

宋朝西北经济开发的动力

　　两宋时期，西北属于宋朝管辖的只是陕西和甘肃部分地区，还有很大范围的地方都在西夏、吐蕃、西州回鹘、于阗、喀喇汗王朝等民族政权的统治下。宋朝政府为了维持边界安全，抵御来自党项、吐蕃等族的入掠，进而开疆拓地，扩大统治地盘，因而十分重视这里的经济开发。

　　西北的经济开发自两汉以来就高潮迭起，但其与内地开发的背景相悖：越是西北的边境纷扰，战事频繁，中原政府就越重视这里的经济开发；而当战火平息，边境安静下来以后，政府组织的开发亦随之停歇，甚至连已经兴建的水利设施，开熟的土地也往往弃荒而不惜。宋时西北的战争连绵不断，因而宋朝政府组织的经济开发活动也十分活跃。如把这一时期宋朝对西北经济开发的关注点用两个字来概括，那就是"粮"和"马"。下面分述宋人在这方面的一些思考和举措。

一、围绕军粮供应而组织的私有制农业开发

　　北宋在西北的大规模边防活动是从仁宗时开始的。当时宋朝有125万多禁军，为防御西夏的入掠，长年驻扎在宋、夏边界的禁军就有30多万。除此之外，又有十四五万之乡兵。如何解决这些军队的口粮，是困扰宋朝政治家、军事家的一大难题。宋朝政府曾经通过"入中"、挽输等办法，从内地调运来大量粮食和马料，但满足不了需要。

最后,克服这一困难的思路便回到就地解决的历史老路上来了。围绕军需供应,宋朝对西北的官营和私营农业开发都抓得很紧,私营农业包括地主农业、小自耕农农业和弓箭手农业几种形式,宋朝政府采取以下几个方面的政策。

(一)扶植地主所有制农业。在今天西北这块土地上,宋朝时各族总人口不超过 910 万,其中宋统区至少有 540 万,[①]超过了汉唐时期的人口。宋朝政府利用这一相对优势,在它统治的陕西五路——鄜延、环庆、泾原、秦凤及熙河路,极力扶植和保护以地主所有制为主的私有制农业,其核心措施是安置和保护人口。"民为邦本,食乃民天",封建朝廷的劝农诏令中经常出现这样的话,可见它是将足食、保民作为治边、治国和进一步开发农业的根本来抓。宋朝贵族官僚地主、商贾高利贷地主和豪强地主的田地,除了祖业,还大量兼并小农田地,强夺和包占国有地以扩大私田占有量。在宋朝两税法制度下,土地在谁手中都要交税,所以宋自开国以来就"不抑兼并",即允许土地自由买卖,这等于纵容官僚地主扩张耕地。私家地主所有制是宋代土地制度的主体。它要求国家政权的保护,但在经济利益上又与国家相矛盾。私人地主既想更多地摆脱对国家的赋役负担,又想与国家政权争夺农民的剩余劳动和地租,而国家政权为了维护地主阶级和社会整体利益,也需要直接掌握一部分田地,从而加剧了统治阶级内部公与私、部分与整体的矛盾斗争。同时,作为封建赋役主要承担者的小自耕农,也要求国家政权的保护。这样,国家对私人地主的经济政策,就是一方面不抑兼并,放开土地买卖,确保其合法的经济权益,另一方面又通过检括逃田、户绝田及远年荒地、没收犯罪官僚地主的田地、

---

①详见李清凌:《宋代西北人口蠡测》,《漆侠先生纪念文集》,河北大学出版社 2002 年出版。

收献、收买甚至强夺等手段,回收其一部分土地和经济利益,抑制他们非法兼并小农包括边境少数民族的耕地,保持国家、私人地主和小农经济三者之间的平衡,这在一定程度上有利于地主私有制经济的稳定和发展。

(二)保护小自耕农农业。宋代的小自耕农是指占地数亩、数十亩不上百亩的乡村四五等户,它是封建国家赋役的主要承担者,小农经济状况又是社会稳定的基础和风标,因此倍受封建政治家、思想家们的关注。宋代西北小自耕农经济的威胁主要来自三个方面:官户、形势户和商人地主的兼并;各级官府、官吏的刻剥及连年不断的战争和自然灾害,它影响到国家的税收和军需供应,因而封建政府和政治家们都主张保护小农经济。

他们提出的主张和措施,一是抑制非法掠夺,防止农民失业、社会动乱、政府税收无着等一系列社会政治问题发生。宋真宗大中祥符九年(1016年)四月,知永兴军寇准上奏陕西的情况说:"所部豪民多贷钱贫民,重取其息,岁偿不逮,即平人田产"[1],呼吁政府予以制止。当时类此章奏很多。然而事实是,尽管封建政治家中的有识之士一再要求保护小农经济,但在"不抑兼并"的政策大背景下,政府当权者本身就是"兼并之家也",因而封建有识之士的呼吁归呼吁,各类地主的兼并仍兼并,宋朝社会上带普遍性、根本性的土地兼并问题故态依然,未能得到缓解,这是当时社会的主要矛盾。

二是组织垦荒。像西北这样地广民稀的地区,只要有人力,就不愁无地可耕。问题是垦荒要有一定的物质条件和社会政治环境,在兵荒马乱、战争不息的社会环境下,垦荒实是一件不易的事。宋太祖建

---

[1]《长编》卷86,大中祥符九年四月。

隆四年(963年)八月,宋太祖对全国下垦荒令云:"民能树艺、开垦者不加征,令佐能劝来者受赏。"①宋太祖乾德四年(966年)闰八月又诏:"所在长吏,告谕百姓,有能广植桑枣,开垦荒田者,并只纳旧租,永不通检。令佐能招复逋逃,劝课栽植,岁减一选者加一阶。"②宋太宗至道元年(995年)六月颁《募民耕旷土诏》云:"近年以来,天灾相继,民多转徙,田卒汙莱,虽招诱之甚勤,而逋逃之未复,宜申劝课之令,更示蠲复之恩,应诸道州府军监管内旷土,并许民请佃,便为永业,仍与免三年租税,三年外输税十之三,应州县官吏,劝课居民垦田多少,并书于印纸,以俟旌赏。"③此类诏旨颁发了不少,有时还贷给牛具、籽种、口粮等,虽效果有限,但也并非一纸空文,它在一定程度上促进了全国包括西北的荒田开垦,使不少无地的浮客、客户得到田地,转化为自耕农。真宗、仁宗时宋朝在西北组织4万多弓箭手,给田兴种,就是组织边界各族大规模垦荒,且耕且守的新思路和新举措。

三是设立农师,传授农业技术。宋太宗太平兴国七年(982年)闰十二月,宋朝政府下令诸州县设立农师,传授技艺。"凡谷、麦、麻、豆,桑、枣果实,蔬菜之类,但堪济人,可以转教。"④并配合里正、村耆,组织开垦旷土,兴修水利。真宗时还引进"西天荜豆"等优良品种。这都反映了宋朝政府保护小农的思想倾向和做法。

四是减轻赋役和实行赈贷。宋太祖乾德二年(964年)二月,宋太祖令诸州长吏"视民田旱甚者即蠲其租,勿俟报"⑤。宋太宗雍熙元年

①《宋史》卷2《太祖本纪二》。

②《宋会要·食货》1之16。

③《宋大诏令集》卷182。

④《宋会要·食货》1之《农田杂录》。

⑤《长编》卷5,乾德二年二月。

(984年)正月诏:"自今民诉水旱,勿择田之多少,悉与检视。"①宋仁宗(1023—1063年)曾多次出内藏银绢赈济河北、陕西等地饥民,这些措施确实救活了不少的饥民。此外,宋朝的相当一部分力役主要由厢兵来负担,"罕调丁男"。②厢兵虽也来自农民,但这一役法比无休止地直接向民众摊派较有利于民间生产。

(三)建立弓箭手田。弓箭手田是宋朝政府在陕西、河东、河北沿边地区组织各族壮丁耕垦荒闲田地,加强边防的一种构想和实践。早在后周太祖广顺(951—953年)初,周太祖郭威就在镇州(治今河北正定县)建立过弓箭手组织。宋太祖开宝八年(975年),发平凉潘原县(今平凉市东)民治城隍,立为保毅弓箭手,分成镇寨。弓箭手给田的制度始于宋真宗时,宋真宗景德二年(1005年)九月,知镇戎军(治今宁夏固原县)曹玮上疏提出:"边民应募为弓箭手者,请给以闲田,蠲其徭赋,有警,可参正兵为前锋,而官无资粮戎械之费。"朝廷批准了这一建议,诏令:"人给地一顷,出甲士一人,及三顷者,出战马一匹。设堡戍,列部伍,补指挥使以下,校、长有功劳者,亦补军都指挥使,置巡检以统之。"③其后,鄜延、环庆、泾原等路都设置了弓箭手田。如宋仁宗庆历二年(1042年)十月,泾原安抚使王尧臣请准在本路增置弓箭手田。④宋英宗治平(1064—1067年)初,知秦州李参讨平蕃酋叛乱,得良田500顷,以募弓箭手。⑤宋神宗时(1068—1085年)知渭州蔡挺用没官田8000顷,募弓箭手3000人,马500匹。又在镇戎军开

①《长编》卷25,雍熙元年正月。

②(元)马端临:《文献通考》卷12。

③《宋史》卷190《兵志四》。

④《宋史》卷292《王尧臣传》。

⑤《宋史》卷330《李参传》。

地 24 顷,募弓箭手千人守之。①宋神宗熙宁七年(1074 年),带御器械王中正在熙河路以土田募弓箭手。②同年,王韶建议在河州置蕃汉弓箭手,朝廷从之。③宋哲宗元祐八年(1093 年),殿前副都指挥使刘昌祚在渭州括陇山闲田万顷,募弓箭手 5000 人,受到朝廷嘉奖。④徽宗时(1101—1125 年)王恩知渭州,括隐地 23000 顷,分弓箭手耕屯。⑤北宋末的钦宗靖康元年(1126 年),泾原路沿边城寨,郭外居民尽系弓箭手之家,别无税地人户。⑥估计北宋英宗治平(1064—1067 年)末到宋神宗熙宁二年(1069 年),陕西沿边各路有弓箭手 46300 余人,按人给身份地 2 顷,马口田 0.5~1 顷计,陕西诸路弓箭手田当有 11 万~13 万顷,其中还不包括弓箭手隐占的田地。金朝统治秦陇地区后,弓箭手田制继续保留和推行。

西北弓箭手不仅在经济开发、变荒原为膏腴上发挥了巨大作用,而且由于他们生在边地,"便习弓马,勇于战斗,谙熟山川,通知出入道路",⑦防边优于从内地调来的"正兵"。他们入耕出战,技艺精强,一万多人"可当正兵五七万"⑧。元祐八年(1093 年)十一月,时任地方官的苏轼对弓箭手在西北防务中的作用有一段评论,他说:"宝元、庆历中,赵元昊反,屯兵四十余万,招刺宣毅、保捷二十五万人,皆不得其用,卒无成功。范仲淹、刘沪、种世衡等专务整辑蕃汉熟户弓箭手,所

---

① (宋)张方平:《乐全集》卷 40。
② 《宋史》卷 191《兵志五》。
③ 《宋史》卷 190《兵志四》。
④ 《宋史》卷 349《刘昌祚传》。
⑤ 《宋史》卷 350《王恩传》。
⑥ 《宋会要·兵》4 之 29—30。
⑦ 《宋会要·兵》4 之 15。
⑧ (清)毕沅:《续资治通鉴》卷 51。

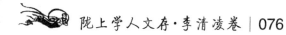

以封殖其家,砥砺其人者非一道。藩篱既成,贼来无所得,故元昊复臣。"①庆历年间宋夏议和的原因是多方面的,然范仲淹等人的整顿防务,重用弓箭手,对于遏制夏兵入掠,促成宋、夏和议的签订确实起了重要作用。于此可见宋朝及后来金朝统治者建立弓箭手田的意义了。

二、积官贮、省挽输的国有制农业开发

宋朝政府扶植私有制农业是出于军需考虑。它所开设的屯田、营田和官庄等国有制农业同样是为了积官贮、省挽输这个军事目标。

屯田是汉以后封建政府解决边防军需的主要措施之一。宋朝从太宗至道年间(995—997年)到南宋绍兴时(1131—1162年),先后在宁夏套南、镇戎军(今宁夏固原市)、原(今甘肃镇原县)、渭(今甘肃平凉市)、延(今陕西延安市)、鄜(今陕西富县)、秦(今甘肃天水市)、熙(今甘肃临洮县)、河(今甘肃临夏市)、兰(今甘肃兰州市)、岷(今甘肃岷县)、梁(今陕西南郑县)、洋(今陕西洋县)、凤(今陕西凤县)、成(今甘肃成县)等州设置了屯田。屯田的特点:

(一)分布区域广,效益差别大。前代屯田都在边州远郡,两宋由于民族政权多,边界变动大,战争频繁,土地抛荒严重,流民浮客极多,而政府筹措军需又相当困难,故屯田分布相当广泛,几成为解决军需的主要思路和途径。秦陇一带有宋、夏边界线,因而也是重点屯田区。如上所述,这里虽然屯田的分布相当广泛,但从经济效益上看,除少数比较清廉官员主持的收益较好外,多数屯田时开时废,收效并不理想。这里有管理不善的问题,有官员贪占的问题,而更重要的殆是屯田制经营方式落后,难以激发劳动者的生产积极性。

---

① 《宋史》卷 190《兵志四》。

（二）充分利用各类官私田地。前代官耕闲田很少考虑原业主的利益。宋代土地私有制观念深入人心，政府组织屯田时，将一部分法律上属于私有的逃田、户绝田、抛荒地也包括进去，使其不至闲置，同时规定："有逃户归业者，收毕给之。过三年者不受理。"①宋朝政府从国家整体利益出发，既允许地方官检括逃户弃业，设置屯田，又严令逃户归业后，要按规定归还被占的田地，在处理土地所有权问题上相当谨慎；由此也见当时屯田在土地利用上务求充分，不限官私的特点。

（三）经营方式落后，管理体制混乱。屯田本来是一种人身依附关系很强的生产形式。在世族地主所有制占支配地位的唐朝中期以前，不论私家佃农还是国家佃农都是在极强的人身控制下生产和生活，屯田与其他生产形式相比较，人身不自由的程度相差不多。唐中期至宋代以来，庶族地主所有制代替了世族地主所有制的支配地位，私田普遍采取文书契约租佃制经营，主佃地位对等，佃户在交纳地租的前提下有一定的生产自主权，整个生产关系领域人身依附关系相对减轻，在这一历史背景下，仍按军事化形式组织的屯田生产，其落后性就显而易见了。

然而尽管如此，屯田的积极意义仍然是存在的。如嘉定十六年（1223年）十一月太常少卿魏了翁所言："并边之地久荒不耕则谷贵，贵贵民散，散则兵弱；必地辟耕广，则谷贱，贱则人聚，聚则兵强，此理必然。"②在兵火遍地的战争环境下，无论宋、夏边界的两不耕之地还是内地各路的抛荒田，离开武装护耕的屯田形式是很难耕垦的，兴办屯田不仅利用了大量的荒地，增加了社会总产量，对于解决军需、减

①（元）马端临：《文献通考》卷7。
②《宋会要·食货》6之33。

轻内地农民的负担、减少国家的挽运开支等都是有益的。难怪当时政治家对它那样热心了。

营田是在边界民族关系紧张的情况下,宋朝政府为"助边计"而设置的。宋朝在西北的营田,仁宗对夏战争期间,神宗熙河开边以后和南宋绍兴时期曾经出现过三次高潮,[①]并在解决边防军需上起过重要的作用。如绍兴十二年(1142年),川陕宣抚副使郑刚中在阶、成二州营田,直抵秦州界,开田3000余顷,岁收18万斛。这是宋代营田规模较大、成果显著的一个例子。营田与屯田分开及其在西北大量地设置,反映了宋朝解决军需问题的多种思路和思想活力。

宋朝政府还有一类直接经营的田地即官庄,它是相对于私有制土地及私家庄田而言的。与后世皇亲贵族私有的"官庄"不同,宋朝的官庄由常平司所管的折纳、抵当、户绝田,转运司所管的官田,提刑司所管没收的"贼徒"田舍及营田、官牧地等系官田设置。从经营形式来看,屯田以兵,营田以民,官庄则土地分散,耕作"亦往往杂用兵民也"[②],"不复更限兵民,但及给用即取之"。可见这几类土地的经营形式是"实同名异",或"名虽殊而制相入也"。[③]官庄不同于屯、营田的特点,或它与前者的最大区别,是屯、营田不论以兵、以民都是将许多兵(民)集中到官地上集体耕作,而官庄虽然也有用兵士耕种的,但多数采取向民间出租的形式,实行个体化分散耕作。前述吴玠在陕南一带的屯田,开始时效果不佳,在漕臣郭大中建议下,改为出租经营,"使民自耕",乃岁入多于屯田,就是改落后的屯田为租佃制经营的一个

①详参李清凌:《宋代陇右地区的土地经营》,《西北师大学报》1994年第2期。

②(元)马端临:《文献通考》卷7。

③(元)马端临:《文献通考》卷7。

例子。

两宋政府直接掌握和经营的田地不多，官庄更少。就西北而言，主要是熙河开边后在"新复地"设置了一些官庄。如宋神宗熙宁十年（1077年）二月，按熙河路相度官庄霍翔的建议，宋朝政府将熙州（治今甘肃临洮县）城下营田110顷70亩改为官庄。宋神宗元丰二年（1079年）二月，按总制熙河路边防财用司的要求，岷州川、荔川、闾川寨，通远军熟羊寨营田依官庄例，募卒200人（计划发展到1000人），以给16官庄、四营田工役。工食费用全由地方自筹，与此同时，设立了尚书工部统一主持下的官庄管理系统。联系南宋绍兴间吴玠在陕南设立的官庄改兵耕为出租，可以看到官庄经营与其他官田一样，也经历了一个摸索最佳经营形式，改集体经营为分散出租的历史过程。两宋政权设置官田的目的，本来就是要在国用不济、民力已困的情况下，通过官田经营来补给军粮，同时将战乱中抛荒的土地检括起来，安置流民，恢复社会秩序和生产；至于经营形式，那是完全可以变通或兼而用之的。

宋朝是中国封建社会官田最少而经营形式最多的一个朝代。当时西北的官田经营除这里提到的屯营田、官庄、弓箭手田外，还有职田、学田、监苑农地等，因为数量较少，影响不大，这里不再论述。如前所述，宋朝政府不捐细流，孜孜经营各类国有土地的动力来自边界军粮的需要。

三、以茶马贸易为核心的商业开发

军事动力型开发是历代也是宋朝西北农业开发的主要特点。同样宋朝西北的商业经济开发也完全是出于边防军需的考虑。宋朝时代，不论内地还是西北，商品经济都比前此有了长足的发展，这是由于庶族地主的特点，多民族政权的需求和多种经济形式的互补性决定的。从西北的情况来看，在盛况空前的商品贸易中，宋朝政府始终把战马的获致放在经济开发和商品贸易最突出的位置。"国之大事在兵，兵在马"，对于饱受战争忧患的宋朝政府，持此国策尤为坚决。

宋朝解决战马的思路，一是养，二是买。国家设监养马，是先秦两汉以来中原政府的传统思路，宋朝继承这一传统，也在开封府、京东西、河南北、河东、陕西等地开设了马牧监。设立于宋初的同州（治今陕西大荔县）沙苑二监，每监养马4600匹，其牧地宋仁宗庆历五年（1045年）时有11460余顷。①熙河开边后，宋朝政府又于宋神宗元丰二年（1079年）在岷州及通远军"置牧养十监"。②但由于党项、吐蕃、回鹘等地方民族政权的争夺，西北传统牧业资源中，宋朝所占的份额很少，满足不了它战马培育的需求，于是在令各地保甲养马，成立"马社"，倡导民间互助养马和向百姓给地，实行"寓马于农"的"户马法"，以作适当弥补外，宋朝政府还倾很大财力来向周边各民族尤其是向西北的吐蕃、回鹘、党项等民族买马。"安史之乱"后，唐朝早就向回纥买过马，那很大程度上是为了报答回纥助唐平叛的恩情。发展到后期，竟变成了回纥向唐朝强迫性的马输出，搞得唐朝疲于应付，君臣叫苦不迭。宋朝与周边各族的马贸易与此完全不同，它是宋政府主动要求和组织的，其中包含着两方面的用意：一方面是为了获取战马，另一方面则是通过卖马人刺探蕃情，为边境防务做安排。如宋真宗说："买马之法，不独繁牧国马，亦欲招来蕃部，以伺敌情。"③正是在这样的思路下，宋朝每年以大量茶、绢、银、铜钱、盐钞、度牒等，向西北各族买马。其中由沿边长官差人到吐蕃、回鹘、党项等族中去招商，将

①《宋会要·兵》21之6。
②《宋史》卷193《兵志七》。
③《宋会要·兵》22之4。

大批良马赶到秦州、西和州等马市,由宋朝市马官开具公函,送京师估马司给钱收买的叫"券马";由宋朝在秦、渭、泾、延、环、庆、仪(治今甘肃华亭县)、原(治今甘肃镇原县)、阶(治今甘肃武都县)、文(治今甘肃文县)、西和(治今甘肃西和县)州和德顺军(治今甘肃静宁县)等临边州军设市,由提举买马官主持买的叫"省马"。熙宁以后,又在熙河路通远军(治今甘肃陇西县)、永宁寨(在今甘肃甘谷县境)等地设置市马场。各马市每年的买马额从数百匹到一二万匹不等,并有逐渐增加的趋势。宋初每年在西北的买马额不过5000余匹。宋仁宗天圣中(1023—1032年)增至34900匹。①南宋高宗绍兴十五年(1145年)秦州买马每年仍以2万匹为额。②乾道八年(1172年),宕昌监"年额买马几近万匹"③。每马价格一般都在五六十贯以上。

宋朝在西北的买马是一个交易额、牵动面都很大的经济活动,然而这一经济过程的内在机制却是政治考虑和战备需求,而不是发展经济和经济法则。马市对与马相关商品的民间贸易起着严重的阻碍作用,就是说,官方的马市愈兴旺,民间茶、盐、绢、马等商品交换受到的妨碍就愈多,对于民众和茶、绢生产者带来的损害也愈大。蜀茶是宋朝政府用于西北茶马贸易的主要商品,神宗熙宁间始置提举司,岁课30万缗。元丰时增至100万缗。及至南宋绍兴时,"茶司岁收二百万。"④这些钱都是从茶农和茶商身上夺来的。川、秦茶场的园户既收二税,又输土产。隆安县园户除二税、土产兼收外,还收"茶课估钱",宋高宗建炎元年(1127年)立为额,直到宋宁宗庆元时(1195—1200

---

① 《长编》卷104,天圣四年九月。
② 《宋会要·兵》24之37。
③ 《宋会要·兵》23之9。
④ 《宋史》卷184《食货志下六》。

年)"始除之"，①其他苛捐杂税不一而足。马市对于一般民众造成的负担也极重，国家买马要马市所在地的民众提供各种劳务，马纲所过，沿途要供人粮马草。史书记载，秦、川等地每年数以万计的马赶到京师，"公司经费十倍""纲兵所经，甚于寇贼"。②这是消极的一面。

从积极的方面讲，宋朝通过马贸易要想达到的改良马种，增加战马，刺探敌情，提高边界防务能力等政治军事目标，都不同程度地实现了。边界防务的加强，客观上有利于保护内地先进生产方式和人民生命财产安全，而且中原政府与边境民族大规模的马贸易和其他商品交换，对于推动边区牧业发展，改善少数民族生活条件，促进民族地区与内地经济、文化的交流也起了重要的作用。南宋孝宗时（1163—1189 年），大理人将西北产的马贩到广西，转售给宋朝政府，又从南宋带走当地的土特产和《文选》《五经》《国语》、三史、《初学记》及医药、佛经等方面的书籍，就是一个很好的例子。所以，从经济开发的角度看，宋朝以马贸易为核心的商业活动尽管和农业开发一样都是以军事防务为目标和动力的，但这一思路和措施的经济意义仍能给人以启发。

历史上西北是一个自然条件差，经济开发不易的地区。加上历代中原政权的统治者多是重征敛，轻开发，他们只要加重对内地人民的赋税征收，增加南方的漕运，就可以解决一般性军国费用，没有必要费更大的力气去开发难度更大的西北经济，尤其在政治中心东移后更是如此。然而自唐中叶以来，西北的民族斗争越来越严重，边境驻军和军需也越来越大。千里挽运，费用数倍，而兵士犹有菜色。在这种

---

①《宋史》卷 184《食货志下六》。
②《宋史》卷 198《兵志十二》。

情况下，组织军事型开发，就地解决一部分军需便成了历代统治者的必然性选择。

军事动力型开发是以政府军事活动为转移的不完全、不经久的经济开发。当边防紧张，驻军增加，军需供不应求的时候，统治者才会将西北的经济开发提上议事日程，使其出现一时的繁荣；而当战事平息，兵员东调以后，由官方倡导的西北经济开发便往往告停。前代是这样，宋朝也是这样。加上生产形式落后，难以调动生产者的积极性，于是经常出现开发效益不佳，所收不抵所费的情况。然而换个角度来看，在长途转输困难，运费极高的情况下，西北每生产一石粮食，就会减轻内地人民数石挽输之费。因此，我们对于历史上包括宋朝西北经济开发思想和实践的积极性，仍应给予必要的肯定和评价。

（原载《中国社会经济史研究》2005年第1期）

宋夏金时期中国佛教的走势

宋夏金时期中国佛教的走势如何？它是继唐、五代之后继续发展呢，还是开始走向衰落？目前我们看到的论著大都持后一种主张。如罗凤竹主编的《宗教史简编》一方面说宋明理学完全是在禅宗思想的影响下发生和发展起来的，另一方面又说："由于禅宗思想深深地渗入了程朱理学，所以使它成为中国思想史上相当重要的部分。而禅宗本身，却和佛教其他各宗一样，更加趋向衰落了。"①至于为什么禅宗思想能够深深地渗入程朱理学，使其成为中国思想史上相当重要的部分，而本身却和佛教其他各宗一起趋向衰落了，作者未作进一步的论述。又如王友三主编的《中国宗教史》也认为："宋明以后，佛道随着封建社会的衰颓而日见衰微。"②

本文在综合分析了佛教在宋夏金时期的发展状况后认为，这一时期中国佛教与前代相比有许多新的特点，其在社会上发挥作用的形式也与前代有所不同，但在发展趋势上与隋、唐、五代时期相比较，不仅没有衰落，反倒有许多新的发展和特点。

一、宋夏金时期中国佛教发展的标志

（一）藏传佛教在西部崛起。学者在论述这一时期中国佛教的时

---

①罗凤竹主编：《宗教通史简编》，华东师范大学出版社 1990 年版，第 84 页。

②王友三主编：《中国宗教史》，齐鲁书社 1991 年版，第 1170 页。

候,往往只关注中原内地佛教或汉传佛教的状况,而将藏传佛教排除在外,这是不全面和不应该的。因为自宋朝以来,藏传佛教就是中国流布一方举足轻重的佛教流派,谈中国佛教而忽略了藏传佛教,何异于将一个完整的人砍去一条臂膀后再谈他的活力?众所周知,所谓藏传佛教,是指 10 世纪下半叶在以西藏为中心的我国青藏地区形成的一个佛教派别。它由印度密教,中国传统的佛教显教与西藏本教一部分内容融合而成。五代、北宋时期藏传佛教形成后,很快就在西北吐蕃、回鹘、党项及契丹、女真等少数民族中流传开来,并在 11 世纪中叶衍变出宁玛、萨迦、噶举、噶当等教派。藏传佛教传播的范围,包括今西藏、青海全部,宁夏、甘肃大部和陕西一部分地区。[①]即使在宋朝统治的中原内地,藏传佛教的影响也是很深的。宋朝政府组建的译经院(后改名传法院)所译佛教经论,大都是印度密教典籍。这些密教典籍在宋朝政府与西部藏传佛教民族间架起了一座文化交流的桥梁;宋朝和各少数民族政权统治区不少汉人也信仰藏传佛教。我们从流传至今的许多地方志中看到,在当时西北许多寺院中,少数民族的喇嘛与汉族僧人同堂焚修,友好相处。可见,藏传佛教的崛起,是宋代佛教发展兴盛的一个侧面,在评论宋夏金时期中国佛教走势的时候,决不能将其忽略过去。

(二)汉地佛教宗派林立。隋唐时期形成的佛教十大宗派,到宋夏金时期虽然有所归并,如小乘教的成实宗、俱舍宗基本消失,大乘教的三论宗趋向式微,汉地密宗也不景气,天台、华严、唯识、律宗仅在一定范围内流行。与此同时, 具有时代特点的是禅宗在汉地高度发

---

①详参李清凌:《藏传佛教与宋夏金时期的民族关系》,《西北民族学院学报》2001 年 2 期。

达,衍变出了法眼、云门、沩仰、曹洞、临济五宗及从临济宗中分化出来的黄龙、杨岐2派,合称"五宗七派",这是隋、唐时期所没有的现象。宋代高僧将禅宗称做"宗门""谓吾宗门乃释迦文一佛教之大宗正趣矣。"①就是说,他们将禅宗看作佛教的正宗嫡传,而将其他宗派只当作旁出的支派,因此未予重视。这虽然只是禅宗僧人的偏见,但我们却可以从中看到当时佛教发展的特点和盛况。此外,净土宗的念佛法门也在这一时期被所有宗派都兼修。在这里,一些不合时宜宗派的归并消失,反衬出另一些发达教派的生命力,却看不出有什么衰落的迹象。

(三)取、译、刻经和佛学著作成就辉煌。由于社会的需要,统治上层的支持和印刷技术的提高,宋代取、译、刻经及佛学著述都在前代基础上有新的发展。宋太祖乾德三年(965年)十二月,沧州僧道从天竺取回贝叶经夹,四年三月,宋朝派出以行勤为首的157人的僧团,前往西域取经,这是中国古代见于记载最大的一个取经僧团。开宝七年(974年),天竺译经僧法天等得到宋太祖的接见,许其在五台山礼拜文殊菩萨像,转至江浙、岭表、巴蜀一带巡礼。太宗太平兴国三年(978年)三月,东京开宝寺僧继存等由天竺取经返回,奏献所得梵夹经等。类此记载还有许多。据统计,仅从宋初到景德初的80年间,西僧来华者即有80余人,而去西域天竺求法者又远过此数。②中西僧人献给宋朝政府的梵经总数在1000夹以上,这为宋朝译经事业奠定了基础。

宋朝翻译佛经始自太宗时代。太平兴国五年(980年),北天竺迦

---

①(宋)契嵩:《传法正宗记·传法正宗论》卷下,台湾和裕出版社2001年版,第556页。

②吕澂:《中国佛学源流略讲》附《宋代佛教》,中华书局1979年版,第384页。

湿弥罗国(今克什米尔)天息灾(后改名为法贤)、乌镇国(在北印度)僧施护来到宋京开封,受到宋太宗的欢迎。太宗令在开封太平兴国寺大殿西侧建立译经院,竣工后命天息灾、施护和前此来京的中天竺僧人法天等入住,各赐法号,①主持翻译佛经。太平兴国八年(983年)十月,又从京师选得惟净等10人,送译经院学习译务。同时设印经院。此后,刻板摹印方便,佛经广泛流传,佛教的影响大大地加强了。宋代的译经院译、管人员有译主、证梵文、笔受、缀文、参详、润文及译经使、都监等,比唐代更加严密、完备。史载从太平兴国七年到徽宗政和(982—1118年)130多年间,宋朝共译出佛教经论284部,758卷。虽然由于译经质量和经典类别上的原因,新译佛经的流传并不算广;但从数量上来看,这一时期汉地译经加上吐蕃等少数民族翻译的藏传佛教经论,则宋、夏、金时期所译各种文本的佛经便大大超过了中国历史上译经较多的唐代。

雕版印刷术在宋代得到很大的提高,明胡应麟云:"雕本肇自隋时,行于唐时,扩于五代,精于宋人。"②由于宋人有精湛的雕引技术,因而宋代佛教典籍刻印的规模和数量都很大。别的不说,仅《大藏经》就刻印了5个版本。③这样大规模的佛经刻印工程也是前代未曾有

---

①宋太宗赐天息灾号明教大师,法天和施护为传教大师。见《宋会要·道释》1之13。

②(明)胡应麟:《少室山房笔丛》四。

③即开宝四年到太平兴国八年(971—983年)益州(今成都市)刻成的官版6620余卷;元丰初到政和二年(1078—1112年)福州私家刻成的东禅等觉院版5800余卷;政和二年到绍兴二十一年(1112—1151年)福州开元寺私刻板,规模略同于东禅版;政和末(1117年)在湖州思溪圆觉禅院始刻的思溪版5687卷;南宋绍定初(1229年)至元初刻成的平江碛砂延圣禅院版6362卷(参见吕澂:《中国佛学源流略讲》附《宋代佛教》,第387—388页)。

过的。

宋人的佛学著述也不少。最著名的如赵安仁、杨亿等编的《大中祥符法宝总录》、惟净等编的《天圣释教总录》、吕夷简等编的《景祐新修法宝录》、释道原编著的《景德传灯录》、释志磐撰的《佛祖统纪》、释普济撰的《五灯会元》、赜藏生所集的《古尊宿语录》、赞宁撰的《宋高僧传》、契嵩撰的《传法正宗记》、永明智觉(延寿)禅师的《宗镜录》《万善同归集》等等，都足以与唐人的著述相比美。

（四）寺院、僧尼数居高不下。寺院、僧尼数是佛教兴衰的一个指标。建隆元年(960年)，宋朝建国伊始，就立即废止了周世宗的毁佛政策，并着手恢复和重建了一批寺院。到真宗时，寺院总数就超过了唐代。唐武宗毁佛时，全国有大寺400多所，招提、兰若等小寺院4万余所。宋朝见于记载的寺院数虽然也是4万所上下，但它仅指政府批准建造的寺院，不包括遍布于各地的贵族、官僚、豪绅、地主私建的功德坟寺等。同时，这些寺院照例是指汉地的数字，若将藏传佛教寺院也算进去，则宋代的寺院数又远比隋、唐时期为多。

宋代扩大僧尼人数也快得惊人。宋太祖建国之年(960年)，即允许童行8000人出家为僧。宋太宗太平兴国元年(976年)一次度僧17万人。宋真宗天禧三年(1019年)，又度僧达230127人，尼15643人。[1]宋建国初期，东西两京及诸州共有僧尼67403人。统一南北后，僧尼在册人数又有增长。天禧五年(1021年)达到458854人。[2]其中僧397615人，尼61239人。这是宋朝僧尼见于记载的最高数字。宋徽宗时，因大量出售度牒，宋徽宗大观四年(1110年)，僧尼"比之旧类，

---

①《宋会要·道释》1之23。
②《宋会要·道释》1之13。

约增十倍,不啻数十万人"[1]。又据王栐《燕翼贻谋录》卷五载,宋徽宗宣和七年(1125 年)天下僧道逾百万数。按一般情况,僧道比例都是僧多于道,故其中僧人总在半数以上。这还只是正式剃度的僧尼。未度而系帐即登记在册的,仅宋仁宗时就有 50 余万人。[2]当然,这都是一些特殊历史时期的情况,若以正常情况下的记载而论,则唐、宋两代的汉地僧、尼均在 20 万人上下。加上吐蕃、回鹘、党项、契丹等政权下的数字,那宋、夏、金时期的僧尼不又比隋、唐两代高出很多! 以上这些,从不同的侧面反映出宋、夏、金佛教在前代基础上继续发展的事实。

二、宋夏金时期中国佛教的特点

纵观中国历史,到宋夏金时代经济社会领域都发生了巨大的变化。最为明显的,一是土地占有制方面,中唐以后出现的庶族地主所有制代替世族地主所有制的历史进程到宋代已经完成。就是说,这一时期经济领域里占支配地位的已是庶族地主所有制了。二是隋唐时期出现的国家统一局面,虽在晚唐五代宋夏金时期遭到严重的破坏,但这一历史趋势却没有中断,因为造成国家分裂的经济基础——世族地主所有制已经衰落;庶族地主无力自保,它是情愿国家统一,借以保护自己既得利益的。三是随着世族地主分割性势力的衰颓,中央集权进一步强化,这对意识形态包括宗教的趋同都提出了新的要求。从此以后,任何宗教再要"不朝王者"或独立于皇权的支配以外已成为不可能。当然,多民族,多阶级、阶层对宗教的多样化要求仍然存

---

①《宋会要·职官》13 之 23。
②《宋史》卷 284《宋祁传》。

在。这一新的历史形势要求各种意识形态包括宗教必须及时地进行自身调整,才能保持和开拓新的生存空间。佛教在这方面的调适是成功的,因而它不仅在整体上呈现出发展的态势,而且还出现了一些新的时代性特点:

(一)汉地佛教宗枝归并,三教合一已成时代趋势。宋夏金时期,佛教为了适应专制主义中央集权强化的政治环境,其内部发生了两个层面的变化:

一是各教派相融相摄,逐渐趋向一致。如前所说,通过长时期社会的选择和宗教内部的磨合,隋唐时代形成的佛教各宗,到宋夏金时小乘宗及大乘教的三论宗、唯识宗等都归并到其他宗派中去了,密宗吸收显宗和本教教义后,在吐蕃等少数民族中找到了适宜的生存环境。天台、华严、净土、律宗僧尼也都兼修它宗,而净土法门又几乎为各宗都奉行;一枝独盛的禅宗自慧能以后流传渐广,学者遂各务其师之说,竟自为家,一时派别之多,"不可悉数"。到宋仁宗前后,各派的状况是:"云门、临济、法眼三家之徒,于今犹盛,沩仰已熄,而曹洞者仅存,绵绵然犹大旱之引孤泉然。"①总的来看,禅宗仍是当时最大、最主要的宗派,故契嵩在《传法正宗记》中直言禅宗是"宗门",即佛教正宗:"此禅要既是吾一佛教之宗,则其传法要者三十三祖,自大迦叶至乎曹溪(指慧能——引者)乃皆一释教之祖也。而浅识者妄分达摩、曹溪独为禅门之祖,不亦甚谬乎!"②然而就连以佛教正宗自居的禅宗,在宋夏金时代也是宗内归并,宗外兼习,如《宗镜录》和《万善同归集》的作者永明智觉禅师"以禅融教相,兼宏净土,理事双修"③。明教大师

① (宋)契嵩:《传法正宗记》卷8上。
② (宋)契嵩:《传法正宗记》卷8下。
③ 见永明智觉禅师:《宗镜录·跋》。

契嵩极倡"儒释一贯"等，①他们的做法是具有普遍性、代表性和时代特征的。

二是传统的儒释道三教在相互排挤中进一步靠拢。例如，理学的形成和发展就是三教融摄的成果。前辈学者多次指出，理学的心性概念和思辨形式是从佛教移植而来的；它的宇宙生成论，则是嫁接道教核心概念"道"的结果，把理学的"理"或"太极"换成道教的"道"字，其义完全一致。南宋中期以后，理学逐渐占据了封建政治思想的重要地位，与其说那是新儒学，毋宁说它是三教合一的产物。又如，道教新教派全真道将佛教的《心经》，儒家的《孝经》与道教的《道德经》合定为它的宗经，佛教大批诗僧、道僧（如麻衣和尚②）的层出不穷，类此你中有我，我中有你的现象，都反映了三教合一的一面。当然，宋代的三教合一也不是各教完全地归并，而是既有合并，又各自保持独立发展。在这方面相对纯粹的形式，是儒家的训诂学派，道教的正一天师派，佛教的天台宗、华严宗、律宗的继续流行。就这样，佛教内部及儒释道三教之间在相融相摄中相互排斥，保持着自身的独立性；在排斥中又相资为用，尽量地吸取对方与己有用的成分。这是宋夏金时期宗教文化尤其是佛教的另一个极为明显的特点，也是佛教在新时期调适、发展的一种形式。

（二）宗教内容和形式进一步中国化。佛教传入中国后，经历了一个不断地中国化的过程。这一过程大致可以分为三个阶段：汉、魏、晋三代为傍儒附道，依违求存的阶段。这一阶段的主要活动是借助于

①见《新续高僧传四集》卷33《释契嵩传》。

②《补续高僧传·麻衣和尚传》卷23云："麻衣和尚者，不知何许人也……妙达'易'道，发河图之密以授华山处士陈抟……"是僧兼道儒的一个典型人物。

儒、道思想和语言,翻译、介绍佛教的教理经典。南北朝至隋、唐、五代为迅猛发展和走向繁荣的阶段,印度主要的佛学派别和经典著作都在这一时期译成了汉文。同时,这一时期还建立了许多中国化的佛学学派或宗派,如南北朝的毗昙学、瑜伽学、涅槃学、般若学及唐代大、小乘十宗等。然而就以唐代十宗而论,其所依据的经典、戒律,还是翻译为汉文的印度佛教的典籍。有些宗派,如成实、俱舍、三论、律、密宗等,都还保留着浓厚的印度佛教的气息;天台宗等中国化的程度深一些,甚至被看作是最早的中国化的佛教宗派,但它的基本教理、思路仍难脱出印度佛教的窠臼。只有禅宗才为印度佛教的中国化开辟了崭新的道路。两宋以后是佛教中国化的第三个阶段,这一时期,风行雷动的禅宗各派,顺着六祖慧能开创的法门,力倡明心见性,即心即佛,不立文字,教外别传的宗旨,日衷于覃思冥会,妙悟多方,拟议揣摩,臆测心印,完全将传统佛教的三藏经论搁在一边,这无异于否定了释迦牟尼和历代祖师的权威。在日常行仪上,也结合中国固有的风俗习惯,制定出禅门清规,而将印度式的律学只作为参考。由于禅宗教义简便,不用钻研繁难的经典戒律,不受名物典故的羁绊,而又宣称顿悟成佛,故能吸引无数信教者避难趋易,归之如流,使传统佛教的腹笥三藏之学,几成绝响。受禅宗影响,宋代理学家也在儒学领域内变训诂学为义理探索之学,从而创立了以程朱为代表的新儒学——理学。所以,禅宗心印臆断之学的流行,无疑是佛教中国化的一个标志。

(三)宣传通俗化,取向大众化。宋夏金时代的禅宗与唐代禅宗、魏晋禅学相比较有许多新的特点。这主要是它融摄了其他教派的内容,如华严法界观、净土念佛法门,律宗的清规戒律等,甚至还有儒家的东西。这既在教理教义上为禅师和士大夫开创了斗机锋、吐妙语、吟禅诗的高级信仰形式,也为普通百姓展示出一条明心见性、顿悟成佛的简便法门或成佛捷径。在宣传形式上则创造性地采用口语化的语录、俗讲、变文、唱曲等体裁，使抽象、艰深的教义变得通俗化、大众化，成了文化水平较低的广大群众喜闻乐见的东西。深入浅出的教义，解脱痛苦的吸引力和简便易行的修持方法，极大地加强了禅、净二宗的宣传和影响面，也构成了这一时期佛教各派主要是禅宗和净土宗的一个显著特点。

从宗教宣传的对象来看，魏晋南北朝隋唐佛教主要在社会上层传播，由于当时许多教派如法相唯识、天台、华严等师承严谨，哲理繁复，名物典故务求核实，翻译和颂念经典是各宗派传教、学佛的唯一手段和形式。因此，除知识分子和一部分文化水平较高的僧尼外，一般处于半奴隶状态的国家和私家佃农，即占社会人数大部分的普通群众都没有条件深入接触和学习佛典，他们的信仰只停留在宗教感情的层面上。到了宋夏金时代，由于生产领域里文书契约租佃制的普遍推行和人身依附关系的减轻，普通农民有了相对独立的社会地位，他们不仅在经济上与地主对等，也在文化上可以追求自己的需要了。适应这一社会要求而发展起来的禅宗和净土宗，充分发挥自己的宗教特长，不强调诵经拜佛，不需要过文字关，就能够将你比较轻松地带入禅定和念佛法门，它使佛教在普通民众中的信仰面大大地扩展了。

宋代翻译的佛经，主要是印度密教的典籍，它不适合农业文明和儒家思想深入人心的汉地，因而尽管宋朝译经不少，却在汉地没有得到广泛的推行，倒是在中国西部少数民族中，以藏传佛教的形态得到了理想的传播效果。我们从地方志的记载中推测，宋夏金统治时期，仅西北地区吐蕃、回鹘、党项、契丹等族，信仰藏传佛教的僧俗人口就不少于250万人。此外，今西藏地区当时还有80万人口，他们是全信仰藏传佛教的，影响之下西部汉人也有信仰藏传佛教的。藏传佛教在西部各民族中的普遍推行，是这一时期佛教趋向大众化的又一个重要侧面。

三、宋夏金时期中国佛教走势分析的几个误区

佛教作为中国传统宗教，它是人们生活的精神资粮。古人需要宗教，正如今人需要科学一样，甚至比这更为直接和迫切。上自帝王下到百姓，无不以宗教为精神支柱。汉唐以来，中国人的宗教选择，一般是不入于老，则入于佛，稍后还有伊（斯兰教）、基（督教）等，虽说深入信教的不占多数，但没有宗教信仰的人同样是很少的。这就是说，在宋夏金时代，宗教包括佛教存在的条件或社会基础没有变。我们认为，从历史上来看，一种宗教的衰落，大致出于三种情况：一是科学高度发展，人们的思想觉悟极大地提升，乃至不需要宗教了；二是社会在进步，而某一宗教又不能随之进行自我改造，以适应变化了的社会需求，终被社会所遗弃；三是某一宗教遇到了强大政治或军事势力的遏制等。在现实生活中，宗教遇到上述情况，就足以造成它的衰落。然而佛教在宋夏金时期没有遇到上述任何一种情况。

众所周知，宋代的科学技术确有长足的发展，但远远谈不上顶替宗教的功能。活跃的各宗归并，三教融合潮流以及禅、净二宗的旺盛，都是佛教为适应新的社会需要而做的努力。事实证明，这种努力确实取得了明显的效果，是佛教活力正旺的表现，是它继续发展的苗头。至于封建政权对佛教的态度，宋朝除徽宗时一度强制佛、道合并，不久又恢复原状外，其余各帝都是崇奉佛教的，不存在唐武宗那样的破坏性干预，因而从佛教的内外环境状况来说，宋夏金时期不存在促使其衰落的任何条件。

学者之所以将正在发展的宋代佛教看作是走向衰落了，这主要是在一些认识上陷入了误区：

其一，只看到佛经译、传的不足，而忽视了汉地佛教传播的特点。

从佛经翻译和传播情况来看,晚唐、五代、宋初,正是印度密教盛行的时代,宋朝取、译的佛经多数是密教经咒,而密教有很多教义不同于传统佛教,更与中国传统伦理习惯相抵触,因而难以在汉地流传,像《频那夜迦经》那样的经典,译出后立即遭到统治阶级的禁止。这对宋代整个译经事业必然会造成负面的影响。宋代译经的水平也比不上唐代,部分翻译存在语言艰涩,不合原意,丢三落四等缺陷,加上宋代翻译的都是小部头经典,没有译出像《大般若经》那样的大经,致使宋代译经虽然在数量上接近于唐代,而质量、流通范围和影响都不如隋唐时代。然而这只是问题的一个方面,从另一方面讲,宋代流传最广的禅宗素以不立文字,不重诵经,口授心印,教外别传为特色,净土宗也只重念佛法门,其需要诵习的宗经比较少。因此,以魏晋南北朝隋唐佛教的信仰形式——取、译、研读、传播佛教经典为标准,来衡量宋代佛教发展的状况,乃是不准确和不能反映历史真相的。

其二,只重视佛教对统治集团政治活动的作用,而忽视了其对社会下层民间习俗的影响。宋夏金时期尤其是宋朝,专制主义思想益趋成熟和强化,在这个时代,宗教再要像前代那样地影响政治,其难度很大。比如前代有不少高僧都敢在皇权面前自称"化外"之人云云,反映出不受皇权约束的倾向,而到宋朝以后,任何宗教都毫无例外地要置于皇权之下,就像契嵩那样的一代高僧,他在给皇帝上书的时候,还是要自称"臣僧",离开皇权羁绊的"化外"或"世外"宗教是不存在的;若是存在,也会被判为"邪教"。这是时代的、政治的特点造成的结果。因此,不能以对皇权影响的大小来判断某一宗教的兴衰。何况佛教对宋朝占支配地位的意识形态的渗透作用确实是存在的。这里,若是换一个角度,我们把眼光移到整个社会尤其是社会下层,就会看到佛教对当时社会的影响作用是相当深刻的。比如在各民族政权下,普通民众辛勤一年,其劳动成果除留下微薄的生活费用外,其余大都捐献给了寺院，有些地区甚至还组建了民间团体，如辽国的"千人邑社"，专门捐储资财，以供寺用；辽、金两国的"二税户"，要将税物的一半交给寺院。佛教对民间风俗的影响也很深刻，当时每年四月八日，七月十五日等佛教节日，民间往往是万人空巷倾城出动，参加浴佛或超度亡人等佛事活动。契丹妇女喜以黄粉涂面，称为佛装，给孩子起名，也多叫"三宝奴""观音奴""文殊奴""药师奴"等等，以与佛教相关联。此外，不论汉地还是契丹、女真、吐蕃、党项等少数民族，都盛行火葬。《容斋续笔》卷3记载："自释氏火化之说起，于是死而焚尸者，所在皆然。"宋朝政府为了维护传统风俗，对此屡禁而不止。女真族的原始葬法是土葬，进入中原后，受佛教风俗的影响，多改用火焚，收遗骨葬之，上造佛塔。如此之类，岂不是广泛地反映了佛教对民间风俗的深刻影响！

其三是人们谈中国佛教时，在地理范围上只见中原内地，而忽视了周边少数民族佛教发展的情况。事实上，宋夏金时代是中国历史上又一个民族政权林立的时代，将宋、辽、夏、金四个主要政权加在一起，还不如唐朝的疆域大，据我们粗略的统计，唐代见于记载的高僧有800余人，宋辽夏金只有448人，[1]这不是佛教本身衰微了，而主要是由于不同政权阻隔，搜集资料困难，以及边疆地区如西北少数民族佛教区文化相对落后，"非无高僧，无传高僧之人也"；内地对这里佛教高僧的统计又不重视等原因造成的。数百年间整个西北见于记载的高僧不过10数人，就是一个明显的例证。我们认为，若把包括吐蕃的周边少数民族佛教与宋朝佛教加在一起，则不论高僧人数或是其他许多方面都将超过唐代。比如，契丹的佛教，是辽国建立后陆续从

----

[1]据《高僧传合集》之《续高僧传》《宋高僧传》《补续高僧传》《新续高僧传》《续比丘尼传》统计。上海古籍出版社1991年版。

汉地引进的,上自皇室、贵族,下到普通百姓,佛教信仰极为流行,净土、禅、律宗以外,华严、密教、唯识、俱舍宗等内地流传渐少的教派,在这里都有繁华的市场。高僧辈出,著述颇丰,僧官与闻国政,尤其是《契丹藏》[①]的编辑和房山云居寺附近的石经续刻工程,[②]都在中国佛教史上特色鲜明,意义重大。对高丽佛教经典的校补订正也给予很大的帮助。西夏统治区在今宁夏、陕北、甘肃河西、内蒙古西部、青海东部等地,估算人口约百万以上,[③]其中既有信仰藏传佛教的,又有信仰汉地佛教的。"近自畿甸,远及荒要,山林溪,村落坊聚,佛宇遗址,只椽片瓦,但仿佛有存者,无不必葺。"[④]西夏也是一个多民族政权,它所刻印的佛经有西夏文、汉文、藏文等版本。1909 年俄国探险家科兹洛夫在内蒙古额济纳旗黑水城发现的西夏文献有 8000 多个编号,其中佛经占 80%,这里多少流露了一些佛教在当地盛传的信息。金继辽、宋以后,佛教隆盛不衰,帝室贵族、官僚、地主崇佛,广散布施,寺院经济实力雄厚,有条件发展佛教文化事业。由比丘尼崔法珍发起刻藏的大藏经凡 682 帙,约 7000 卷(今存 4957 卷),它在宋刻官版藏经的基础上,又补入许多新的著述。房山云居寺石经也有金朝的续刻。佛教各宗如华严、禅、净、律宗、密教等,都在金朝流行,与宋朝一样,其中禅宗尤为兴盛。迁入河西、西域的回鹘,也在当地传统宗教氛围的影

---

①《契丹藏》:刻印于燕京(今北京市),从辽兴宗重熙间(1032—1054 年)始刻,至道宗清宁八年(1062 年)编成,其中补充了宋刻蜀版大藏经所缺的写本,如《贞元录》入藏诸经,共 579 帙。

②房山石经始刻于隋代,唐末因战乱一度停刻。辽圣宗太平七年(1027 年)又开始续刻,前后官刻了《涅槃》《华严》《般若》《宝积》等经典 47 帙,民间又刻成 44 帙 5000 片。契丹藏失传后人们可借石经窥见该藏编刻的大概情况。

③据《宋史》卷 486《夏国传下》估算。

④见西夏《重修护国寺感应塔碑记》,碑存甘肃武威市博物馆。

响下改信了佛教,并将大量汉、藏、梵文和吐火罗文佛经译成回鹘文字,以供信徒传诵。至于青藏地区的吐蕃、云南的大理等民族地区的佛教盛况,同样毫不逊色于前代,而为学界所共知。撇开广大边疆少数民族地区的佛教,仅说区区宋王朝统治下的佛教已经衰落了尚不全对,而说这一时期包括宋辽夏金等民族政权在内的整个中国佛教衰落了则更不符合历史实际。

（原载《西北师大学报》2002 年第 6 期）

中国最早的乡民自治公约
——蓝田吕氏《乡约》研究

一、蓝田吕氏的理学根基

蓝田吕氏是宋代由张载创立的关学和程颢、程颐两兄弟创建的洛学的重要学者。由于他们中的大钧、大临始学张载,张载去世后又在二程门下"卒业",所以在关、洛之学中都能挂得上号,为骨干人物。本文从西北政治思想史的角度,更多地谈到他们在关中、关学中的造诣和作用。

蓝田吕氏祖籍汲郡(治今河南卫辉市),吕大防的祖父吕通,官太常博士。父蕡(fén),为比部郎中。吕通死后,葬于京兆府蓝田县,吕氏遂占籍蓝田,为关中人。吕大防兄弟六人,五为进士,然史书留名者只有大忠字进伯,大防字微仲,大钧字和叔,大临字与叔,所以学界谈蓝田吕氏时一般只提"四吕"。"四吕"中大防主要从事政治活动,所以谈学术的人又往往只提"三吕"。

蓝田吕氏生活的时代,理学尚处于形成阶段,张载、二程都以倡导义理之学而崭露头角,但当时的义理之学还只有师弟子相习,尚没有最后形成关学、洛学等派系,学派之分要等到各家学说基本定型、传承系统分明以后,才由后人根据学术特点确定和称呼起来。蓝田吕

氏学习张载、二程的情况是：长兄大忠为人质直，"从程正公学。"①大忠弟大防主要精力在从政，他虽与理学有染，但没有明确地投学于张、程哪家。大防弟大钧与张载是宋仁宗嘉祐二年（1057年）的同科进士，因推重张载的学术，"遂执弟子礼。"②又根据明人冯从吾《关学编》卷一的说法，大钧"初学于横渠张子，又卒业于二程子"。四吕中年龄最小的大临学于程颐，与谢良佐、游酢、杨时在程门号"四先生"③，这是从洛学的角度讲的，事实上他与其兄大钧一样，也是先学张载，张载去世后又学二程的。

从关学的角度看，蓝田四吕与关学创始人张载的关系都很密切。大忠重视礼学，他与几位弟兄"相切磋论道考礼"，学术路径同于张载。大防对张载也了解颇深，曾向朝廷上疏，请求重用张载。大钧以张载同科进士而又名列前茅的身份，折节从张载学，且"能守其师说而践履之"④。大临"少从横渠张先生游，横渠殁，乃东见二程先生，卒业焉"⑤。他学通《六经》，尤邃于《礼》，⑥同张载的学术特点完全一致。所以，蓝田四吕不论学从张载，或在张载殁后又投学于程门，从区域学术文化视阈看，他们都无疑是关学的重要人物。《宋元学案》的《横渠学案》《吕范诸儒学案》，冯从吾的《关学编》，张骥的《关学宗传》等理学史著作，都把吕大忠、吕大钧、吕大临列为张载的门生，这是很有道理的。

①（明）冯从吾：《关学编》卷1。
②（明）冯从吾：《关学编》卷1。
③《宋史》卷340《吕大防传附吕大临传》。
④《宋史》卷340《吕大防传附吕大钧传》。
⑤（明）冯从吾：《关学编》卷1。
⑥《宋史》卷340《吕大防传附吕大临传》。

张载与二程有亲戚关系,学术上又相互学习,相互切磋,互相推重,形成了你中有我,我中有你,又各有特点的关系。蓝田吕氏对于张载和二程,也都同样尊重,绝无轩轾之分,若有,就是更加笃守张载之说。有这样一件事容易引起人们误解。就是张载死后,吕大临在起草张载《行状》时,有一句云:张载在京师见到二程后,"尽弃其学而学焉。"对于这句话,程颐当时看后,就大不以为然地指出:"表叔平生议论,谓颐兄弟有同处则可;若谓学于颐兄弟,则无是事。"嘱咐大临将那句话删去。①有学者根据大临写过张载《行状》上这句话的事实,就用以证明张载之学源于二程;又有人说那是程门弟子有意高抬其师,言外之意,在吕氏心目中,程高于张。

事实上,这些说法都与事实不符。吕大临写上述那句话的本意,是要凸显张载在学术上的谦逊,而不是设心抬高二程,或像杨时那样,误说张载之学"源出于程氏"。大临虽在张载死后投学程门,但他同其兄大钧一样,对张载之学信之甚笃,守护不移,只要是张载说了的,连程颐的意见他也不会改从。程颐曾说:"与叔守横渠说甚固,每横渠无说处皆相从,有说了更不肯回。"②这正说明他兄弟三人的投学程门,只反映他们对理学的执著追求及"以圣门事业为己任"③,决不能误解成是对张载或关学的背弃。

从学张载,张载死后又"卒业"于二程,使蓝田吕氏兄弟具备了学兼张、程,会通关、洛,学术根基十分牢固的特点。如在个人道德修养上,吕氏兄弟都很重视默识深契,"胜私窒欲",即个人道德的砥砺和践行。以大钧为例。他坚持"以孔子下学上达之心立其志,以孟子集义

---

①(宋)朱熹编:《程氏外书》,《二程外书》卷11。

②(明)冯从吾:《关学编》卷1。

③(明)冯从吾:《关学编》卷1。

之功养其德,以颜子克己复礼之用厉其行,其要归之诚明不息"。在学和行的关系上,他认为"始学必先行其所知而已,若夫道德性命之际,惟躬行久则至焉①。即是说践行要从易到难,注重时时处处,一举一动,循序渐进。再如大临,程颐经过仔细观察,称赞说他哪怕在闲暇时,也是"俨然危坐",道貌岸然,合于师门法度,重视道德修养从我做起,从心做起,这是理学家的通常修养方式,也是蓝田吕氏的取径。至于在本文着重要谈的经世致用方面,可以说吕氏兄弟是从根本上坚持了儒学和各派理学的共识。

二、《乡约》的出台背景和基本内容

北宋仁宗以来,由于宋夏对立,征战不休。宋朝政府"北有饵边之费,西有御寇之须,常赋既不足充,遗利必当悉取……汉唐致危乱之因,种种略施行矣。故复寇盗未平,干戈未息……民不胜苦"②。这是言官蔡襄在给宋仁宗所上《论财用札子》中的话。他继续说道:

> 伏自羌贼负恩,天兵致讨,备御之处,数千里更戍之役,五六年飞挽刍粮,缮修器械,于是不时之敛作焉,无名之赋兴焉,言利之臣出焉,缘奸之利起焉,配取相仍,蠹伤滋甚,供军之物,制作之门,任土之求,有无不一,金谷之职转迁靡常,管库之司,给纳是利,前符未至,后条已行,郡县承风,急于星火。虐者先期集事,曲施酷毒之威,贪者与吏通谋,力恣诛求之害。以欺罔穷愚为智,有作者苟得而必行;以攘夺豪富为公,当权者避嫌而不主。破家流离之苦,十室九空,呼天

---

①(明)冯从吾:《关学编》卷1。
②(宋)蔡襄:《端明集》卷26《论财用札子》。

苦诉之辞,万人一口。①

战争加上贪官污吏,已经给地方、民众带来了不堪承受的负担,陕西路地当对夏战争的前线,受到的侵害当然更甚于他处。汉唐的京都旧地,这时已经开始转变为全国偏远贫穷的地区了。地方治安,民众生产生活,社会稳定问题,随着对夏战争的进行,一时都很严峻。蓝田吕氏的《乡约》,正是在这样的社会历史背景下出台的。

吕氏兄弟按照儒家修身、齐家、治国的教导及张载的"礼学"要求,率同乡人,创造性地将儒家经世致用的理论同民间自律、互助、守法、维护乡间和谐稳定的实际需要相结合,创建了以"约"为单位的民间组织,并为之制定了《乡约》。规定:"凡同约者,德业相劝,过失相规,礼俗相交,患难相恤,有善则书于籍,有过若违约者亦书之,三犯而行罚,不悛者绝之。"每个约定下,又有许多具体规定,主要内容如下:

一是德业相劝。

德谓见善必行,闻过必改。能治其身,能治其家,能事父兄,能教子弟,能御僮仆,能事长上,能睦亲故,能择交游,能守廉介,能广施惠,能受寄托,能救患难,能规过失,能为人谋,能为众集事,能解斗争,能决是非,能兴利除害,能居官举职。凡有一善为众所推者,皆书于籍,以为善行。

业谓居家则事父兄,教子弟,待妻妾。在外则事长上,接朋友,教后生,御僮仆。至于读书治田,营家济物,好礼乐射御书数之类,皆可为之。非此之类皆为无益。②

---

① (宋)蔡襄:《端明集》卷 26《论财用札子》。

② 宋联奎辑:《关中丛书》第一集《吕氏乡约》(以下简称《乡约》),陕西通志馆1934 年印。

这是从思想道德,生业行事上规定什么是善,什么是恶,什么事该做,什么事不该做,以使同约乡人不论社会经济、政治、环境条件的好坏,也不论个人家境、地位的高低,都能循规蹈矩地按照儒家的教导和张载的礼学论述做人行事。

二是过失相规。

> 过失,谓犯义之过六,犯约之过四,不修之过五。犯义之过,一曰酗博斗讼,二曰行止逾违,三曰行不恭孙(逊),四曰言不忠信,五曰造言诬毁,六曰营私太甚。犯约之过,一曰德业不相劝,二曰过失不相规,三曰礼俗不相成,四曰患难不相恤。不修之过,一曰交非其人,二曰游戏怠惰,三曰动作无仪,四曰临事不恪,五曰用度不节。已(以)上不修之过,每犯皆书于籍,三犯则行罚。

这条规定了犯义、犯约和不修三个方面的过失。犯义就是行为失范。包括酗酒、赌博、斗殴、骂詈、诬告他人、种种劣行、侮慢老人及有德之人、恃强凌弱、知错不改劝告愈甚、言而无信、面是背非、揭人隐私、谈人旧过、刻剥渔利、营私舞弊等。犯约,就是违反《乡约》的主要条款,如德业不相劝,过失不相规,礼俗不讲究,患难不救助等。不修之过,是指行止不检,衣冠无仪者,如与凶恶、懒惰、无德行而为众人不齿者厮混,游手好闲、嬉笑无度、不事生业、不讲卫生,行为疏野、态度不恭、该说的不说不该说的偏说、衣着太饰或不修边幅,甚至不着衣冠入市者。对于不修之过要记录在籍,违反三次即处罚。

三是礼俗相交。

> 凡婚姻、丧葬、祭祀之礼,礼经具载,亦当讲求。如未能遽行,且从家传旧仪,甚不经者,当渐去之。

> 凡与乡人相接,及往还书问,当众议一法共行之。

> 凡遇庆吊,每家只家长一人,与同约者皆(偕)往,其书

问亦如之。若家长有故，或与所庆吊者不相识，则其次者当
之。所助之事，所遗之物，亦临时聚议，各量其力，裁定名物
及多少之数，若契分浅深不同，则各从其情之厚薄。

　　凡遗物婚嫁及庆贺用币帛、羊酒、蜡烛、雄兔、果实之
类，计所直（值）多少，多不过三千，少至一二百。丧葬，始丧
则用衣服或衣段以为襚礼，以酒脯为奠礼，计直多不过三
千，少至一二百。至葬则用钱帛为赙礼，用猪羊酒蜡烛为奠
礼，计直（值）多不过五千，少至三四百。灾患如水火、盗贼、
疾病、刑狱之类，助济者以钱帛、米谷、薪炭等物，计直（值）
多不过三千，少至二三百。

　　凡助事谓助其力所不足者，婚嫁则借助器用，丧葬则又
借助人夫，及为之营干。

这条强调婚姻、丧葬、祭祀，都要按礼经办事，一时难以做到的，可暂
按家传旧仪实行，但对家传旧仪中与礼经相抵触的部分，应逐渐改
正。《乡约》还规定了同约之人遇事相助的原则、方式和额度。提示应
量力而行，助人所需，以既体面又能负担得起，能解决事主实际问题，
使其感受温暖最为妥当。

　　四是患难相恤。

　　患难之事七，一曰水火，二曰盗贼，三曰疾病，四曰死
丧，五曰孤弱，六曰诬枉，七曰贫乏。凡同约者，财物器用、车
马人仆，皆有无相假。若不急之用，及有所妨者，亦不必借。
可借而不借及逾期不还及损坏借物者皆有罚。凡事之急者，
自遣人遍告同约，事之缓者，所居相近及知者告于主事，主
事遍告之。凡有患难，虽非同约，其所知者，亦当救恤，事重
则率同约者共行之。

这条列举了需要救助的事项及同约恤人的义务、方式等。按照原著的

条析,得知同约之人遭遇水火之灾,轻者派人前去救助,重者家长要亲自率人去救并进行慰问。遭遇盗贼,相邻者要同力捕捉,力不能捕则告于同约其他人家及官府,尽力防捕。遇有疾病,小者派人前去慰问,重者家长应亲为访医求药,贫不能治者要给予资助。遇到丧事,丧家人力不足,同约人家应及时出人帮助,或缺财力物力,就要赙物及予以借贷吊问。对于同约的孤儿,其家有财可以自赡者,就给予协助,或禀官司安排,或择近亲邻里可托者托付料理,防止受人欺罔。孤儿的教育、长大后的婚姻等事,同约人都要关心护持。对于没有资产不能靠自力生存的孤儿,同约人应协力救助。孩子稍大,行为放纵不检者,要及时察知约束,防止失调,陷于不义。同约中有受人诬陷、冤枉而不能自明者,有办法帮助解决就解决,不能解决就协助报告官府解决,因遭诬枉失财失所者,大家都要以财力周济。同约人安贫守分而生计太乏者,大伙也应接济,或为借贷置产,使其盘活生业,逐渐偿还。

《乡约》规定,所有同约人都应在日用物资上有无相借,可借而不借或逾期不还,或损坏借物者有罚。遇事,紧急者自己派人遍告同约,不太急者由邻人或知情者告知主事,再由主事告知大家。见人有难,哪怕是非同约的人,也应协力救助。

五是罚式、聚会和主事。

《乡约》规定:在上述主要条文中,犯义之过按轻重罚三百、四百至五百,不修及犯约之过按轻重罚一百、二百至三百,犯约较轻能够听从劝告或能自我检举者,只将过失记录下来而不罚,再犯者不免罚。劝而不听,听而复犯,或过失较大的要罚。不义已甚非士论所容及累犯重罚而不改者,应在聚会时集体讨论,如公认为决不可容,就当众宣布本约同他断绝关系。

聚会,每月一次,聚时准备饭食。每季一次,具备酒食,正常费用由当事人从同仁中筹集。聚会的议题主要是讨论并记录各种善行、恶行,实施赏罚。若发现《乡约》上有不便实行的条文,也在聚会时一并集体讨论改进。

主事,选约正一人或二人,要推选为人正直不偏私曲从者担任。由他主持评议和确定赏罚是否妥当。另选值月一人,这一职务由同约中人不论地位高低而以年龄长少轮流承当,每月轮换一次,负责约中日常事务。

三、《乡约》的特点

《乡约》是中国古代最早出现的乡民自治组织的公约。这一"约"的组织既不是按宗族也不是按基层行政单位,而是由乡民自愿"画诺"结成的非政府组织。乡约的"乡"是指乡间、乡村等自然居住区,而不是指基层行政区划。它的组织形式特别,思想倾向明显,小范围约束力强,有许多值得重视的特点:

一是非政府性。基层社会组织是任何政权都需要的。但它的功能主要是配合政府管理,做一些户口登记、赋役征发、公共安全等方面的事。像《乡约》规定的那些老百姓自己的事,政府组织有时也会涉及到,但一般不会当主要的职责去办。老百姓经常遇到的往往足以将其压垮的事,莫过于婚丧疾患、天灾狱讼之类的事情了,思想道德行为教育也很重要,而这些都是政府组织不大会全力去做的,这就给民间自组织留下了活动的空间。吕大忠说:"人之所赖于邻里乡党者,犹身有手足家有兄弟,善恶利害皆与之同,不可一日而无之,不然则秦越其视,何与于我哉!"[1]说明他们兄弟在商量制定《乡约》的时候,正是

---

① 见《吕氏乡约·后记》。

充分利用兄弟，邻里乡党之间善恶利害相同，一荣俱荣，一辱俱辱这种既非法律规定又非道德准则，而是作为伦理信念的自约束机制，通过同约乡民的自控自检和自相救助，纠谬解难，扶危济困，来实现基层社会的道德提升、患难救助和安全保障。它是一种非政府组织，但在地处对夏前沿，民众生活环境极差的当时，"约"组织的社会作用不啻是为政府的维稳工作雪中送炭。这是蓝田吕氏的一项发明，或为古代民间组织的滥觞。

二是社会认同度高。吕氏《乡约》既是民间组织的公约，又以儒家思想和张载的"礼学"为指导，浓缩了其时已经流行了千余年的儒家思想和道德传统，又注入了为张载所发挥的新儒家义理之学的内容，加上以吕氏兄弟为核心的士人的示范和引导，使其具有了很强的号召力和社会认同，产生巨大激励和凝聚同约成员的力量。在这里须要强调一下吕氏的带头作用。史载吕大钧"潜心玩理，望圣贤岠期可到，日用躬行，必取先王法度以为宗范。居父丧，衰麻、敛、奠、比、虞、祔，一襄之于礼。已，又推之冠婚、饮酒、相见、庆吊之事，皆不混习俗"[1]。他的行为也就是各位兄弟的共同行为。在按儒家传统规矩行事这一点上，他们哪怕是兄弟之间也一丝不苟。有一次，蓝田吕氏的长兄大忠从外地归来，大防的夫人由两个侍女相随出来行礼，大忠制止说，罢了，你是宰相夫人，可以不必行礼了。在场的大防知道哥哥的意思是侍女在旁，不合礼仪规范，就立即将其喊退，才完成了这一家人相见的礼节。这样严格要求下的家庭关系，可以想见是长幼有序，男女有别，尊卑不杂，和睦相亲，而在礼仪上一丝不苟的。对于这样的家庭、兄弟，乡人无疑是信赖的。在他们的带动下，约中人见善思齐，见

---

①（明）冯从吾：《关学编》卷1。

不善而内自省焉,从而使《乡约》成了人们公信、公认的道德准则和行为规范,具备了极高的社会认同。

三是切近生活,简便易行。《乡约》提出的都是一些关乎民众思想道德、日常生活的事项,绝没有照搬繁难深奥的理学概念和教条。约文既周到又简便易行,表述也很通俗。对于每一个乡民来说,按《乡约》办事并不困难,只要你愿意做,任何人都可以做得到。切实、简便、通俗,为民众喜闻乐见的东西,无疑会产生巨大的感染力。宋代理学家从传统儒学中提炼出了当时社会最需要的东西——纲常理念,蓝田吕氏则将这些理念用通俗的形式普及到了乡民中,他们不正是卓越的理学传人、政府功臣、乡民教师和向导吗?

四是约束力强。宋代社会仍然是一个以家族为节点的社会,家族宗法约束力在社会基层发挥着极为重要的作用。随着专制主义中央集权的强化,国家对基层社会的控制力愈来愈强,政府控制基层社会的主要工具是法制宣传和道德教化。吕氏《乡约》中的"乡"是由一个一个的家族组成的,吸收了传统家族管理的经验和元素,约文中的所有规定均不违反国家法制。政府的基层社会管理与教化包括管和教两种机制,都具有强制性或刚性。《乡约》则包含家族、社会、公德三重约束机制,同时背后又有来自政府管教的无形压力。它对犯约乡民的处理虽然只有劝诫、罚款、断绝联系(退约)等柔性措施,但相比之下,约束机制更多、约束力也更强。别的不说,试想想,仅被乡邻族群所不齿,那是一种什么样的滋味!

四、《乡约》的学术价值、政治作用和影响

宋代理学,在周敦颐、张载、邵雍、二程、陆九渊等那里,本体论、认识论等哲学思想基本定型了,后起理学家大都是在继承、传播、践行上下功夫。传统儒学也好,作为新儒学的理学也好,其最大的特点

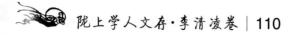

是经世致用,修身、齐家、治国。吕氏《乡约》的学术和政治价值,也正在于它的实践性。

《乡约》用化繁为简的方法,将理学艰深奥妙的哲理,转化为人们似曾相识、实已在做的生活准则和行为规范,用吕大钧的话说,就是"孝弟忠信,动作由理,皆人所愿,虽力有不勉,莫不爱慕。今就其好恶,使之相劝相规而已……至于礼俗患难,人情素相问遗赒恤。间有惰而不修,或厚薄失度者,参酌贫富所宜,欲使不废。"[1]《乡约》受启发于庠序有学规,市井有行条,村野有社案,诸州有文学、助教之官,负责教化的模式,通过创立"约"这一群众组织,以名教道德为准则,以士人的言行为榜样,以民众的社会生活为内容,《乡约》通过乡民群体的约束机制,实现了约民自治、自救的目标,它随俗导化,举重若轻,将儒家的一般道德规范和张载的礼学论述,创造性地同基层民众的社会实践结合在一起,将人们熟悉、已做,但未必人人做到,或惰而不修,厚薄失度的地方,明文规范,整齐划一,定为约文,使人人喜闻乐见,愿作能作,有据可依,在更大范围内传播和践行了理学家所主张的"德""礼"。这是吕氏对张载礼学,也是对国家政权之社会教化、基层治理的一大贡献。如果说学术,尤其是以经世致用为目标的传统儒学及理学,都包括理论建构和践行两个方面,那么,《乡约》的学术贡献和价值不在于它创建了什么新的理论,而在于它找到了一条践履理学理论的极佳途径,从而给深奥难测的理学同基层民众之间搭起了一座桥梁,使理学产生了无限的生机和生命力。

从政治上说,《乡约》又开拓了一条对于民众进行教化的新渠道。它同政府组织的基层教化内容相似或相同,方式却更加亲民,对于乡

---

①《吕氏乡约》附吕大钧《答刘平叔》。

民的约束力也更强。因此,《乡约》虽然不代表国家管理,也不会像政府基层组织和官吏那样,采取强制性措施来对待乡民,但它在乡民自教、自救,在基层社会治理上的优势,却是国家基层组织所不能替代的,其辅助国家治理、减轻政府管理成本、提升基层社会保障的作用也不言而喻。这些看似简单的东西,却有着巨大的生命力和政治意义。

吕氏《乡约》出现以后,在当时和后世都产生了巨大的影响。南宋理学泰斗朱熹对之极为赞赏。他汲取其他资料,参之以己意,"稍增损之",撰成《增损吕氏乡约》四条:"一曰德业相劝,二曰过失相规,三曰礼俗相交,四曰患难相恤。"标题沿用了吕氏《乡约》原文。约中的组织和运行程序是,"众推有齿德者一人为都约正,有学行者二人副之,约中月轮一人为直(值)月(都副正不与)。置三籍:凡愿入约者书于一籍,德业可劝者书于一籍,过失可规者书于一籍。直(值)月掌之,月终则以告于约正,而授于其次"。确定每月初一为约民聚会日,会间"直(值)月抗声读约一过,副正推说其意,未达者许其质问。于是约中有善者众推之,有过者直(值)月纠之,约正询其实状,于众无异辞,乃命直(值)月书之。直(值)月遂读记善籍一过,命执事以记过籍遍呈在坐,各默观一过,既毕乃食。食毕少休复会于堂,或说书、或习射讲论从容,(讲论须有益之事,不得陈道神怪邪僻、悖乱之言,及私议朝廷州县政事得失及扬人过恶,违者直(值)月纠而书之),至晡乃退。"①

朱熹在吕氏《乡约》的基础上作了补充调整,增添了"月旦集会读约之礼"等内容。使乡约的组织性、教育性、约束性更强。

南宋理宗淳祐三年(1243年)理学家阳枋与友人宋寿卿、陈希舜、罗东父、向从道、黄叔高等讲明吕氏《乡约》,"书行之于乡,从约之

---

① (宋)朱熹:《晦庵集》卷74《增损吕氏乡约》。

士八十余人。"①元明以后,刻印传播吕氏《乡约》,②模仿另作乡约,③成立乡约组织的愈来愈多。元刘因《静修集》卷10《高林重修孔子庙记》,元杨维桢《东维子集》卷5《送刘主事如京师序》等文章中,都提到了当时人设乡约,行约礼的事实。明代著名理学家王守仁撰有《阳明乡约法》。④明人这类著作、组织、宣传活动,见于史籍者极多,其源盖出于吕氏《乡约》。到了清代,不仅基层有很多"乡约"组织,还用"乡约"一词来称呼这一组织的管领头人。

(原载《甘肃理论学刊》2013年第4期)

---

①(宋)阳枋:《字溪集》卷12《附录》。

②如明武宗正德五年(1510年),陕西三原县退休官员王承裕鉴于朱熹对于吕氏《乡约》"每欲刊印传布未果",乃自为校勘,"俾学徒膳刊于宏道书院"(宋联奎辑《关中丛书》第一集《吕氏乡约》附录)

③如明代上党仇楫有《仇氏乡约集成》,《千顷堂书目》卷11。明人黄佐撰《泰泉乡礼》中有《乡约》篇(《钦定四库全书》经部四《泰泉乡礼提要》)。清人张文嘉撰《齐家宝要》中有《乡约》《社约》篇,等等,都属仿作。

④(清)永瑢等:《四库全书总目》卷84。

苏绰治理乱世的政治思想

魏晋十六国北朝末，西北地区出现了一位影响重大的政治思想家，他就是被宇文泰称作"奇士"的苏绰。

苏绰(498—546 年)，字令绰，武功(治今陕西武功县西)人。他出身于累世二千石的名门家族。父亲苏协，为武功郡守。苏绰自幼好学，博览群书，尤善算术。经从兄苏让向西魏权相宇文泰推荐，乃召为行台郎中。他精通吏道，各部门有疑事都来向他询问。一次，宇文泰与仆射周惠达论事，惠达一时思考不好，乃召苏绰帮忙，终于圆满地解决了问题。周惠达称苏绰"有王佐之才"，再次向宇文泰推荐。宇文泰经过与苏绰深入交谈后，乃惊叹："苏绰真奇士也"，即任为大行台左丞，参典机密。从此宠遇日隆，他的政治思想也陆续地得到展现。

西魏文帝大统四年(538 年)，苏绰支持宇文泰集中兵力，抵御东魏三路进攻的战术，在潼关一带大败东魏军，加升为卫将军、右光禄大夫，封美阳县子，邑三百户。后又加通直散骑常侍，进爵为伯，增邑二百户。苏绰生活的时代，正是南北朝、东西魏对立纷争的乱世，他的政治思想主要是针对西魏内部乱象提出来的，同时在许多方面又有普遍的意义。这些思想主要反映在由他起草的所谓"六条诏书"中。

一、"六条诏书"的思想内容

西魏文帝大统十年(544 年)，苏绰的官已做到大行台度支尚书，领著作，兼司农卿。当时，宇文泰提出改革时政，"强国富民"的计划，

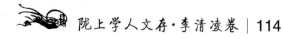

苏绰极力帮助他把这件事办好,乃提议从"减官员,置二长,并置屯田以资军国"①入手,得到采纳。苏绰又将他的政治改革主张系统地写出来,通过宇文泰上奏给皇帝,朝廷统以"六条诏书"的题名和形式颁布施行。其内容如下:

一是治民先当治君心。苏绰认为,地方守令,受命于朝廷,其尊贵的地位与古时的诸侯相等。前世帝王所称"共治天下"的人,就是指好的"宰守",即中央各部门与地方的主要官员。其它百僚卿尹,部下所属,虽各有所司,但以权力责任而论,都不如宰守。因此,治理天下百姓,天子以及朝野宰守应是关键。凡治民之体,先当治心。心是一身的主宰,各种行为的指使者,"心不清净,则思虑妄生。思虑妄生,则见理不明。见理不明,则是非谬乱。是非谬乱,则一身不能自治,安能治民也?"所以,对于一个政府官员来说,治理百姓的关键在于自身"清心"。清心者,不仅指官风清廉,不贪货财,而且主要是"心气清和,志意端静"。为什么这样说呢?心和志静,则邪僻之虑无因而作。邪僻不作,则凡所思念无不皆得至公之理。率至公之理以治理百姓,百姓怎不随流向化!所以说治民之本,首先在于治理自身之心。其次又在治身。人君之身,就像表杆、靶的。表杆不正,无法测得直影;靶的不明,就不能射中它,同样,君主不能约束自身,而望治理好百姓,那就像是曲表而求直影;君主的行为不加检点,而要百姓举止端谨,那就是无的而求射中。"故为人君者,必心如清水,形如白玉。躬行仁义,躬行孝悌,躬行忠信,躬行礼让,躬行廉平,躬行俭约,然后继之以无倦,加之以明察。行此八者,以训其民,是以其人畏而爱之,则而象之,不待家教日见,而自兴行矣。"②这就是说,治民先当从治宰守心、君心入手。

---

①《周书》卷 23《苏绰传》。
②《周书》卷 23《苏绰传》。

二是重视社会教化。苏绰说，天地以人为贵，因为人有中和之心，仁恕之行，这些，木石、禽兽等都没有。然而人性又不是一成不变，而是随化而迁的。用敦厚朴实来教化他，人就会变得真诚直情，用浇薄虚伪的一套来诱导他，人就会变得轻浮刻薄。轻浮刻薄是一种衰弊的风气，真诚直情则是淳朴、和好的习俗。前者可使祸乱交兴，后者则能天下自治。天下治乱兴亡，乃是不同教化的结果。然而世道的凋丧，已经数百年了。近二十年来，大乱更甚。民不见德，唯兵革是闻。上无教化，惟刑罚是用。眼前，中兴刚刚开始，大难尚未平息。师旅所在，饥荒难免。制度处在草创阶段，又多是一些应急的措施，乃致礼让未兴，风俗未改。近年收成渐丰，赋役较轻，百姓衣食粗备，正是推行教化的大好时机。所有牧守令长，都应当洗心革意，改变作风，上承朝旨，下宣教化，发扬纯朴风俗，养成太和之气，讲究道德素养，作出真实榜样。使百姓娓娓不倦，日迁于善，邪伪之心，嗜欲之性，潜以消化，而不知其所以然，这就是"化"。在此基础上，再教之以孝悌，使民慈爱；教之以仁顺，使民和睦；教之以礼义，使民敬让。慈爱能使百姓关爱亲属，和睦能使他们无怨于人，敬让则使其不争夺物质利益，具备了这三条，就是实现了王道。这就是"教"。苏绰认为，先王之所以移风易俗，还淳返素，垂拱而治天下，以致太平者，莫不由此，故"此之谓要道也"。

三是努力生产。苏绰说，人生天地之间，以衣食为命。食不足则饥，衣不足则寒。百姓饥寒切身而要他们行为礼让，就像是逆坂走丸，那是办不到的。古代圣王了解这个道理，所以他们在治理国家的时候，总是首先考虑努力生产，满足百姓的衣食之需，然后倡行教化。足衣食在于尽地利，尽地利在于劝课有方，而主持劝课教化的又是牧守令长。百姓对于许多道理不太清楚，必须有人劝导他们才会身体力行。因此，诸州郡县，每至岁首，一定要训导所辖百姓。不论大小，只要是能够拿农具的,就应当让他们下地,按时生产,勿误农事。播种结束后,还须重视田间管理,使夏秋作物苗壮成长,养蚕于室也很兴旺。在生产季节,做到少长悉力,男女并功,像救人于水火之中,防寇于即将来临那样紧张,才能使农夫不废其业,蚕妇得就其功。在这个时候,若有游手懒惰,早归晚出,好逸恶劳,不勤事业者,基层正、长应将他们的名单上报郡县,郡守县令则应按情节加以惩罚,做到罪一劝百。一个农夫所种的百亩田地,必须是春耕,夏种,秋收,然后才有冬食。春、夏、秋这三个季节是农家一年最忙的时期。失其一时,则谷不可得而食。作为地方宰守,若不抓好这三个季节的农事,而使百姓失时废农,那就是断送他们的性命,就是赶他们到死路上去。对于那些劳力少、生产能力差的农户,以及没有牛的家庭,也要多加关照,劝令有无相通,贫富相济。三农空隙、雨天,要教民种桑植果,艺其菜蔬,修其园圃,育鸡养猪,扩大食物来源。地方政务不能太琐碎,琐碎会使百姓厌烦;劝课也不能太简单,简单会使百姓变得懒惰。善于管理者,一定是因时制宜,烦简适中。否则,就会使老百姓动辄失宜、犯法。

四是选拔良吏。苏绰说,天生蒸民,不能自治,故必立君以治之。人君不能独治,故必置臣以佐之。上至帝王,下及郡国,置臣得贤则治,失贤则乱,此乃自然之理,百王不能易也。今刺史守令,都有僚吏,帮助为治。刺史府官,由中央任命。州吏以下僚属,则由牧守自置。长期以来,朝廷选任州郡大吏,只看门第,不择贤良。小官小吏,则只考察能否办理文案,并不过问他的政治抱负和品行。门资只能反映一个人先辈的爵禄,并不能防止子孙的愚蠢。捉刀笔,办文案,也只是一个人的办事本领,在人品上,他还可能是一个轻薄虚伪的人。这就是说,高门大族中有贤良,也有愚蠢无知之辈;寒门庶族中有轻薄虚伪,不可以充榱椽之用者,也有金相玉质,内外俱美的"人宝"。因此,选任官吏,应当不限资荫,得人便举。若得其人,别说州郡之职,就是卿相之位也可以从饲养牛马的人中拔置,伊尹、傅说不就是这样选拔出来的吗?若才行不当其任,则哪怕像丹朱、商均那样的帝王之胄,也不能让他得到区区百里封地,何况是一般公卿之后呢!由此就可以明确"观人之道"了。选拔有才能的人,是因为他能治理百姓,若有才能而又能以正直为本,那必然会将他的才能应用到社会治理上。反之,虽有才能,本质奸诈虚伪,那一定会利用职权为非作歹,制造乱子,哪能期望他把一个地方治理好!因此,选择能人,必先考察他的志趣德行。志趣德行好的就选拔,否则就不选。现在主持选举的人总是爱说邦国无贤,不知推荐谁出来做官好,这是没有深思熟虑,不切实际的说法。何以见得?古人说,明主聿兴,不降佐于昊天;大人基命,不擢才于后土。常引一世之人治一世之务,故殷、周不待稷、契之臣,魏晋无假萧(何)、曹(参)之佐。孔子说:"十室之邑,必有忠信如丘者焉",岂有万家之都而说无士的道理?那肯定是求之不勤,择之不审,或用之不得其所,任之不尽其材,才说这类话的。只要勤勉审察,去伪存醇,选择州郡最好的人才而用之,则他治下的民无论多少都能治理好,谁说无贤?"士必从微而至著,功必积小以至大,岂有未任而已成,不用而先达者?若识此理,则贤可求,士可择。得贤而任之,得士而使之,则天下之治何向而不可成也!"①苏绰在这里强调了人才是相对的,任用官员从小到大,逐阶提拔,避免平步青云,一步登天的重要性。

　　苏绰认为选官任人之际,还要注意省官,即尽量裁减不必要的职位。他引用俗语说,官省则事省,事省则民清;官烦则事烦,事烦则民浊。清浊之由,在于官之烦省。眼下吏员数量确实不少。前代民多事广,官职不增,尚能把事情办好,现在户口减耗,职位照设,还嫌官职

---

① 《周书》卷 23《苏绰传》。

不多。下等州郡，都有重复设官，无职借职的现象，扰乱了小民的生活，十分无理。类此职官，都应尽快地罢免，不得习以为常，滥竽充数。州郡官员必须是有才德的人，下至党、族、闾、里的正、长，也都需要经过审慎的选择，任用从当地选拔出来的优秀人才。正长之职，是国家治理百姓的基础，基础不倾则上层必稳。求贤之路，不只有一条，但审慎的选举，必然是从家族到乡党，经过严格细致的推荐和审察，确认他是贤良而不是不肖者，又经过履历环节的考验，这样选拔出来的人才，才能够避免差失。

五是审查狱讼。苏绰说，人受阴阳之气以生，有情有性，性则为善，情则为恶。善恶既分，而赏罚随焉。赏罚适当则恶止而善劝；赏罚不当，则民无所措手足。民无所措手足，则怨叛之心生，所以先王特别重视它，告诫后人要审慎行事。其意就是要治狱之官精心悉意，推究事源，先之以五听，参之以证据，妙睹情状，穷鉴隐伏，使奸无所容，罪人必得，然后随事加刑，轻重皆当。赦免愚民的过错，不以搞清案情自喜。又能把握情理，斟酌礼、律，做到曲尽人心，宣明教化，使获罪者如归。能做到这样最好，可算是上等。然而宰守人多，不可能人人都有圆通的见识，推理求情，很难做到完美无缺，但每个办案人员，却应怀至公之心，去阿枉之志，分清曲直，判断恰当，然后依法拷讯，不苟不暴。有疑则从轻，未审不妄罚。随事断理，狱无停滞，这样可算是中等。至于不讲仁恕而肆其残暴，将百姓看作木石一般，不讲情理，专一拷打。致使涉案人员，巧言欺诈者虽事彰而获免，不善言辞者乃无罪而被罚，这样断案当然属于下等。断案下等的官员应当受到主管部门的处罚，君王也不能把他引为共治天下的人。宰守应当勤勉地做到中等，力争达到上等，如若落在下等，则理应受到惩罚。

审理狱讼，应当以宽大为怀。先王的法制说，与其杀无罪，宁赦有罪。与其有害良善，宁其有利淫恶。表明在万一搞不准案情的情况下，宁可滥舍有罪，不愿错杀善良的法律意旨。当下从政者则不然，他们吹毛求疵，罗织罪名，宁致善人于法，恐免有罪于刑。虽说这样做并不就是好杀，可能只是认为做吏宁酷，可免后患。然而他们为了个人的安全，而不考虑至公奉法，那是属于奸恶的行为。须知人是天地间的贵物，一死不能复生。楚毒之下，以痛自诬，不得申诉而陷刑戮者不少。因而自古以来，设五听三宥之法，著明慎庶狱之典，这都是非常爱民的表现。俗话说："一夫吁嗟，王道为之倾覆"，讲的就是这个道理。凡百宰守能不谨慎吗？当然，若有深奸巨猾，伤化败俗，悖乱人伦，不忠不孝，故意背道者，杀一利百，以清王化，用重刑还是可以的。慎狱讼而又不赦大恶，把握住这两点，就是对刑法有了准确的理解和审慎的执行。

六是公平分配赋役。苏绰说，根据先王的教导，在位者必须要以财聚人，以仁守位。立国而无财，则王位保不住。所以自从三皇、五帝以来，都有征税之法。[1]虽轻重不同，而作用是一致的。现在逆寇未平，军需浩繁，虽然还不能减免赋税，以怜惜百姓的痛苦，然而却应该做到负担公平，不使百姓空竭。所谓公平者，就是不放过豪强而专征贫弱，不纵容奸巧而困顿愚拙，这就叫做"均"。圣人说"均无贫"。财物的生产不容易，比如织纴纺绩，要有一个过程，非十天半月就能奏事。官员必须要认真劝课，让百姓预先营办。绢乡先事织纴，麻土早修纺绩，这样王赋得到供输，而下民又不困苦。若不预先劝诫，临时急切追缴，又怕交得缓慢得罪上级，乃至捶扑交加，取办目前。富商大贾，乘机牟利，有钱的向他们贵买，无钱者向他们举债，造成税民的凋敝。国家收税的期限虽然有一个大体规定，然考察贫富，排列缴纳日期的先后，

---

①苏绰的这一说法是不符合历史实际的，传说中的三皇、五帝时代尚没有赋税制度。

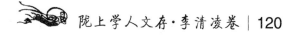

都是由正、长操办，统之于守令的。在这方面若是处理得当，同样能够做到政和而民悦，若是检理无方，就会导致吏奸而民怨；差发徭役，许多官员都不留意去办，致令贫弱者或重徭而远戍，富强者或轻使而近防，守令如此不存恤民之心，那是王政的罪人。

宇文泰非常重视苏绰的思想观点，把它当作座右铭。又令诸司百官认真诵读学习，牧、守、令、长之官，非通"六条"及计帐者，不得居官。

除了以上主张，苏绰又对朝廷的文案形式、出入程序以及计帐、户籍之法等也进行了改革。如规定朝廷发出的诏令用朱书，各部门上奏的文书用墨书。还协助宇文泰力矫两晋以来浮华的文风，亲自用典雅朴实的文字，为西魏皇帝撰写了祭祀祖先用的《大诰》等，使后为诏敕者，"文笔皆依此体"①。

应当说明，《六条诏书》只是苏绰政治改革思想的一个纲领性文件，它的底本是由苏绰等草拟，而由宇文泰前后所上的"二十四条及十二条新制"颁行。《周书》卷2《帝纪二》云：西魏文帝大统十年（544年）七月，"魏帝以太祖（指宇文泰——引者）前后所上二十四条及十二条新制，方为中兴永式，乃命尚书苏绰更损益之，总为五卷，班于天下。于是搜简贤才，以为牧守令长，皆依新制而遣焉。数年之间，百姓便之。"将二十四条和十二条加以修改，编成五卷颁行天下，一时取得好的改革效果的是苏绰，帮助宇文泰起草这些"新制"的也主要是苏绰，所以，整个西魏大统时期的政治改革，当以苏绰的政治思想为核心。

二、苏绰改革思想的特点和历史作用

史载苏绰身处乱世，不治产业，唯以天下为己任。他所提出的改

---

①以上引文均见《周书》卷23《苏绰传》。

革思想和措施,有以下明显的特点:

一是切合时宜。中国古代的改革思想,有的是在国家统一时期针对当时出现的衰乱苗头而提出,有的是在国家分裂的乱世提出的。苏绰属于后者。然而在国家分裂时期许多政治家的思想首先着眼于统一战争,如诸葛亮以"王业不可偏安于蜀",力主北伐中原。苻坚倾百万之师,南灭东晋等。他们都是在客观军事政治条件不成熟的情况下进行的,因而其结果只能是劳而无功,自取败亡。苏绰同样是在国家分裂的历史条件下提出治理乱象的,但他的思路和主张,并不是急于统一南北方或魏政权,而是从改良西魏政权内部政治环境的角度,提出了一系列既切合实际,又具有普遍意义的主张。这并非他不想要国家统一,而是经过深思熟虑的战略选择。若按苏绰的主张,西魏政府真的将其内部的吏治、教化、经济、选官、狱讼、赋役等政治生态环境治理好了,那不对统一东西魏,南北朝是一巨大的准备和贡献吗?历史事实证明,从苏绰生活的时代到南北朝统一,还需要几十年的努力,因而苏绰治理乱世的主张统观时局,重练内功,蓄势待发,卓然不群。

二是坚守儒家正统地位。魏晋南北朝时期,由于社会动乱,佛教和道教迅速发展以及玄学产生,传统儒学被看作是"不周世用",从而受到极大的冲击,一时走向了历史的低谷。在这一政治思想情势下,苏绰力挽狂澜,大声疾呼地弘扬儒学,倡导治人心,敦教化等一系列儒家思想,来改良和振兴西魏的政治,这一思想取向是合乎理智的。平心而论,在当时的政治思想资源条件下,相对而言,能够起积极作用的仍主要是儒家思想,其他学说虽都盛极一时,但从社会治理的角度看,怕是无补于拨乱反正。

苏绰提出的"先治心"的思想,要求统治者上自皇帝,下至州郡宰守,都应"心气清和,志意端静",治民先从治己开始,治己先从治心入手,既符合儒家的"十一字之教",①又击中了统治集团中僭乱频发,人各自保,缺失"至公之心"的弊窦。在战乱不息,血肉横飞的社会环境下,没有坚定的学术操守和对儒学治世的信念,是不能也不敢这样提出问题的。

三是具有创新性。他大胆提出的选官不论出身,唯贤良是举的主张,是对曹操"唯才是举"思想的补充和提升。曹操是在汉末以荐举制为主的历史背景下提出和实行"唯才是举"的。苏绰的唯贤良是举却是在按门资选官的"九品中正制"推行了近两百年,并正在推行的情况下提出的,具有明显的反潮流精神。曹操的"唯才是举"只注重选人的"才"而不考虑"德"的一面,苏绰所谓的贤良,则既要求有一定的政治才干,又必须品质优良。曹操的"唯才是举"只是他个人的用人原则和风格,而苏绰的唯贤良是举则是作为普遍的政治主张提出来的。曹操的"唯才是举"主要是就上层官员而言,苏绰的唯贤良是举则不仅指政府高级官员,还包括地方州郡县官和基层党、族、闾长、里正等,范围更加广泛。可见,苏绰决不是拾人牙慧或故作惊人之举,而是在继承前人优良思想的基础上,根据当时社会实际,提出了一系列创新性原则。

四是涉及文风。从政治思想的角度看,文风关系到政策法令的贯彻落实问题,因而不能逸出政治思想家的眼界。魏晋南北朝时期,以词语华丽,内容空洞为特征的骈体文充斥于文坛、政坛,是这一时期文章的主流形式。当时不少政治家、思想家、文学家都不满于这一文体和文风,但他们或者无力,或不敢碰硬。倒是武将出身的西魏权臣宇文泰"性好朴素,不尚虚饰,恒以反风俗,复古始为心"。②他从国家

①指儒家经典《大学》中提出的诚意、正心、齐家、治国、平天下。
②《周书》卷2《帝纪二》。

施政的角度,果断地提出要改变这种文风。苏绰借助于这一强大、权威的政治后盾,黜华扬淳,初步实践了他的文风改革的主张,为他和宇文泰在西魏大统时期的改革平添了一项内容和一个重要的特点。

苏绰治理乱世的政治思想不仅帮助宇文泰成就了帝业,而且他也是那个时代为儒学守护门户的卓越功臣之一。在魏晋以来学术界"竞以儒家为迂阔,不周世用"①的政治思想喧嚣下,苏绰旗帜鲜明地坚守儒学阵地,毅然决然地以儒家思想为旨趣,提出一系列卓有见识的政治主张,有力地推动了当时的政治改革。他是这一时期儒家政治思想的重要实践者和代表人物之一,在中国儒学发展史上也应占一定的地位。

苏绰政治思想中明显的重民倾向,如他不仅在口头上说"治国之道,当爱民如慈父,训民如严师"②,而且在"六条诏书"中具体要求地方官摊派赋役时要仔细考察贫富,排列先后,防止贫弱者重徭而远戍,等等。虽然这些思想在践行中会被基层官员大打折扣,见效不大,但它仍然是可贵和值得肯定的。

至于苏绰改革浮华文风的建议和示范性作品,则可以看作是唐代韩愈、柳宗元,宋朝欧阳修等领导的古文运动的先声。

《周书》的作者说,北周太祖宇文泰"百度草创,施约法之制于竞逐之辰,修治定之礼于鼎峙之日,终能斫雕为朴,变奢从俭,风化既被,而下肃上尊,疆场屡扰而内亲外附,斯盖苏令绰之力也"③。这是对苏绰政治改革思想及实践效果的高度概括和评价。这一评价是符合历史实际的。

（原载《西北师大学报》2011 年第 2 期）

---

①《三国志》卷 16《魏书·杜畿传附子恕传》。
②《周书》卷 23《苏绰传》。
③《周书》卷 23《苏绰传》。

西北区域政治史上比较优势的骤衰

唐玄宗天宝十四载(755年)爆发的"安史之乱"不仅是中国古代历史的转折点,封建社会从此进入其后期。它也是西北政治史上的一个拐点。从此,西北区域政治的对比优势开始衰落,区域政治边缘化,开始出现了中国西北与内地开发和发展的差距。

一、"安史之乱":西北政治史上的一大拐点

"安史之乱"以前,西北地区在中国区域政治史上占有明显的优势,具体分析如下。

(一)作为政治基础的经济优势。西北先民早在距今一万至四千年前的新石器时代,就在采集狩猎的基础上,结合本地区自然经济条件,形成了一业为主、兼营它业,亦农亦牧,农牧互补的社会经济模式。如战国时期秦人以兴修水利为切点,蜀郡太守李冰"凿离碓"、穿郫江、汶江二水于成都平原,"溉田畴之渠,以万亿计"。①秦始皇元年(前246年),秦又在关中修作郑国渠,"凿泾水自中山西邸瓠口为渠,并北山东注洛,三百余里……渠就,用注填阏之水,溉泽卤之地四万余顷,收皆亩一钟。于是关中为沃野,无凶年,秦以富强,卒并诸侯。"②

---

①《史记》卷29《河渠书》。亿:十万。以万亿计,就是以万顷,十万顷计,这里是概数。

②《史记》卷29《河渠书》。

两汉西北的水利,除关中的郑国渠仍在沿用外,汉初汉中地区还修建了山河堰,褒城县修了流珠堰,洋县修了张良渠。①汉武帝元光时(前134—前129年),郑当时为大农令,建议政府引渭穿渠,起长安,并南山下,至黄河三百余里,可灌"渠下民田万余顷",朝廷悉发卒数万人穿渠,三岁而通,"而渠下之民颇得以溉田矣。"其后庄熊罴又建议:临晋(在今陕西大荔县东)民愿穿洛(即漆沮水)以溉重泉(在今陕西蒲城县东南)以东万余顷故卤地。"诚得水,可令亩十石""于是为发卒万余人穿渠"。此后"用事者争言水利。朔方、西河、河西、酒泉皆引河及川谷以溉田"②。左内史倪宽于元鼎六年(前111年)奏请穿六辅渠,其后十六年,赵中大夫白公,又"奏穿泾水,注渭中,溉田四千余顷。人得其饶而歌之"③。后人称之为白渠。鄠屋有灵轵渠,又引堵水(一作诸川)。"皆穿渠为溉田,各万余顷。佗小渠披山通道者,不可胜言"。④关中以外,宁夏、河西、西域等地在两汉时期也有大的水利开发工程。

都江堰、郑国渠、六辅渠、白渠等一大批水利工程,将秦汉西北经济区的成都平原变成了"天府之土","雍州之地,厥田上上,号称陆海""粮仓",那是当时"天下"最大、最富庶的两块灌溉农业区。加上天水、陇西、北地、上郡等几个农牧林业区,"西有羌中之利,北有戎翟之畜,畜牧为天下饶。"⑤这一农牧兼营兴国的战略措施为秦的富强和统一奠定了坚实的物质基础,也为西汉巩固大一统局面创造了条件。史

---

①[雍正]《陕西通志》卷40《水利》,文渊阁四库全书本。

②《史记》卷29《河渠书》。

③(唐)李吉甫:《元和郡县志》卷1,文渊阁四库全书本。

④《史记》卷29《河渠书》。

⑤《史记》卷129《货值列传》。

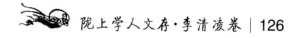

载"秦地……其民有先王遗风,好稼墙,务本业……凉州之畜为天下饶……故秦地天下三分之一,而人众不过什三,然量其富居什六"①。秦汉时期,与河北、关东平列的关陇蜀经济区,以"天下"三分之一的面积,十分之三的人口,创造和拥有"天下"十分之六的社会财富,这一经济成果及其区域比较优势,是西部各民族关系融洽,致力于农牧业经济开发和发展的结果。

即使在魏晋十六国中原社会大动乱的年代,西北开发仍然出现过喜人的局面。例如,前秦苻坚"灭燕赵后,关陇清晏,百姓丰乐。自长安至于诸州,皆夹道树槐柳,二十里一亭,四十里一驿,旅行者取给于途,工商贸贩于道"②。这或许只是一时的现象,但它在当时历史条件下仍然十分难能可贵!

隋朝建都于关中后,为了确保京师长安的粮食、物资供应,引渭水经京城,东至潼关,长300余里,取名广通渠。此渠后与隋炀帝时开挖的大运河联通,解决了南粮北运,东粮西调的问题,还在京城、华州(治今陕西华阴县)、陕州(今河南陕县)、洛州(今河南洛阳市)、卫州(今河南淇县)等地设置了规模巨大的粮仓。关东、河北、江南地区的物资也通过大运河和广通渠源源不断地运到关中,补强了西北的经济优势。

入唐后,西北地区的总体经济优势更加明显。除了全国各地的物资补充外,西北的农牧商业发展也很迅速。"自安远门(长安城西面北来第一门——胡三省注)西尽唐境万二千里,闾阎相望,桑麻翳野,天下称富庶者无如陇右。"胡三省注云:"西尽唐境万二千里,并西域内

①《汉书》卷28下《地理志下》。

②(清)汤球:《十六国春秋辑补》卷34《前秦录四》,见《野史精品》第一辑,岳麓书社1996年版,第482页。

属诸国言之。"①就是说包括今新疆在内的西北广大地区,是当时全国最为繁荣富庶的地区之一。这条源自《明皇实录》的史料,决不是《通鉴》作者随意引用的。它再一次证明了中唐以前西北经济的优势地位确是不可否认的。

唐以前西北先民在社会经济领域之所以能取得如此辉煌的成果,是先民在生存和发展需求的驱动下,审时度势,洞察地宜,不断摸索、改革和创新的结果。从客观条件看,则民族冲突相对缓和、社会相对稳定是一个非常重要的原因。我国东部广大地区自然条件好,交通方便,社会经济发展的速度很快,然而,进入阶级社会以后,东部的战乱兵荒亦较多,尤其是汉末、魏晋南北朝时期,人民起义频繁,民族冲突加剧,统治阶级内部相互撕杀,致使中原内地数百年动荡不安,灾荒、饥疫接踵而至,对经济社会造成极大的破坏。相比之下,西部地广人稀,政权分散,交通闭塞,远离中原动乱区,本区域内的兵荒疫馑,波及的范围比较小,对社会经济的影响也不是全地区毁灭性的。自然条件差、交通不便等不利因素,在特殊的历史条件下反而避免了战乱的干扰,成为内地官民向往的乐土。东汉光武帝建武(25—56年)初,"时天下扰乱,唯河西独安,而姑臧称为富邑。"②西晋惠帝永宁中(301—302年),官僚队伍中就有"天下方乱,避难之国唯凉土耳"③的说法。到十六国战乱时期,越是靠近中原的地方受战火牵连越严重,而河陇一带则相对安定。

(二)表现政治力量的军事优势。唐朝及其以前,关中曾经是两周、秦、西汉、前赵、大夏、前后秦、西魏、北周、隋、唐等十数个王朝的

①(宋)司马光:《资治通鉴》卷216,天宝十二年八月戊戌。
②《后汉书》卷31《孔奋传》。
③《晋书》卷86《张轨传》。

都城。在国家统一时期,这里交通发达,人才荟萃,引领全国,是无可争议的政治中心。即使在分裂战乱局势下,关中、陇右等西北地区亦足以供有志于平定天下者借其广阔的土地、险要的地形、丰富的农牧业资源和勇猛刚健的区域人文精神,高屋建瓴,创建大业,表现出西北的区域政治优势。

西魏北周隋唐前期,著名的关陇集团就是由北周太祖宇文泰以鲜卑入关贵族、胡汉军官与关陇大族等凝聚而成的,它代表了当时西北与其他地区的政治武装对比优势。北魏孝明帝正光五年(524 年),关陇地区爆发了人民起义,宇文泰随原武川镇军将贺拔岳、侯莫陈悦一起入关镇压起义军。之后,北魏丞相高欢怕贺拔岳武装势力膨胀,尾大不掉,乃唆使侯莫陈悦杀死他。宇文泰继统贺拔岳军,他打败和兼并了侯莫陈悦余部,成为关中最大的军事势力。北魏孝武帝永熙三年(534 年)七月,魏孝武帝摆脱高欢的控制,西趋长安,又落入宇文泰手中。不久,宇文泰毒杀魏孝武帝,立元宝炬为文帝(535—551 年),建立西魏,他作为关陇集团的首领,挟天子以令天下。西魏恭帝三年(556 年),宇文泰死。次年其子宇文觉取代西魏,建北周。二十年后,以关陇集团为核心的北周灭北齐,统一了北方。

关陇集团奉行以关中为根本,宰制天下的基本国策,即"关中本位政策"①。宇文泰创建关陇集团后,隋唐两朝继承了这一政治遗产。该集团在治国策略上重视改革,发展生产,强化军事力量,在政治上积极进取;这与一般门阀世族无所作为,缺乏政治活力与生气的状态完全不同。

---

①陈寅恪:《唐代政治史述论稿》,生活·读书·新知三联书店 1956 年版,第 16 页。

关陇集团的政治命脉在府兵。宇文泰入关时只有六镇鲜卑部落兵万人左右。建立府兵制后六柱国、十二大将军所领兵发展到近五万人。到北周灭北齐时,其府兵已有 20 万人。隋文帝进一步将府兵制与均田制结合起来:"凡是军人,可悉属州县,垦田籍帐,一与民同。军府统领,宜依旧式"。①府兵制以均田制为物质基础,均田制确保了府兵制的实行。隋文帝灭陈时,隋朝的府兵进而扩大到 50 余万人。降至唐朝,军府最多时达到 800 个左右。②在"关中本位政策"的指导下,唐朝的兵府分布以关内道最为密集。唐德宗时的名相陆赞说:"王畿者,四方之本也。太宗列置府兵,分隶禁卫,大凡诸府八百余所,而在关中者殆五百焉。举天下不敌关中,则居重驭轻之意明矣"。③唐自太宗以来,又将全国军府分隶于中央 12 卫和东宫六率,兵权集中于天子,实现了以关中为根本,控驭四方的政治目的。这也典型、充分地反映了以关中为中心的西北的区域政治军事优势。然而"安史之乱"后,西北的经济社会环境不断地恶化,区域比较优势发生了迅速的衰变。

二、西北区域比较优势骤衰的原因

周、秦、汉、唐前期,西北地区一直处于国家的核心地位,对于其他地区的比较优势很明显。"安史之乱"后这一局面突然改变,其中有社会政治原因,经济原因,也有科学技术进步给国家政治生活带来的深刻影响。

---

①《隋书》卷 2《高祖本纪下》,中华书局 1973 年版。
②唐朝不同时期的兵府数字不同。据《新唐书》卷 50《兵志》云:唐太宗贞观十年,凡天下十道,置府六百三十四,皆有名号,而关内二百六十有一。《资治通鉴》卷 194 贞观十年十二月记载同。
③(宋)司马光:《资治通鉴》卷 228,建中四年八月。

（一）民族冲突不断,社会政治环境不稳定。《资治通鉴》有一段话总结得很好,其文云:

> 唐自武德以来,开拓边境,地连西域,皆置都督、府、州、县。开元中,置朔方、陇右、河西、安西、北庭诸节度使以统之,岁发山东丁壮为戍卒,缯帛为军资,开屯田,供糗粮,设监牧,畜马牛,军城戍逻,万里相望。及安禄山反,边兵精锐者皆征发入援,谓之行营,所留兵单弱,胡虏稍蚕食之;数年间,西北数十州相继沦没,自凤翔以西,邠州以北,皆为左衽矣。①

这里补充说明两点,一是唐以前西北的社会环境一直相对稳定,即使在魏晋南北朝那样的动乱时期,由于西北地域辽阔,而中原各政权的国力、兵力有限,那里的战乱影响不到河西、陇右,因而就会有前面提到的"天下方乱,避难之国唯凉土耳"的独安现象。二是唐中期以后,随着中央集权实力的提升以及西北强盛民族的崛起,中原朝廷的政令、军力能够迅速有效地达到西北各地区,各少数民族上层也能够将它的触角伸到西北各地区。因此就有吐蕃奴隶主贵族乘"安史之乱"占领河陇广大地区,回鹘自北方西迁,党项由西南北上,蒙古从大漠勃兴,南下进攻西北各民族政权,建立元朝等现象。它们焚荡庐舍,蹂践禾稼,屠掠民众,不仅给西北人民的生命财产带来严重的威胁,也使这里的民族关系更加复杂,社会动荡不安。宋元明清各朝代,专制主义中央集权的力量恢复和强化,中原内地主要是汉族居住区,即使在各王朝末期民族和阶级矛盾尖锐化的时期,中央王朝对内地的控制力仍然较强,战乱过后,恢复和发展也比较容易。相反,"安史之乱"

---

① (宋)司马光:《资治通鉴》卷223,广德元年七月。

后西北各民族内部、各民族之间、各民族上层与中央王朝的矛盾和冲突旷年累代，长久不止，一直延续到近代晚期。这是西北区域比较优势骤衰的主要原因。

（二）海上交通技术提高。中国的造船业在唐代就以船体大、载重多、牢固、抗风力强而闻名。唐宋之际又有飞跃的发展。

一是车船等先进船只的发明和改进。车船又叫桨轮船，唐中期就由李皋（733—792 年）发明了。《旧唐书·李皋传》云：

> （李皋）常运心巧思为战舰，挟二轮蹈之，翔风鼓浪，疾若挂帆席，所造省易而久固。①

这就是车船或桨轮船的雏形。车船把桨楫的间歇推进改成桨轮的旋转连续推进，是船舶推进技术的一大进步。到南宋，杨幺（？—1135年）起义中曾造了许多这样的战船，驰骋于洞庭湖一带。李龟年纪载云：

> 车船者，置人于前后踏车，进退皆可，其名大德山、小德山、望三州及浑江龙之类，皆两重或三重，载千余人。又设栢（拍）竿，其制如大桅，长十余丈。上置巨石，下作辘轳贯其颠。遇官军船近，即倒栢（拍）竿击碎之。②

宋代车船最大的长三十六丈，宽四丈一尺。有二三层楼。车数由四或八车增加到二十、二十四或三十二车，大大提高了航行速度。

车船是一种战船。另有一种"万石船"是地道的运输船。宋人张舜民《画墁集》卷八记载他在鄂州（今湖北武昌）看到的万石船云：

> 丙戌，观万石船。船形制圆短，如三间大屋，户出其背，

①《旧唐书》卷 131《李皋传》，中华书局 1975 年版。
②（宋）熊克：《中兴小纪》卷 13，文渊阁四库全书本。

中甚华饰,登降以梯级。非甚大风不行,钱载二千万贯;米载一万二千石。①

"木兰舟"也是南方所造的一种巨型运船。宋人周去非《岭外代答》记其船云:

> 浮南海而南,舟如巨室,帆若垂天之云,舵长数尺,一舟数百人,中积一年粮,豢豕酿酒其中。②

这种船不怕浪大,只愁搁浅,适合于做远洋航行。

宋代官方制造的"出使"他国所用的"客舟"和御用的"神舟",是当时最著名的两种海船。徐兢《宣和奉使高丽图经》描述北宋后期这两种船的情形云:

> 旧例:每因朝廷遣使,先期委福建、两浙监司雇募客舟。复令明州装饰,略如神舟具体而微,其长十余丈,深三丈,阔二丈五尺,可载二千斛粟。其制皆以全木巨枋挽叠而成。上平如衡,下侧如刃,贵其可以破浪而行也。其中分为三处,前一仓不安艎板,惟于底安灶与水柜,正当两樯之间也。其下即兵甲宿棚。其次一仓装作四室。又其后一仓谓之**廥**屋,高及丈余,四壁施窗户如房屋之制,上施栏楯,朱绘华焕,而用帘幕增饰,使者官属各以阶序分居之。上有竹篷,平时积叠,遇雨则铺盖周密,然舟人极畏**廥**高,以其拒风,不若仍旧为便也。船首两颊柱中有车轮,上绾藤索,其大如椽,长五百尺,下垂碇石。石两旁夹以二木钩船,未入洋近山抛泊,则放碇着水底,如维缆之属,舟乃不行,若风涛紧急,则加游碇,

---

①(宋)张舜民:《画墁集》卷8,文渊阁四库全书本。
②(宋)周去非:《岭外代答》卷6,文渊阁四库全书本。

其用如大碇,而在其两旁。遇行则卷其轮而收之,后有正柂大小二等,随水浅深更易,当赓之后,从上插下二棹,谓之三副柂,惟入洋则用之。又于舟腹两旁,缚大竹为橐以拒浪。装载之法,水不得过橐以(此处有缺文)轻重之,度水棚在竹橐之上,每舟十橹,开山入港,随潮过门,皆鸣橹而行。篙师跳踯号叫,用力甚至,而舟行终不若驾风之快也。大樯高十丈,头樯高八丈,风正则张布帆五十幅,稍偏则用利篷,左右翼张,以便风势。大樯之巅,更加小帆十幅,谓之野狐帆,风息则用之。然风有八面,唯当头不可行,其立竿以鸟羽候风所向,谓之五两,大抵难得正风,故布帆之用不若利篷翕张之能顺人意也。海行不畏深,惟惧浅搁,以舟底不平,若潮落则倾覆不可救,故常以绳垂铅硾以试之,每舟篙师水手可六十人,惟恃首领熟识海道,善料天时人事,而得众情,故若一有仓卒之虞,首尾相应如一人,则能济矣。若夫神舟之长阔高大,什物、器用、人数,皆三倍于客舟也。

神舟,巍如山岳,浮动波上,锦帆鹢首,屈服蛟螭,所以晖赫皇华,震慑海外,超冠今古,是宜(高)丽人迎诏之日,倾国耸观而欢呼嘉叹也。[1]

为了适应不同地理环境和用途,宋人还采用湖船底、战船盖、海船头尾,创制了新型的江海两用船。船材选用优质木料、多重木板;不同部位的板材采用搭接、平接等不同的连接方式;在结构上普遍采用水密隔舱(隔水舱)法以防漏水。外观有平底、尖底两种。沙船是唐代即已出现的平底船,其前身可上溯到春秋时代。宋代称"防沙平底船",可载 4000~6000 石(一说 2000~3000 石),其船多桅多帆,吃水浅,阻力

---

[1](宋)徐兢:《宣和奉使高丽图经》卷 34《神舟》,文渊阁四库全书本。

小,平稳耐浪,顺风、逆风皆可行驶,在七级大风中航行也无危险,快航性也很好,故能远达非洲海岸。性能最好的福船是一种尖底船,常行于南洋和远海。它采用了龙骨、大腊、升降舵、平衡舵、一船多舵、多桅杆等技术,稳定性、抗沉性、快航性都很好,是宋代海上"丝绸之路"的主要运输工具。

二是将指南针应用于航海技术。中国在战国时期就已经发明了"司南"(指南针的前身)。最迟在魏晋时期人们就已经将其应用到交通定向上了。晋人葛洪《抱朴子外篇》虚拟的"赴势公子"的一段话有云:"夫群迷乎云梦者,必须指南以知道;并乎沧海者,必仰辰极以得反。"①意为一群人在云梦地区迷了路,就须借指南车来引导;在海上远航迷了向,就要靠仰望北极星才能返航。宋人朱彧《萍洲可谈》提到当时海上航行用指南针的情况,其文云:"舟师识地理。夜则观星,昼则观日,阴晦观指南针。或以十丈绳钩取海底泥嗅之,便知所至。"②宋徽宗宣和五年(1123年),徐兢出使高丽回国后所著《宣和奉使高丽图经》云:"维视星斗前迈,若晦冥,则用指南浮针,以揆南北。"③南宋时期,海船上已经有了针盘。吴自牧《梦粱录》云:舶商之船,自入海门,便是海洋,"风雨晦冥时,唯凭针盘而行,乃火长掌之,毫厘不敢差误,盖一舟人命所系也。"④这是最早见于记载的"针盘"。它将磁针与方位

①(晋)葛洪:《抱朴子外篇》卷1《嘉遁》。云梦,汉晋时或指今湖北江陵县以东江汉之间的监利县、潜江市一带;或指湖北汉江以北应城县、天门市一带。一说即今湖南的洞庭湖。

②(宋)朱彧撰,李伟国校点:《萍洲可谈》卷2,见《宋元笔记小说大观》第二册,上海古籍出版社2001年版,第2309页。

③(宋)徐兢:《宣和奉使高丽图经》卷34《半洋焦》。

④(宋)吴自牧:《梦粱录》卷12《江海船舰》,山东友谊出版社2001年版,第170页。

盘组合在一起,形成一个完整的指南工具,又称"地罗"或"子午盘"。[①]

唐宋海洋航行虽然还用"夜则观星,昼则观日"的老办法,但指南针逐渐广泛地应用,毕竟是一项划时代的航海技术,它对中外交通及西北"丝绸之路"历史地位的影响是深刻而长久的。

唐宋之际,南亚、东南亚、阿拉伯等滨海国家和地区的造船和航海技术也有很大的发展。宋人周去非的《岭外代答》记载大食(今阿拉伯)巨舰云:

> 大食国西有巨海,海之西,有国不可胜计。大食巨舰……一舟容数千人,舟中有酒食肆、机杼之属。[②]

中外造船和航海技术水平的提高,为海上交通的发展提供了必要的物质条件。当中外政治、经济、文化交流的海上"丝绸之路"畅通并显示出其比较优势后,对于以陆上交通为主要或唯一出路的西北地区而言,由于交通困难而丧失其区域比较优势就是必然的了。

(三)国家都城转移。古代国家选择建都地点,除了要考虑目标地的地理位置,环境,经济、文化、交通等条件外,还与最高统治者的发祥地密切相关。西北的关中地区在中国历史上曾有十多个王朝建都,各朝的最高统治者大都起自西北,夺得天下。以历史上影响最大的周、秦、汉、唐为例。周、秦王室起自西北,经过几十代人的惨淡经营,终于利用关陇蜀地区优异的农牧业经济资源和尚武勇健的民风,统一了东方,并选择在关中建都,领袖全国,创造了辉煌的政治业绩和

---

①方位盘用汉代地盘的形制,以八干、十二支和四卦表示 24 个方位。观察时用"正针"(磁针正指 24 个方位)和"缝针"(磁针指示两正针之间),共可以指示 48 个方位,精度更高。

②(宋)周去非撰,周其森校注:《岭外代答校注》卷 3,作家出版社 1996 年版,第 59 页。

文化。西汉最高统治者的发祥地不在西北,然而西北却是刘邦被项羽封为汉王后,他和他的谋臣们利用关陇蜀地区的"险塞"和"沃野""以成帝业"的。因此,西汉建立后,就以同样的理由毅然决然地选择在关中建都。唐朝皇室的世系曾在学界引起过不小的争论。然而古人有一个信念:"神不歆非类,民不祀非族。"①唐王室自认为出于陇西李氏,将"弘农府君"李重耳祔入太庙,奉为始祖,唐太宗又对赵郡李氏颇有微词,由此看来,李唐出于陇西地望殆无问题。②李渊父子依恃关陇政治集团和关中形胜之地发皇,将关陇地区看作其龙脉和政治命脉所在,也难怪其在关中建都了。

有意思的是,同样的地理位置和经济、交通条件,继唐而起的五代两宋各以开封、洛阳、杭州等东部、南部城市为都城,元明清则最终定鼎于北京。隋唐之后,历史上再也没有哪个中央王朝在西北地区建都了,究其原因,当与开国皇帝的活动中心区不在西北有关系。

五代后梁太祖朱温,宋州砀山(今安徽砀山县)人。初从黄巢为同州防御使。降唐后赐名"全忠",为河中行营招讨副使,以败黄巢、破秦宗权,拒李克用功,封梁王,累官宣武、宣义、护国、忠武四镇节度使,唐昭宗天祐元年(904年)弑昭宗,天祐四年(907年)称帝建梁,都于汴(治今河南开封市),他的政治基础和活动中心在河南。

后唐太祖李克用"本姓朱邪氏,其先陇右金城人也"③。后迁于瓜州。唐太宗平薛延陀诸部,分同罗、仆骨人置沙陀都督府,上隶于北庭

①王守谦、金秀珍、王凤春译注:《左传全译·僖公十年》,贵州人民出版社1990年版,第236页。

②详见李清凌:《关注姓氏文化资源的保护和研究——以李氏的陇西地望为例》,《兰州大学学报》2004年第5期。

③《旧五代史》卷25《唐书·武皇本纪上》。

都护,从唐高宗永徽(650—655年)间,李克用的四世祖朱邪拔野开始,沙陀朱邪氏就五世相承,继为沙陀府都督。李克用祖父朱邪执宜为躲避吐蕃的威胁,迁入灵州。其父朱邪赤心为唐朔州刺史。克用任河东节度使,封晋王。其子李存勖,出生和称帝于晋阳(今山西太原市),定都于洛阳。可见,后唐皇室虽曾家于西北,但自朱邪赤心后其主要政治活动都在山西、河南一带。

后晋高祖石敬瑭是太原人,沙陀族。石敬瑭的四世祖璟,唐宪宗元和时(806—820年),随沙陀都督朱耶赤心自灵武入附于唐,以边功累官至朔州刺史。祖父翌任振武防御使,父绍雍,蕃字臬捩鸡,在李克用及后唐庄宗李存勖属下累立战功,历平、洺二州刺史。石敬瑭深得后唐庄宗、明宗、闵帝器重,并助闵帝李从厚夺得帝位,累迁中书令、河东节度使,镇太原。后唐末帝清泰三年(936年),徙镇天平,不受命,在契丹主耶律德光的帮助下灭后唐建晋,都于汴(今河南开封市)。

后汉高祖刘知远也是沙陀部人,生于太原。[1]父刘琠,在李克用部下为列校,继事后唐明宗,又助石敬瑭起兵建后晋,累官至河东节度使、北京留守、中书令,封太原王。契丹灭晋后,称帝于晋阳(今山西太原市),迁都于汴。

后周太祖郭威,邢州尧山(今河北隆尧县西)人。父名郭简,郭威三岁时"家徙太原"[2]。历事后唐、后晋、后汉。位至枢密使加平章事。后汉隐帝乾祐三年(950年),郭威知隐帝欲加害于己,乃率兵入汴。及隐帝被杀,郭威立刘赟为帝。他率兵北御契丹,到澶州后自立为帝,史称后周。

---

①《旧五代史》卷99《汉书·高祖纪上》。
②《旧五代史》卷110《周书·太祖纪一》。

继后周而起的宋朝,是赵匡胤通过宫廷政变,从柴宗训母子手中抢过传国玺的。他自称天水地望,^①而其政治根基却在开封。元朝皇室来自大漠以北,统一后建于北京。明朝初都南京,"靖难之役"后朱棣迁都北京,那是他的始封和发祥地。继之而起的清王朝也是从东北入关,统一全国,建都于北京的。最高统治者的发祥地是历史的一个偶然因素,它反映古代家天下的时代,最高统治者把天下与家拉得更近一些,把自己的指挥部建立在更加安全可靠的地方的愿望。

从客观上讲,唐末五代宋元以降,由于中央集权愈来愈强化,最高统治者可以整合大漠南北各族的军事武装优势,取代西北强悍勇健的民风;又有能力集中南北方的物资富源,满足维持政治中心必需的经济支撑。加上这里人文荟萃,交通发达,指挥方便,适合于在新形势下建都等原因,遂使中国古代的都城和政治中心区从关中转移到了三河(河南、河北、河东)等地区,而西北的区域政治对比优势也由此骤衰。

三、西北区域比较优势衰落与东西部发展的差距

西北区域对比优势骤衰,国家政治中心转移,西北地区在中国政治史上逐渐边缘化,其最为明显的后果是从"安史之乱"以后,中国开发和发展史上开始出现了西北与内地的差距。

首先,西北自远古以来就是一个多民族聚居的地区,前此虽然也有民族矛盾,然而周秦汉唐前期,中原王朝的都城设在接近西北少数民族的关中地区,朝廷对少数民族的情况明了,措施得宜,或"因俗而治",或"恩威兼施",在民族矛盾冲突中多能妥善处理,化而解之,确

---

①(宋)邓名世撰:《古今姓氏书辨正》卷25云:赵匡胤先人"世居陇西天水西县,至汉京兆尹广汉之后居涿郡"。

保国家及西北的稳定。晚唐五代宋金时期中原王朝的国力不振,防务虚弱,给西北各族上层的入掠留下了空隙。以宋朝为例,统治者在治国思想上重文轻武,重内轻外,不能全面有效地发掘利用西北的军事资源。面对北方和西北强悍的契丹、党项、女真、蒙古等族的威胁,宋朝政府攻守两难,只好采取卑辞行贿,委曲求全的办法。致使党项等族强力压境,入掠不断。间或有像范仲淹、狄青那样有谋有勇的人才,也很快就被反对派排挤出局了。元明清时期,中央政府实行民族歧视,民族压迫和民族隔离政策。由于远离京都,朝廷有时对西北的真实情况不甚了了,往往被颟顸昏庸的地方官所欺骗,做出错误的决策。连一些维护国家统一,地方安宁的正当军事行动,也由于军队、军需调集困难,长距离作战等原因,以致军情拖延,久战不决,付出的代价极高。例如,清朝政府为了平定准噶尔叛乱,从清圣祖康熙二十九年(1690 年)康熙帝亲征算起,至清高宗乾隆二十二年(1757 年)八月阿睦尔撒拉败死俄国,平叛结束,仅此一役,清朝前后用兵达 67 年。其他各类战事亦多类此。有清 260 余年,西北各族民众一直在民族征战的煎熬中生活,这与中原内地相对安定的局面形成多大的反差!

　　其次,在经济开发领域里,周秦汉唐前期,劳役制地租和实物分成租制在土地经营中占主要地位。在这两种地租形式下,不论国家还是私家地主,都对劳动者的生产过程监督很严格,反过来说,劳动者对地主的人身依附关系很牢固,无人身自由可言。在这一历史背景下,创立于汉武帝时期而贯穿于其后整个封建时代的屯田、营田等军事化的劳动制度,尚不至于影响劳动者的生产积极性。然至晚唐五代宋朝以后,中原内地的官私土地大部分采用文书契约租佃制经营,地主对佃农的超经济强制有所减轻;历史已经让中国古代的佃农获得了较多的经营自由,这是社会进步的反映。然而在西北地区,国家政权为了筹措军需粮草和战马,仍然相当普遍地实行屯田营田制、官苑牧制等落后的农牧业经营,遭到广大佃农、牧民的抵制和反抗。"安史之乱"后吐蕃占领陇右、河西地区,还一度将农奴制生产方式带到了这里。至于西北广大少数民族聚居区,其生产形式也没有大的进步。综上可知,晚唐五代宋元以来,西北的生产关系普遍比中原内地和南方地区更落后,直接阻碍着西北经济社会发展。

最后,由于都城的东迁、北移,农业核心区域南偏,远洋航行发达,加上东部和南方新开发区水利、社会环境、文化教育等条件的不断改善,势不可挡地促成了西北与这些地区开发和发展的差距。

我国著名史学家钱穆在《国史大纲》中说过:"中国西北文物骤衰,实为唐中叶以后一极要之转变……自此以后,南方社会,遂渐渐跨驾到北方社会的上面去。"钱先生这段话说的是中国东西部经济社会变迁的史实,同时也指出了延续至今的中国西北与东部、东南部发展差距形成的节点。这对我们认识和拉平这一差距是非常重要的。

(原载《宁夏社会科学》2009 年第 6 期。《中国人民大学复印报刊资料·魏晋南北朝隋唐史》2010 年第 2 期转载)

论西夏政权的历史作用和影响

  十一世纪中期建立于今陕甘宁青等地区的西夏，是以党项族为核心的割据政权。对于这一政权的历史评价，历来有两种对立观点。宋元之际的史学家马端临对它持完全否定的态度，说西夏的建立，使西北这片昔日的殷富繁华之地，"顿化为龙荒沙漠"，迄无恢复的迹象。切齿痛恨溢于言表，这一情愫与他反对蒙古族土层入主中原的民族主义倾向紧紧地纠缠在一起。与马端临同时及其后的史学家，对西夏政权的评价，大都持相同看法。新中国建立后，史学界对我国历史上包括西夏的民族割据政权的评价起了变化，多从积极方面肯定其在历史上的作用和贡献，这无疑是正确的。然而，人们在充分肯定西夏历史作用和贡献的同时，也以笼统的语言肯定了党项族上层的分割性和国家分裂主义倾向，这就给人以不安。

  本文认为，西夏的建立是中唐以后，封建中央对地方统治权削弱乃至失控的特殊历史条件下的产物，其立国190年间，在我国西北的经济开发、行政管理和文化建树等方面，都有可贵的历史性贡献。这主要是西夏各族人民的功劳，是必须充分肯定的。另一方面，西夏是从宋王朝统治下分割出来的一个政权，它虽然一度从凉、甘等地赶走了吐蕃和回鹘等族的上层统治者，但并没有将各部族真正统一起来，也没有因为它侵占了这些地盘，而减少其与逃离河西的吐蕃、回鹘等族的长期争斗。事实上，西夏的建立是一种分裂割据行为而不是"统一"行动，它的建立，无论从我国整体民族的统一性发展，还是西夏民族的进步来看,都不容否认地起了分裂阻滞和扩大民族纷争的作用,由此也导致党项羌族本身的衰亡。因此有必要准确地总结和认识这一段历史事实,只有这样,才能对维护国家的统一和中华各民族的团结、进步起到积极的历史借鉴作用。

一、西夏建立的历史条件和原因

西夏的建立,是由内外多方面因素造成的。首先,唐中期以后,在其统治核心区出现的藩镇割据几乎耗尽了中央王朝所有的人力、物力,经唐末至宋初几代君主的征讨,虽然清除了藩镇割据但由于统治集团集中力量解决内地的问题,根本顾不上对边远民族地区的经营。这就为各民族上层的分裂主义立国活动提供了难得的历史性机遇,致使北宋时期,中原四周民族割据政权林立:北方有比宋朝建立更早的辽朝,西北有三个回鹘政权,①吐蕃建立的西凉六谷族政权,青唐厮啰政权等,西南地区又有吐蕃、大理等政权。这些政权之间明濡暗沫,对中央王朝形成强大的牵制力,而在边界民族政权环立的条件下,其它任何一个民族,一旦形成政治、军事实力,就能轻易地独树一帜建立新的民族割据政权。西夏的建立,在一定意义上就得益于这种边界政治形势和气候,也的确起了这样的历史性作用。

其次是北宋边防战略的失误。宋朝是一个在政治思想上重内地、轻边境;重文臣、轻武将;重朝命、轻边臣权宜行事的政权。这一指导思想的根子是政治上因循守旧的保守主义倾向,而其直接后果则是削弱了国家军事防卫力量。北宋的军队人数很多,而它的战斗力与人数极不相称。例如宋仁宗时期,北宋有 129 万禁军,但在西夏的分裂

---

①指河西回鹘、西州回鹘和以回鹘人为核心的喀喇汗政权。

割据和人掠活动面前却毫无办法,就连其统治区内遍布于京东西、淮南、荆湖、夔峡等路的农民大起义,也忧心忡忡而束手无策。庆历时,枢密副使富弼上疏中说"自四五年来,贼人州城打劫者,约三四十州。向来人城,尚皆暮夜窃发,今则白昼公行,擅开府库,其势日盛。自此以往,只忧转炽"①。这就是一个很好的例子。在这样的国家军事力量下,元昊因势利便,公然称帝建国就毫不足怪了。

再次是辽国等比邻政权的扶植。继迁、德明、元昊几代人的割据称雄,始终得到辽国的支持。宋太宗雍熙二年(985年),当李继迁连结豪族,袭据银州,又焚毁会州城郭,对宋朝造成严重威胁的时候,辽国听之任之,乐见其成,并别有用心地以义成公主嫁继迁,册封继迁为夏国王。②真宗天禧五年(1021年),辽遣使封德明为尚书令,大夏国王。元昊嗣立后,攻宋凉州等地,辽又封其为夏国王,并以兴平公主嫁元昊。③在政治上辽给夏以有力支持的例子还有很多,不一一列举。辽对夏除了封国王、嫁公主,在政治上以支持外,还在沿边州郡设置互市场,使西夏在宋朝实行经济封锁政策时,能从辽国得到源源不断的物资供应。在军事策略上,夏对宋往往是边索贿边攻掠,而在索贿不到、攻击不利时又求援于辽国,得到辽国的袒护。西州回鹘、河湟等吐蕃少数民族政权与夏的贸易交往,也使西夏经常得到物资补充和曲治卜的支援。少数民族政权的环列,还分散了宋朝的注意力,消耗了宋朝和各民族政权的经济军事实力,这对西夏的割据称雄也是极为有利的。

---

①《长编》卷 143,庆历三年九月。
②《宋史》卷 485《夏国传上》。
③《宋史》卷 485《夏国传上》。

最后,西夏的独立是党项民族英才辈出,累代经营的结果。党项族是一个历史悠久,勇敢多智的民族,东迁陇东、陕北后,在汉民族影响下农业经济得到长足的发展。入宋后,又先后出现了继迁、德明、元昊那样雄才大略的政治、军事家。李继迁抓住辽宋矛盾的间隙,公然与宋朝分庭抗礼,在长期的政治角逐中积累和发展了经济、军事力量,为西夏的独立奠定了一定的物质基础。德明攻宋受挫后,采取东和辽宋,西灭河西吐蕃、回鹘政权的策略,同样扩大了统治地盘,也积累了在强国虎视下谋求生存的经验。元昊承继了乃祖乃父的政治经验,一面与辽宋卑词言和,争取宽松的政治环境与支援,另一方面又侍机用兵,规划割据,并于 1038 年时机成熟后立即称帝建国。继迁、德明、元昊几代人勇敢、机智和坚韧不拔的努力,是西夏割据的内在决定性因素。

二、西夏对西北开发的历史性贡献

从元昊建国称帝到 1227 年西夏被元攻灭的 190 年,西夏统治区各族人民是从民族、政治冲突和军事对抗的漩涡中度过的。在这特殊的历史条件和极其复杂艰苦的自然环境下,夏国党项、吐蕃、回鹘和汉族民众求生存、求发展,对我国西北的开发作出了许多历史性贡献。仅从经济方面来看,其主要表现有:

(一)建立了稳定的农业基地。汉唐以来,河套、河西一带就有发达的农业生产,但由于少数民族杂居,战乱频繁,这里的农业多以屯田的形式来经营,一则经营方式落后,二则生产环境不稳定,兵兴则设屯田以供军需,战争结束军队撤去,屯田随之荒废;私营农业也得不到政府的重视。这一现象由来已久,例如汉武帝(前 140—前 87 年在位)打败匈奴,"自朔方以西至令居,往往通渠置田"①"自是以后,用事者争言水利,朔方、西河、河西、酒泉,皆引河及川谷以溉田",②屯田遍设于河陇直至西域。铁犁、耧车、牛耕、代田法等先进的生产工具和技术,也在居延等边地推广。然而到十六国北朝以后,由于各民族战争的干扰,河陇、河套一带的农田废为牧地,北魏太武帝始光六年(429年),魏军西至张掖,北度燕然山,沿途看见的情况是敌方(柔然)遗弃的马牛羊满山遍野。此次魏军带回的战利品中,仅马就有100余万匹,其余杂畜"弥漫山泽",不可数计。"自是魏之民间马牛及毡、皮为之价贱。"③十年以后,即太延五年(439年)五月,魏太武帝再次率师到河西,掠取北凉牧畜20余万头。并于平统万(今陕西靖边县)、定秦陇后,"以河西水草善,乃以为牧地,畜产滋息,马至二百余万匹,橐驼将半之,牛羊则无数。"④我们从这个数字,也可以看到当时河西(此河西包括今甘肃大部、陕西、内蒙等地一部分地区)退农还牧的情况。直到孝文帝时,每年将河西牧畜经并州(今山西太原市西南)以向南移,送到洛阳一带。"而河西之牧弥盛矣"⑤,这是封建国家军事行动停止后,农田废为牧地,农业经济形式并不稳定的明显历史事实。

唐朝诸军州管屯总992处,其中关内、陇右、河西三道共有584屯,超过全国屯田的半数,有效地解决了边界军粮问题。⑥西北私营农业的面积也很大,政府从屯田民那里收来的正仓粮、义仓粮、常平仓

①《史记》卷110《匈奴列传》。
②《史记》卷29《河渠书》。
③(宋)司马光:《资治通鉴》卷121。
④《魏书》卷110《食货志》。
⑤《魏书》卷110《食货志》。
⑥详见李清凌:《西北经济史》第四章第二节,人民出版社1997年版。

粮及和籴粮在全国同类粮总数中,都相当或超过了人口比例。记载中关内、河西、陇右三道上交的和籴粮,竟占全国总数的 90% 以上,①史称天宝时期(742—756 年),"自定远门(长安城西门——引者)西尽唐境万二千里,闾阎相望,桑麻翳野,天下称富庶者无如陇右"。②然而这一繁荣景象,到天宝十四载(755 年)安史之乱后就被族冲突的阴霾掩盖了,正如马端临所说:"河西之地,自唐中叶以后,一沦为异域,顿化为龙荒沙漠之区,无复昔日之殷富繁华矣。"③排除作者的民族偏见和夸大之词, 河陇地区在唐末五代民族纷争中社会经济尤其是农业生产又一次遭到极其严重的破坏当是确信无疑的事实。

西夏建立后,赶走了盘踞河西的凉州吐蕃和甘州回鹘统治者,又从宋朝夺得河套、陇右、陇东、陕北等广大地区,建立了包括今宁夏全部、甘肃大部和青海、陕西、内蒙一部分的区域性政权。它的北、南、西部都是高山大漠,交通极不方便,军事上也不会有大的威胁,东部与宋战争较多的地区,也只限于陕北、陇东、熙、秦一带。兴、灵、凉、甘等农业条件较好的地区,是它的战略后防,因而有条件发展稳固的农业生产。

西夏的农业区划分灌溉农业区和旱作农业区两部分。灌溉农业区的水利设施又以兴(今宁夏银川市)、灵(今宁夏灵武市)等州最为完备。这里有秦汉魏晋十六国隋唐修建的秦家、汉延、艾山、七级、特进等著名的灌溉渠系,其中汉延渠长 250 里,唐徕渠长 400 里,西夏建国后这些渠仍在发挥着灌溉作用。元昊时,又新开了昊王渠,"他州

---

① (元)马端临:《文献通考》卷 21。
② (宋)司马光:《资治通鉴》卷 216。
③ (元)马端临:《文献通考》卷 322。

正渠十,皆长二里,支渠大小六十",①"总灌溉面积九万余顷。"②河西的水利设施在唐末五代的民族冲突中遭到严重破坏,西夏建立后,又得到修复和发展。甘凉一带,恢复了昔日"以诸河为溉"的旧貌,故"岁无旱涝之虞"。③如兰州的康古(崆谷)、智固、胜如堡;古称榆中,其土地平沃,有泉水可以灌溉。定西以东,平原大川,皆膏腴上田,其收亩十余斛,④这样肥美的土地,非灌溉就得不到如此之高产。此外,青海东部的河湟地区,甘肃陇东地区都有小范围的引流灌溉工程,陕北的夏州(今陕西横山县西),早在西夏建国前,李继迁就令民众筑堤防,"引河水以灌田"。⑤水利建设是西夏强国之本,也是它对西北农业作出的历史性贡献之一,上述不少渠道,直到今天还作为基础设施,被群众改造或扩建后加以利用。

西夏的农田总面积没有确切的历史记载,但粗略统计,除上述兴灵平原有水田9万多顷外,陕北、陇东、陇右旱作农业区,见于记载者有"无定河东满堂铁箔",平地膏腴。⑥横山亘衰千里沃壤,仅位于横山脚下的金汤、白豹城,就"环以良田千顷……定边川移二处皆占横山美田万顷"⑦"葭芦、米脂二城,里外良田不下一二万顷,国人谓之竭头仓,又名真珠山、七宝山,言其多粟也"。⑧麟州西界屈野河外也有一片

---

① [乾隆]《钦定续通典》卷4《食货·水利田》。

② [乾隆]《钦定续通典》卷4《食货·水利田》。

③ 《宋史》卷486《夏国传下》。

④ 《长编》卷460,元祐六年六月。

⑤ 《长编》卷54,咸平五年七月。

⑥ (清)吴广成撰:《西夏书事》卷23。

⑦ 《长编》卷494,元符元年正月。

⑧ (清)吴广成撰:《西夏书事》卷26。

较大的农业开发区。夏州德靖镇七里平和桃堆平,元丰时仍有谷窖,①又李继迁时已在兰州开渠灌地。元丰四年(1081年),宋将李宪向朝廷的奏文中有"兰、会至灵州,川原宽广,土脉膏腴"的话。元祐二年(1087年)二月,宋臣吕大防奏言中也有"绥、兰之地,皆关塞美田"②。定西一带,夏人曾于四平置仓积谷,"智固、胜如川、伪号'御庄'"③,聚卜、结隆川等处良田六千余顷,从来蕃界呼为"御庄"④。可知那里也有较早开发的农业区。

河西、河湟地区的耕地面积虽无记载,但其数不会少于河套地区。

西夏统治时期,曾千方百计地吸收汉族劳动者,仿效生产工具和技术,⑤兴修水利,大面积开垦荒地,使膏腴上田亩产量达到十余斛。⑥在经营方式上,以私有制农业为主,改变了前代在这里长期采取屯田方式经营农业生产的做法。经过西夏近二百年有效的开发经营,巩固了河套、河陇地区农业生产的物质基础和人们的生产生活习惯。从此以后,历元明清直到近现代,不论封建王朝、社会制度如何改变,河套、河陇的农业基础地位巩固下来了,再没有退到纯畜牧的状态。

---

①《长编》卷318,元丰四年十月;卷319,元丰四年十一月。

②《长编》卷460,元祐六年六月。

③《长编》卷460,元祐六年六月。

④《长编》卷479,吴天墀《西夏史稿》第119页注⑦:认为聚卜、结隆即智固、胜如之别名或异域。

⑤安西榆林窟西夏壁画《春耕图》,反映夏国牛犁的情况。西夏字书《文海》中记有"耧车",《番汉合时掌中珠》记载农具有犁、铧、耙、镰、锹、镬、楸、子耧等,与宋朝统治区的农具名几乎完全相同。同书还明确记载了牛耕等生产技术知识。

⑥《长编》卷460,元祐六年六月。此条所记时间虽在宋取熙河路以后,但上距西夏占领时不远,当可反映西夏产量情况。

（二）在管理制度上开创了畜牧业发展的广阔前景。西夏国营牧业的管理制度相当严密和进步。这是它国营畜牧业兴旺发达的原因之一，这些制度包括牧养制度，监管、大校制度，税收制度等。

一是牧养制度。这里着重谈官畜牧养。秦汉以后，中原王朝在西北经营的国营马牧业都采取官苑牧即国营牧场的形式，由中央政府设官定制统一经营。宋朝的官牧业也基本沿袭了这套做法。如宋仁宗时曾在西北沿边弓箭手中成立"马社"，由社户集资买马牧养，补充民兵所需战马。熙宁（1068—1077 年）以后，宋朝又有保甲养马、国家资助个体农户养马等政策，以扩大官马征收的来源，但那都是小范围、临时性、试验性的做法。西夏在我国历史上首创了国营畜牧业验资承赁、国有私营的经营管理形式。它的各类官畜都在国有牧场上放牧，放牧人员和管理方法不尽相伺，其中最有特色的是租赁制经营。在这一牧养制度下，承赁者以一定私有财产作担保向主管部门提出承赁，经过牧监，首领考察认为有赔偿能力，方允许每人向牧监等主管官员承租 15—20 匹马、驼、牛，或 70 只以上羊，在国营牧场上放牧。无私人财产即不能承担畜牧风险的"无主贫儿"，可给牧人充当"牧助"，即放牧助手，而不能独立承赁国有牲畜。除牧人、牧助外，官牧中的劳动者，还有罪犯及其家属。《贞观玉镜将研究》中所说的正副将军、行将军、正副佐将等阵亡，其护卫、首领、押队、亲随四人等都要被处死，满门收取为"官牧"或"牧人"，①就是存在这类劳动者的例证。当然并不是所有的国有制牲畜都采取租赁制放牧，尤其是供皇室食用的官畜，主要是由军卒或牧人在指定官牧场放牧的。

二是监管、大校制度。西夏有一个严密的官牧业监管系统。中央

---

① 见陈炳应：《贞观玉镜将研究》，宁夏人民出版社 1995 年版，第 89、90 页。

十六司中有群牧司，为最高专门畜牧业行政机构。其下有马院，专养供应进贡和榷卖、互市的马驼。各国有牧场设有牧监、牧首领、末驱等官吏，相临 200 户至 250 户牧首领以上设有"盈能"一名，负责协调各牧首领及"检校官畜"。每年四月一日至十月一日，各官牧场要将生产的马牛驼羊四种幼畜带到盈能处，由盈能当面在仔畜耳上（羔羊在面颊上）打上号印，表示验收。同时，群牧司每年还要组织官员，携带有关律令、纸笔等到各牧场去，从所属盈能处取来枷索、大杖等，检查、验收畜牧业发展情况，叫"大校"。大校时各牧场要将所有牲畜集中到一起，由大校官员对照清册逐一清点核验牲畜的齿色、公母、肥瘠等，作出记录，确定奖罚。严禁各牧场在大校中互相借畜充数，顶验过关；一旦发现这类情况，借畜者、索借者、管理者即大小牧监等都要依法判罪，直到处以"绞杀"。

各牧场官畜允许每年有十分之一的死亡率，高于此数者经验实，皮肉计价入库，然后也给予注销；弄虚作假者，要以偷盗法判罪。而对于正常减耗以外损失的官畜，要由牧人赔偿；牧人无力赔偿的，由小牧监或牧首领、末驱等赔偿。直到以次处以杖、徒刑和"绞杀"。

对国营牧场的官吏，还有一套细致的奖励办法，即各牧场官员胜任一年者赏钱绢二匹，赏茶三坨，绫一匹。连续三年胜任者除上述钱绢绫茶外，再加一官；此后又胜任，除上述赏赐外每年再加一官。牧首领、末驱胜任一年，"当予赏赐三两银，杂锦一匹，钱绢五、茶五坨等"，二年连续胜任者除以上赏赐外，再给一官。此后继续胜任，则每年加一官，赏赐依前例给之。①这有益于从管理制度上激发官员和牧人的生产、管理积极性。

---

①《天盛律令》卷 19《校畜门》。

三是税收和分配制度。西夏政府规定了各类国有牲畜向政府应交的仔畜及毛、绒、乳酥等税额。具体数额为每年每百只母驼上交 30 头仔，每百匹母马上交 50 匹驹，每百头母牛上交 60 头犊，每百头母牦牛上交 50 头犊，每百只母羊上交 60 只羔，实产幼畜不足这个比例的要牧人赔偿足数，超过部分归牧人所有。牧人每年向政府上交的毛、绒、乳、酥等产品，由群牧司算出具体征收量，总为一册，送皇城司、三司、行宫司等主要部门，按册征收，各牧监也要到盈能处据册核明各自的税额，然后按规定交足，不许有一斤一两的拖欠。御用乳畜，也由群牧司算出用度，由专门的牧场直接供应酪脂乳酥等。

私营牧畜的税额未见史载，其比例当低于国营牧畜。

西夏国营和私人畜牧业的税收物，主要有三大用途：一是供应皇室的酪、脂、乳、酥、肉食等；二是向辽、宋等国进贡和互市；三是供应军需。税后剩余部分归牧人所有。

除上述制度外，西夏政府对于保护牲畜、保护牧人等劳动者，也都有具体严格的法律规定。这一切，从不同侧面促进了牧业经济的发展。据载西夏动辄以数千上万的牛羊马驼与宋朝和市，一场大战，所损牛羊驼畜也以数十万上百万计。[1]西夏的牲畜之所以比较多，其畜牧业之所以在相邻各国中比较发达，除了有良好的自然条件和畜牧环境外，西夏政府严密和严格的组织管理也起了重要的作用。

还应指出，西夏政府不仅在畜牧业的生产、税收上有一套严密的措施，还在对外销售上也很重视多方联系，广开渠道，从政府管理体制上将产、征、销三个环节密切地联系起来，客观上起了以销促产的作用，这我们后面还要谈到。

①如宋皇祐元年（1049 年）十月，契丹伐夏，北路兵至西凉府，获羊百万、驼二十万、牛五百只（《西夏纪》卷 12），即其一例。

（三）重视特色产品的开发和外贸。西夏除银川平原、河西的凉、甘二州和陕北到兰州一带的农牧业基础条件较好外，其余地区大都是大漠戈壁、崇山峻岭，气候干旱，自然生态环境差。在可供开发的自然资源和开发能力都很有限的情况下，西夏突出特色产品的开发和外销，以换取本国经济军事和社会生活必须的物品，这一思路充满智慧，颇具有启发性。

西夏官、民十分重视、开发量最大的特色产品，除上述马牛羊驼外，还有盐、硇砂、玉石等矿产品；毡、毯、兵器之类的手工业产品以及大黄、红花、枸杞、甘草等药材。这些产品除手工业品，大都有技术含量不高，自然生长或生成，社会需求量大等特点。在民族政权对立的形势下，宋辽金等国的统治者往往对其采取闭市拒纳，以困夏国的政策。西夏则自继迁以来，千方百计地向邻近国家开通商路，推动土特产品的销售。宋太宗淳化元年（990年）以来，夏政权向契丹进贡，每次献良马20匹，粗马200匹，骆驼100头，锦绮300匹，织成锦被褥5合，苁蓉、硝石、井盐1000斤，沙狐皮1000张，兔鹘5只，犬子10只，"每岁八节贡献"，[①]这是一个不小的出口量。西夏对宋的进贡也是年年不断。此外还有互市。西夏决无抑商政策，倒是鼓励通商热到了使用强暴手段的地步。德明时期，"岁使人以羊马货易于边，课所获多少为赏罚，时时以此杀人"[②]，这是用刑杀威逼的手段，强令下属扩大对外贸易。元昊称帝后，提出每年向宋卖青盐10万石。夏政权还经常用武力进攻的办法，逼迫宋朝与其互市。如宋哲宗元祐元年（1086年）二月，夏兵攻入环庆一带，当宋人提出质问时，夏人"言无他事，只为

①（清）戴锡章编撰，罗矛昆校点：《西夏纪》卷1，宁夏人民出版社1988年出版。

②（宋）沈括：《梦溪笔谈》卷9。

交易不通"①,即一例。

西夏政权把商业贸易放在对外关系的重要地位,因而在国内经济政策上也尽量向特色产品和外贸倾斜,给以相当的关注。例如,在畜牧业上,除加强国有牧畜及牧场的使用、监督和征收制度外,还从法律上禁绝民间屠宰任何官私大牲畜。《西夏法典》第六章第 346 条有禁止宰杀派分给任何人的官马的条文。同书第二章第 71 条规定宰杀私有牛马驼者,同样要判处苦役。对于盗用、盗杀官私大牲畜者,处罚更加严厉。这是从消极的方面保护特色产品的生产、征收和销售系统。从积极的方面来看,西夏鼓励发展官私农牧业,将国有牲畜租赁给私人,又准其在国有牧地上放牧,为那些无畜种、牧地等生产资料的人提供了机会。牧人通过承租或"助牧",只要精心照料牧放,就有可能在完成国税后为自己留下较多的母畜和酪酥皮毛等产品,以进行扩大再生产。

西夏境内的牧民,无论党项族还是吐蕃、回鹘、契丹、汉族人,也无论是历世土著者还是犯罪服苦役后在服役地落户者,通常被服定于一定的牧区,在领牧等官员的管辖下从事牧业生产,他们遍布于各州郡,但其活动的空间是相对固定和封闭的,牧民除服役打仗外,一般不得随意离开主管部门为其划定的牧区。个别人越过指定的放牧范围,军首、巡边使、哨长等军职人员就要将他们及时追回;否则监管者及有关人员便要获罪。②这些法律规定的精神实质,也是要扩大国家的兵源、税源和特色产品的征收、外销量。

西夏政权重视特色产品生产和外贸的另一做法,就是在国家政权中设置了专门的管理机构。如在中央机构中,有群牧司专管畜牧业

①《长编》卷 365,元祐元年二月。
②《西夏法典》第四章第 234 条,宁夏人民出版社 1988 年版。

生产和税收,有文思院专管最高统治者需要的各种工艺品(其中一部分产品也用于贡赐贸易)。其它手工业管理机构,还有刻字司、造案司、金工司、绢织院、铁工院、木工院、造纸院、出车院等。每院下面,都有很多分工精细的工匠。他们有的从西夏统治区内征来,有的从宋朝边界招诱、掳掠而来,分到各生产部门,分工生产各类产品。这些机构不必专为外贸而设,它们的产品首先要满足西夏统治者的奢侈消费,但毋庸置疑,由这些机构管理生产的代表西夏手工业最高生产水平的许多特色产品,被用于向周边国家的进贡和互市。西夏统治者重视特色产品开发和外贸的思路及各族劳动者所创造的各类农牧手工业生产项目,直到今天,不还有着鲜活的借鉴意义吗?

至于西夏在中华民族统一过程中发挥的阶段性作用,如在局部地区现了民族政权的统一以及在行政管理、文化建树上作出的多方面积极贡献,也是显而易见和应当充分肯定的。本文限于篇幅,对此不拟细述。西夏对祖国历史作出的这些突出贡献,主要是西夏各族人民长期艰苦努力的结果,西夏统治阶级在组织管理等方面也发挥了积极作用。

三、西夏立国的负面作用和影响

在积极评价西夏在祖国历史上作用的同时,我们决不可忽视问题的一个侧面——西夏在我国整体民族发展史上的负面作用和影响。

第一,它给宋朝社会经济的发展造成极大的威胁和破坏。在西夏相邻各政权中,辽、金、西域和它一样都以畜牧经济为主,只有宋朝的农业经济才与它有更强的互补性。在政权统一的历史条件下,这种地域经济的互补性较容易实现,如汉唐需要军马,就直接于河陇一带设置国营牧马场,在中央政府的统一管理下来繁殖。宋朝则不然,它只有通过贸易渠道，才能获致西夏所产的马匹。夏人所需宋朝统治区的农业、手工业产品，也只有用互市来取得。在政权对立的形势下，宋朝政府为了钳制西夏，往往用停止互市相威胁，而西夏统治者为了获得更多的财富，也往往用武装掠夺的手段来满足他们的奢望。终宋一代，西北边界战争不断，宋朝有时要用数十万军队乃至财政收入的六分之五来防御西夏的掠夺。所用财力、物力、人力，远大于北防辽国。这一巨大的军事经济负担，落在宋朝统治区人民的头上，势必影响宋统区社会、政治稳定和经济发展。同时，宋朝政府为了节省财政开支和馈运方便，在西北边境大量设置屯田、营田、弓箭手田，使这一带农业生产高度军事化，别说人民死丧流亡对生产力造成的损失，即屯、营田生产形式本身也远远落后于当时内地已普遍实行的文书契约租佃制。西北长期屯田生产形式的存在，是历史上形成它与内地经济发展差距的重要原因之一，而西夏割据政权的出现，又是陕北、陇东、陇右广大农业区落后生产形式长期存在的一个原因。至于内地人民被征而来，长年戍守造成的经济负担和干扰就不用说了。

第二，阻塞了丝绸之路，妨碍了中西经济文化的交流。德明、元昊父子攻灭凉州吐蕃、甘州回鹘政权后，占据了河西走廊。他们像李继迁一样，经常向西域经其国到中原贸易的商旅征收重税，甚至拦路抢劫，使中西方使臣、商人不敢再走丝绸之路的河西道，而取道河湟更为艰苦的地方。我国自宋代以后，中西交通陆上丝路的主要地位逐渐被海上丝路所取代，陆上丝路由中西经济文化交流的主干道变成了军事和国内区域性商业贸易的通道。这一变化的前提条件是宋朝和东南亚、西方国家航海技术的提高，而西夏对陆上丝路之梗阻也是原因之一。中西经济文化交流主要取道海上丝绸之路对西夏造成的严重后果是使河陇——汉唐以来我国对外开放的咽喉之地一度封闭起来，以致夏国的畜牧、手工业产品及所需的物资，除了用武装掠夺和互市的方式向宋朝获取外,其余出路和来源就很少。这也在一定程度上影响到西夏社会经济的进步。

第三,割据政权的建立,使西夏各民族付出了沉重的代价。西夏统治区穷沙环绕,生态环境恶劣,劳动力缺乏,技术条件很落后。元昊时有军队50多万人,长期保持这样一支庞大的武装力量,仅"长生马、驼"配备就需要100多万匹,其他服役人员、武装配备也为数巨大。西夏统治者将国内主要劳动力编为军队,长年从事掠夺战争,为其火中取栗,不仅威胁了周边地区的人民,也使本国民众负担沉重,苦不堪言。庆历时期,当元昊起劲发动对宋掠夺战争的时候,人民唱"十不如"歌以表示反对。元昊称帝后建立了庞大的政权机构和官僚队伍,支撑这一国家统治机构的人力、物力,压得各族人民喘不过气来。史载西夏境内尽管羊马产量不少,但法律规定任何百姓都不许宰杀牲畜,他们最好的衣着是皮毛,而所食无非是豉子蔓、碱蓬子、苁蓉苗、小芜荑、席鸡子、地黄叶、登厢草、沙葱、野韭、拒霜、灰条子、白蒿等杂草野菜。[1]党项统治者称帝建国的初衷或许是要扩大其在中华各族中的统治地位,但其最后的结局,恰恰是拓跋氏和党项整个民族的衰亡。党项人变为统治民族的过程及其被汉文化融合的过程是比肩同行的。

最后,从我国整体民族进步的角度来看,西夏的建立与辽、金、西域各政权一样,有其历史的必然性和合理性,但在各族统治者无限权力欲的支配下,必然引起各政权内外一系列矛盾、冲突和战争,给当时各族人民造成巨大的生命财产损失。夏宋永乐城一战,仅宋朝死伤就达数十万人;蒙古灭夏战争中,伤亡民众其数更多,分裂割据政权

---

①(宋)曾巩:《隆平集》卷20。

与中原王朝及各割据政权之间无休止的掠夺反掠夺、灭国反灭国的战争,不仅给各族人民带来了灾难,也使中华民族的阶段性发展受到极大的影响。认识这一历史事实,总结和借鉴历史上民族关系正反两方面的经验教训,将有益于提高我国各族人民维护民族团结、反对民族分裂、促进民族发展的自觉性。

(原载漆侠、王天顺主编:《宋史研究论文集》,宁夏人民出版社,1999年)

元明清管理甘青民族地区的政治思想

元明清三朝对甘青地区的行政管理,既有历史阶段的、与中原的共同性特点,又有区域的、不同朝代之间的政策思路的差别,然而它们都在一定程度上获得了成功。元明清三朝在甘青地区的民族管理中都是按"因俗而治"的思想施治的。本文拟从三朝不同的治理过程中论证"因俗而治"思想理论的正确性、普适性和精确性。

一、元朝政府对甘青民族地区的行政管理

元朝政府对甘青地区的统治,主要有三种形式:一是建立土官制与州县制相结合的管理制度,以实现对当地少数民族的管理。蒙古国蒙哥汗三年(南宋理宗宝祐元年,1253年),蒙哥派其弟忽必烈征大理。忽必烈路经甘青地区时,在河州(治今甘肃临夏市)初次设立了"吐蕃宣慰使司",管辖安多藏族地区。元朝建立后,其在甘青地区的行政区划采取了许多有利于对当地各族管理的措施。如在湟水流域设置西宁州,归属于甘肃行中书省;大柴旦和茫崖地区由甘肃行省的沙州路统属;今甘肃的临夏州、甘南州等地和青海的海北、黄南、海南、果洛等藏族自治州,属于吐蕃等处宣慰司都元帅府管辖,下设脱思麻路军民万户府和河州等处军民总管府。今青海玉树藏族自治州和海西蒙古族藏族自治州,归吐蕃等路宣慰司都元帅府管辖。宣慰司上隶宣政院,下设元帅府、宣抚司、安抚司、招讨司、万户府、千户所等,是元朝创立的特殊管理形式。这一行省制与宣慰司制并设的政区

划分和管理形式,体现了"因俗而治"的传统政治思想。

从宣抚司、安抚司、招讨司、万户府、千户所到土百户等各级机构中,都有安置少数民族头人的土官职位。土官制渊源于前代的羁縻制。但元代的土官制与此前的羁縻制相比较,最大的不同在于羁縻制对边疆民族的控制还是松散的,只要边疆民族的上层出面,名义上承认中原皇朝的统治地位,愿意属附,并不再骚扰中原皇朝的边境及按时朝贡就行了,被羁縻的边疆民族对中原皇朝并不承担更多的赋税或徭役。然而在土官制下,封建中央政府对土官以及通过土官对少数民族地区的控制严密多了。元朝中央政府在甘青地区设置的统治机构中,任命少数民族头人为土官,世袭其职,世有其地,世领其民,同时要为中央政府承担维护地方安定,奉调出征,提供战马赋徭等义务,其领地仍是元朝政府管辖下的行政区,其属民仍是元朝政府管辖下的臣民,其佐官仍是元朝基层统治机构的成员。这一制度不仅加强了元朝政府对少数民族地区的管理,而且下开了明清甘青地区土司制度的先河,在包括甘青地区的西北民族史、社会政治史上承前启后,作用明显,意义重大,值得进一步研究。

二是在地方行政管理机构中沿袭原有的政教合一制度。早在元朝建立以前,以西藏为中心的吐蕃藏族社会上层就于 1224 年归顺了蒙古帝国,吐蕃四大族姓之一的冬氏西纳家族,[①]当时就有人在蒙古国担任重要官职。西纳贝本还被封为宗喀万户,统治西宁一带。与萨迦家族一样,西纳家族也是每一代都有出家为僧的人,并在西纳川建立了西纳寺。这个政治上是万户,宗教上是喇嘛的家族,就是一个声

---

①吐蕃四大族姓之一的冬氏,其下又分为白色的南木冬即萨迦氏,黄色的尼冬即西纳氏,杂色的萨冬即灌郎氏(芈一之:《青海民族史入门》,青海人民出版社1987年版,第 154 页)。

势显赫、政教合一的地方性统治集团。直到元初,湟水流域还由西纳寺为中心的政教合一组织所统治。萨迦派宗教领袖八思巴作帝师后,帝师在吐蕃藏族社会中又有了特殊的统治地位,其法旨"与诏敕并行于西土"①。藏区从宣慰使到万户的高级官员都由帝师或宣政院推荐、皇帝正式任命。所任官员有的从京官中选派,有的从藏区僧俗上层中提拔。至于万户以下的官员,则按当地原有习惯,由地方僧俗首领自行任命。藏区政教合一的管理体制从元朝形成以后,政治特色明显,影响相当久远,明清时代相沿不改,一直流传到近代晚期。

三是分封和派遣蒙古宗王镇守甘青地区。据《元史》卷108《诸王表》记载,元代在甘青地区所封诸王有:

西平王:至元六年(1269年),忽必烈封第七子奥鲁赤为西平王,镇守吐蕃等地。其后裔分为西平王和镇西武靖王两个支系。

镇西武靖王:大德元年(1297年)铁木儿不花封为镇西武靖王。搠思班亦封镇西武靖王。

宁濮郡王:至元二十四年(1287年),封驸马章吉(昌吉)为宁濮郡王,镇守西宁。

威武西宁王:元成宗大德八年(1304年)封忽必烈六弟旭烈兀之后出伯为威武西宁王。大德十一年(1307年)进封豳王。延祐七年(1320年)喃忽里袭封豳王。

濮阳王:元成宗大德十年(1306年),封驸马、章吉弟脱脱木儿为濮阳王。元仁宗延祐四年(1317年)进封为岐王。镇守湟水下游和庄浪河一带。泰定四年(1327年)琐南管卜封岐王。后袭岐王者还有阿剌乞巴,朵儿只班。

---

① 《元史》卷202《释老传》。

西宁王：元文宗天历二年(1329年)，封成吉思汗三弟的后裔忽答里迷失为西宁王。次年又封成吉思汗四弟的后裔速来蛮也为西宁王。

宁王：元成宗大德十一年(1307年)，阔阔出由宁远王进封为宁王。元仁宗皇庆二年(1313年)，薛彻秃由宁远王进封为宁王。封宁王者还有阿都赤(时间不详)。元顺帝时(1333—1368年)，卜烟帖木儿受封为宁王，镇守柴达木地方。①

这些王的始封地或封后的驻地或有变动，但他们都置有部属，代表元朝最高统治者以加强对甘青地区的统治则是确定不移的。

二、明朝管理甘青民族地区的行政制度和措施

明朝建立以后，进一步强化了对西番各族的控制和管理，其主要措施有以下四个方面：

调整地方行政管理机构。明朝基本沿袭了元朝的管理模式，而对原有和新设的一些行政建制则作了必要的调整和延伸。例如，明朝在全国范围内将元朝地方一级政区行中书省改为布政司，并设按察司、都指挥使司以分其权。又在承继和实行元朝"土流参治"的民族管理措施时，多数情况下只允许少数民族头人承担地方行政机构的副职，而不许像元朝那样担任正职。明太祖洪武三年(1370年)，明军攻克河州，元朝的吐蕃宣慰使何锁南普、镇西武靖王卜纳剌等来降。次年明朝任命何锁南普为河州卫世袭指挥同知，知院朵儿只、汪家奴并为指挥佥事，卜纳剌则被调任为靖南卫指挥同知，就是将宣慰使、藩王降格录用的例子。

---

①参见芈一之：《青海民族史入门》第一编，青海人民出版社1987年版，第21—22页。

机构职能的延伸以卫所等最为明显。卫所本是明朝的地方军事机构和单位，但在甘青等民族地区，除了单纯管理军政的卫所外，还有兼管民政的卫所及卫所的上一级军政组织都指挥使司，甚至在西宁以西原撒里畏兀儿地区，也建立起少数民族羁縻卫，以加强对那里少数民族的管理。甘青有些地区既有汉族居民，也有少数民族，明朝政府在这里建立的卫所、都指挥使司就采取军民兼摄制，不再另设府县。还有一些地区，是一地实行两种管理制度。如西宁卫是一个番汉杂居区，在这里，既有"里"这一内地通行的基层组织形式和单位，①又在"西宁十三族"中设有指挥、千户、百户等土官组织。洪武六年（1373年），明朝改西宁州为西宁卫，统管汉番各族军民事务。宣德五年（1430年），升西宁卫为西宁军民指挥使司，仍为军政合一的机构。明政府在这些机构中既设流官，又设土官，土流参治，各效其长，是明朝承继和改进了元朝旧制的结果。洪武七年（1374年），明朝在河州建立军民兼摄的西安行都指挥使司，任命一批指挥使、宣慰使、招讨使、万户、千户等官员，管理西宁、河州、洮州、岷州等"西番诸卫"的军民事务，也是将军事机构的职能扩大到军民兼管的结果。

与上述地区"土流参治"不同的是明朝政府在西宁以西撒里畏兀儿地区实行的"以土治番"制度。元朝镇守那里的宁王卜烟帖木儿于洪武七年投降后，明朝政府于其地设立了安定卫、阿端卫、罕东卫、曲先卫等"塞外四卫"，任命了一批指挥，千、百户等土官。此外，洪武四年（1371年）元必里万户府（治今青海贵德县）万户朵儿只星吉归降后，明朝政府于其地置千户所，隶河州卫，授朵儿只星吉为世袭千户。永乐元年（1403年），必里千户所升为卫。明政府还于永乐十一年

---

① 西宁卫下设有 4 里：即巴州里、红崖里、老雅里和三川里。

(1413年)在玉树设立了陇卜卫。宣德九年(1434年)在长江上游的通天河一带设立了毕力术江卫,任命番族头目管着儿监藏、阿黑巴为指挥佥事,另有20余人任千、百户,且允许他们世袭其职,世守其地。这些都是符合当地民族、社会和政治实际,灵活调整民族地区管理机构,在卫、所组织形式下"以土官治土民"的成功事例。

吸引番族酋长朝贡。明朝北方和西北的主要军事威胁是蒙古族各部。为了集中兵力应付来自"北虏"的外患,明朝政府对西北等地的番族采取了以安抚为主的策略,它多次遣使招谕吐蕃各部族酋长。洪武三年(1370年)四月,明军击败元朝残余势力扩廓帖木儿的反扑后,乘势占领了元吐蕃等处宣慰使司驻地河州,招谕吐蕃各部,各部首领乃多听命归降。次年正月,明朝建河州卫,任命元故官何锁南普为河州卫世袭指挥同知,朵儿只、汪家奴为指挥佥事。河州卫控扼包括今甘、青、川、西藏等地的番民,职责重大,管辖地盘辽阔:"所属千户所八:曰铁城,曰岷州,曰十八族,曰常阳,曰积石州,曰蒙古军,曰灭乞军,曰招藏军;军民千户所一:曰洮州;百户所七:曰上寨,曰李家五族,曰七族,曰番客,曰化州等处,曰常家族,曰爪黎族;汉番军民百户所二:曰阶文扶州,曰阳呱等处。"①洪武四年十一月,又置必里千户所(后升为卫)。洪武八年(1375年)正月,增置喃加巴千户所、失保赤千户所、归德千户所。永乐元年(1403年),又设川卜簇千户所。明朝在甘青地区还设有西宁、碾伯、岷州、洮州、庄浪等卫,管理这一包括藏、汉、蒙、土等族的少数民族地区。

这里信仰藏传佛教的番族人,如河州十八族、西宁十三族、岷州十八族、洮州十八族等,每族大者数千人,少者数百人,其头人每年都

---

① 《明太祖实录》卷60,洪武四年正月辛卯。

可以朝贡一次。到京师后，明政府"优以宴赉"，对其贡品赏以厚利。用这样政治上优待，经济上互通有无，解决番族困难的特殊民族政策，将甘青等地的大量番族吸引到明朝统一政权下，增加了他们对中央政权的向心力，减少了摩擦力；也有效地防止了藏族与蒙古等族上层结为同盟反明，于是"西陲之患亦益寡"。①

充分利用藏传佛教僧侣的作用。元代信仰藏传佛教的只限于蒙古皇室及社会上层人士，所联系的僧人也只是萨迦派大师。明朝统治者将元朝的独重藏传佛教萨迦派调整为"多封众建"的政策，广泛招徕和联系藏传佛教各宗派领袖人物，除了给乌斯藏（今西藏）僧人授予大宝法王、大乘法王、大慈法王、阐化王、赞善王、阐教王、护教王、辅教王、喇嘛、禅师、灌顶国师、大国师、西天佛子等崇高的称号和官职，让他们帮助明朝政府统治包括甘青地区的藏民外，还给甘青地区的喇嘛同样封给僧号、僧官，使其与西藏地区的僧官一样有领地印敕，在当地实行政教合一的统治。他们世袭其职，世领其地，还常被请到京师说法、做佛事，进行朝贡活动，只是互不统属，各自听命于朝廷。僧官们"转相化导，以共尊中国"②，管理信众如同土司管辖番民一样，在地区政治生活，经济生活和文化生活中具有特殊的地位，能起世俗人士起不到的作用。他们也往往因此为国立功，得到更高的宗教称号和地位。如洪武时期，西宁番僧三剌曾经写信招降了罕东诸部，又建佛寺于碾伯南川，在民族关系上帮了明朝很大忙，他在宗教事业上也很虔诚卖力。洪武二十六年（1393 年），他入朝贡马，并请敕护持及赐寺额，明太祖从其所请，赐寺额曰瞿昙寺，又建立西宁僧纲司，以三剌为都纲司；立河州番汉 2 僧纲司，并以番僧为主，给以符契。从

①《明史》卷 330《西域传》。
②《明史》卷 331《西域传》。

此,"其徒争建寺,帝辄锡以嘉名,且赐敕护持。番僧来者日众。"①他们在明朝政府和番族之间所起的作用也越来越大。明宣宗宣德元年(1426年)二月,明朝政府论征曲先、安定功,许多甘青僧人立功,得奖者甚众:"加国师宛卜格剌思巴监藏号为净慈普应大国师,仑奔宛卜查失儿监藏为弘慈广智大国师,吒思巴领占为普觉静修大国师,失迦思端宛卜为慧善真修大国师,达巴儿监参为妙慈通慧大国师。皆秩四品,给诰命、银印。剌麻着星为普善禅师,腐儿吉为普济禅师,江东巴为善悟禅师,楚儿加为玄悟禅师,锁南札为善智禅师,朵只里监藏为清净禅师。皆秩六品,给敕命、银印。"②

开通互市渠道,"固番人心"。明代甘青各少数民族仍以牧业为主,它与中原及陕甘农业区有着天然的相须相补的经济关系。放活中原与西北之间的经济流通渠道,是历代中原皇朝处理好与包括甘青在内的西北民族地区关系的成功经验。明朝政府对此承继和应用得很好。我们知道,中央政权防边需要大量的战马,甘青民族肉食需要和喜欢饮茶,而这两样东西又都是各自所缺的,这就为中央政府与甘青地区少数民族的经贸交流提供了商机。洪武八年(1375年),明廷在洮州、秦州、河州置茶马司(洪武三十年,秦州茶马司迁到西宁,称西宁茶马司),用中原内地所产的茶叶换取西番的马匹,同时还用粮食、布帛、铁锅等生活必需品与西番其他的畜牧产品相贸易。在交换贸易中,明朝以优厚的马价吸引西番诸部。如积石山后的必里(今青海贵德县)诸族就是通过纳马河州,而与河州卫建立隶属关系的。安定、曲先、阿端、罕东等"塞外四卫",也是通过当地民族通过到西宁纳

①《明史》卷330《西域传》。
②《明宣宗实录》卷14,宣德元年二月戊寅。

马互市等途径，与明朝有了相互了解而建立起来的，后来，"塞外四卫"在行政关系上就隶属于西宁卫。茶马互市在建立和巩固西番诸卫的过程中起到了"固番人心，且以强中国"的积极作用。

《明史》卷331《西域传》说：明"太祖以西番地广，人犷悍，欲分其势而杀其力，使不为边患，故来者辄授官。又以其地皆食肉，倚中国茶为命，故设茶课司于天全六番，令以马市，而入贡者又优以茶布。诸番恋贡市之利，且欲保世官，不敢为变。迨成祖，益封法王及大国师、西天佛子等，俾转相化导，以共尊中国，以故西陲宴然，终明世无番寇之患"。看来，明朝政府封授土官、僧官，招徕番族酋长、疏通经贸渠道等策略措施确实收到了团结番族，稳定边疆民族地区的社会效果。

三、清朝管理甘青民族地区的政治思想和制度

满洲贵族征服中原内地及甘青等西北地区后，受制于落后民族征服先进民族后必将被先进民族的文化所征服的历史规律，在管理思想和制度上不得不来一个大的调整。事实上，清朝在制定包括甘青地区在内的西北民族地区政治管理措施的时候，既有满族统治的一套，又接受了汉地"因俗而治"的传统思想，还吸收了其他少数民族的经验。对于不同地区的民族，清政府根据其生产和社会进步状况，分别采取了不同的管理形式，从而形成了一套特色鲜明的新的区域性政治管理方法。如对靠近内地的番族，包括兰州府河州西境的土番、老鸦、端言、红岩、牙党、川撒等族，巩昌府岷州的沙庄族，西宁府西宁县的上郭密族、松巴族、巴哇族，碾伯县"分居显境"的十余种番族，大通县的诸番族，贵德厅的熟番54族，循化厅的上隆布西番16寨、南番21寨、阿巴那西番8寨、多奈错勿日番族2寨、素呼思记番族2寨、边都沟西番10寨、东乡西番5寨、撒拉族上八工、下八工，丹噶尔厅的沙喇库图尔番族等，都与汉地一样实行府厅州县管理，并让这些

部族对国家承担纳粮贡马的义务,即所谓"耕赋视齐民"。①这些府州县内的土司,对清政府也要承担随征和卫疆守土的义务。

清朝政府对于蒙古族各旗和靠"畜牧滋生"的生番及野番等族,采取了不同的统治形式和措施。这主要是在传统"因俗而治"的思路下,对该族实行分而治之。比如在青海,清朝平定罗卜藏丹津叛乱分裂势力后,就对蒙、藏民族实行了分而治之的政策。它仿效内蒙地区实行的盟旗制,将管内蒙古各部编为 29 个扎萨克旗②,另有一个喇嘛旗(察汗诺门汉特别旗),每旗设一旗长,称扎萨克。下属有正副协领,参领各 1 员,实行军政合一的世袭制统治。旗以下分佐领(领 100 户),设正副佐领官、骁骑校各 1 员,催领(小博硕库)4 员。一旗有 10 佐领以上者,添设副协领 1 员、佐领 2 员,酌添参领 1 员。各旗总合成盟,平时不设盟长,按规定,各旗每年(乾隆十六年后改为二年)农历七月十五日在察罕托洛亥(在今青海共和县境内)会盟一次,到时选一"老成恭顺"者为盟长,在西宁办事大臣监督主持下会盟,会盟内容包括举行祭祀青海湖神的仪式,处理一年来旗内的重大事务等。29 个盟旗大多数被划定在环青海湖地区驻牧。如海南有和硕特 4 旗,土尔扈特 3 旗,绰罗斯(土尔伯特)、辉特、喀尔喀各 1 旗;海西有和硕特 8 旗;海北有和硕特 6 旗,绰罗斯 1 旗;黄河以南有和硕特 2 旗,土尔扈特 1 旗。(察汗诺门汗特别旗也被划在海南驻牧);果洛有和硕特 1 旗。其中除黄南、果洛的 4 旗外,其余都在环海地区。

藏族各部自明正德东蒙古占据西海地区以来,有的远离,有的数十年被蒙古贵族所役属,为其缴纳租税。清朝平定罗卜藏丹津以后,

①《清史稿》卷 64《地理志》。

②其中和硕特部 21 旗,杜尔伯特部 2 旗,土尔扈特部 4 旗,辉特部 1 旗,喀尔喀部 1 旗。

解除了蒙古贵族对番人的控制,将其直接置于清朝政府的管辖下。雍正三年(1725年),清政府设立"钦差办理青海蒙古番子事务大臣"(又叫青海办事大臣或西宁办事大臣),经管青海蒙、藏各族政教事务,包括蒙古王公、扎萨克爵位的封授、传袭及藏族土官任命、寺院活佛转世、检查旗务、主持会盟、农牧商贸事务等。清朝按千、百户的组织形式,将青海番族编制起来,其中与内地交往较多,主要从事农业生产的叫"熟番",与内地联系较少,主要从事游牧业的叫"生番",游牧无定地,行政管理相对疏松的叫"野番"。从地域看,青海的贵德厅有熟番54族,生番19族,野番8族。循化厅有熟番18族,生番52族。果洛藏族3族归四川松潘镇官辖;玉树藏族79族,雍正十年(1732年)确定,其中靠近西藏的39族归西藏办事大臣管辖,其余40族归青海办事大臣管辖。这部分藏民由于迁徙较多,后合并为25族。青海各地番族,统由青海办事大臣衙门委派千户、百户等官员进行管理,并给政府输粮贡马。对于各寺院役属的番民,清朝政府曾于雍正五年试图将其从寺院管制下剥离出来,"归州县管理",[1]但由于寺院势力的顽固抵制,此议未行得通。寺院占有大量土地佃民的情况一直严重地存在,有些僧官还被政府任命为土司。如乾隆元年(1736年),清政府任命广惠寺大僧官曹通温布为西宁北川土千户,就是一个例子。雍正以后推行蒙、藏隔离,划地为牧,蒙族主要在环湖地区,藏族和一小部分蒙族被严定在黄南地区,各部插旗为界,不许相互侵越。当时由于环海地区蒙古族人口流动减少,因而常有黄河以南的藏族部落渡河来牧。清朝地方官害怕蒙番杂处,易生事端,乃至多次派兵武装"剿办"。可见清政府实行民族隔离统治的政策一直是很严厉的。

藏传佛教是甘青藏、蒙、土、裕固等民族全民信仰的宗教,如前所

---

① [乾隆]《西宁府新志》卷20《武备》。

述,元明以来,藏区有许多地方实行的是政教合一的管理形式。寺院
与僧人数量不断增加。罗卜藏丹津叛乱中,不少寺院的僧人都参加
了。平叛以后,按照年羹尧《青海善后十三条》中的建议,清政府对青
海藏传佛教寺院进行了较大力度的整顿。年羹尧建议中认为喇嘛庙
宇应"定例稽察"。西宁各庙喇嘛,多者二三千,少者五六百。番民纳喇
嘛租税,与纳贡无异,而喇嘛复私藏盔甲器械。前罗卜藏丹津侵犯时,
喇嘛等带领番民与大兵抗衡。"今臣于塔儿寺喇嘛内之老成者,拣选
三百名,给与大将军印信执照,谕令学习清规。请嗣后定例,寺庙之房
不得过二百间,喇嘛多者三百人,少者十数人。仍每年稽察二次,令首
领喇嘛,出具甘结存档。至番民之粮,应俱交地方官管理,每年量各庙
用度给发,再加给喇嘛衣服银两,庶可分别其贤否,地方官得以稽
察。"①据此,清政府作了三项规定:一是限制寺院规模和僧人数;二是
加强"稽查";三是将佃番从寺院中分离出来,改向地方官缴纳租赋,
僧人所需衣粮等由政府按年发给。据乾隆时人杨应琚所编《西宁府新
志》卷15《祠祀志·番寺》记载,当时还取消了明朝及清初所封的"国
师""禅师"等名号。各寺喇嘛也不准再世袭。尽管这些规定实行并不
彻底,寺院占有佃民,政教合一的统治形式此后继续存在,但那只是
是局部、少数情况;由中央政府直接任命番地官员,由朝廷任命的官
员管理番地民政的政治改革方向毕竟是不可逆转了。

从局部看,清朝对甘青及整个西北少数民族实行的是"分而治
之"或民族隔离的政策。但若从整体上作比较细致的分析,就会发现
分而治之只是其政治思想和治理谋略的一个侧面,尚不足以反映清
朝在甘青和整个西北地区的民族政策的全貌及其复杂内涵。其实,清
朝对甘青等西北民族地区的行政管理分中有统,隔而不离,内容层次

①《清世宗实录》卷20,雍正二年五月戊辰。

相当丰富，毋宁用"统一事权，分区域治理"来概括，更能反映其少数民族地区治理的思想创新性特点。

一是统一事权。与专制主义中央集权臻于极致一样，清朝在地方区域治理上坚持实行的也是大权独揽，小权分散的原则。分区域分层次的管理只反映了清朝治理甘青等西北民族地区思想策略的一个方面；而且这种分本身又是以统为前提的，当清政府授权于地方各族首领，实行分区域分层次治理的时候，他已经将边疆各族的统治权牢牢地掌握在了最高统治者的手中。正因为这样，所以清政府可以在甘青地区任命数以十计的札萨克、协领、参领、佐领，数以百计的千户、百户、百总、十总等头人土官，却决不会任命一位甘青土著人出来任西宁办事大臣一类的高级官员。清朝最高统治者正是通过委派他最亲信的京官，如理藩院大臣、八旗护军统领、各部院侍郎等，代表中央政府和最高统治者的意志，统摄地方政教一切事物，监督各级流管和土官，而实现了中央对地方，亦即清朝政府对甘青地区各民族的集权统治。军权是中央管理少数民族地区的主要权杖，这个权杖就始终牢牢地掌握在清廷委派的满族（个别情况下是蒙古族）高级将领手中，绝不分给当地其他民族的官员。从中央的理藩院、兵部到西宁办事大臣，各地领队大臣等，全都实行纵向统率，管辖分明，责不旁贷，且有越来越强化的趋势。以西宁办事大臣的权限为例，清初设职时，其统辖范围仅限于青海蒙古三十旗和玉树四十族。乾隆五十六年（1791年）后，管辖权限扩大到循化、贵德二厅"熟番"及"生番"区。到嘉庆十一年（1806年），又将西宁镇、道以下官员也归西宁办事大臣来节制。[1]这一权力归并的过程与清朝民族统治不断强化的整体趋向是完全一

①（清）文孚著，魏明章标注：《青海事宜节略》，青海人民出版社1993年版，第14、21页。

致的。可见，清朝管理甘青等西北民族地区的策略和做法是分中有统，以统为主的。

二是分区域治理。清朝治理甘青等西北民族地区，的确有分的一面，那是在民族地区的行政管理中，将地方大权交由满族大臣独揽，而将各族内部的一些民政小权留给土官承担的治理措施。乾隆帝平定准噶尔叛乱后，在西域政权建设上就提出了"众建以分其势"①的策略思想。从推行实践看，这种"众建"或"分"，包括权力的分级别、分族别授予和对各民族分区域管理两方面。如青海地区，最高地方权力由"钦差办理青海蒙古番子事务大臣"（简称青海办事大臣或西宁办事大臣）总揽，他在当地权力最大，举凡蒙古王公、札萨克爵位的继承，番族千百户的任免，各大寺院活佛转世事宜，各族户口田亩的查核、游牧界的划分，茶马贸易的提举，盟会仪式的主持、军事大权的统摄等等，一切地方最高权力都由他一人独揽，在此前提下，才任命各族头人分担族内各级民政职务。可见，分区域管理只是从地域上将蒙、藏等族分而治之，决不是权力的下放或自治，在清朝那样的历史时代和政治环境下，下放民族区域治理权是不能想象的。尽管如此，这些管理形式仍然是清朝政府加强对甘青民族地区行政管理的创新性尝试，是其政治管理活力的表现。

从社会实际效果看，清政府想通过分区域治理把蒙藏各族分隔开来是很难办到的，因为相邻民族的经济文化交流是各族生产生活和社会发展的需要，它是统治阶级的一纸诏令禁止或隔离不了的。所以正是在清朝实行民族隔离政策的时期，蒙古、藏、汉、回等各族的民间往来、物资文化交流仍然在无所顾忌地进行着。例如，按清政府规定，隔离区内的各族官民不能互相往来，不能离开政府为其划定的牧

---

① （清）傅恒等撰：《平定准噶尔方略》正编卷2。

区。然而被划隔到青海黄南地区的藏族需要黄河以北的牧场,他们开头只是私渡过河,偷偷放牧,后来逐渐公开搭帐,占据牧场,官方武装"剿办",仍然禁止不住,清道光十八年(1838年),清政府只好将察罕诺门汗旗从黄河南迁到河北,以分散河南藏民的势力。后来,河南八族藏民陆续过河驻牧者几近万人,到咸丰九年(1859年),清政府就只好承认事实,允准他们在环海地区合法驻牧了。这种情况在西北民族隔离区具有普遍性。至于各族上层的接触则在一定条件下是官方允许的。道光三年(1823年),清政府规定青海蒙古各旗扎萨克在察罕托洛亥(在今青海共和县境内)会盟时,环青海湖藏族首领也可以参加,这就突破了原先的禁令,为各族上层的交往和处理民间纠纷提供了一个机会。分区域治理不符合各民族联系交往和社会进步的要求,因此它是很难彻底长久地实行的。

总之,清朝政府"统一事权,分区域治理"甘青等西北民族地区的策略思想,是根据西北各民族实际情况提出来的,它有因族、因地制宜,灵活机动的特点。清朝政府在这一思想指导下取各族原有制度之所长,合璧而组成的治理西北民族地区的一套制度,既不照搬旧制,又不另起炉灶,而是按照各民族地区的社会实际和特点,有因有革,注重创新,重点是要强化中央政权对各少数民族地区的统治,是我国封建时代民族地区行政管理体制的积极创新和尝试。

综上所述,元明清三朝对甘青多民族地区的统治,尽管其具体做法因时、因地、因民族而有所变化,致使看上去形式各异,但实质上它们都是"因俗而治"的不同表现。三朝治理甘青民族地区的成功,对于巩固国家统一格局、凝聚各族人心、推动社会进步做出了历史性贡献。这再一次说明,"因俗而治"是民族区域治理中像自然科学那样精确的反映民族区域治理规律的思想理论。

(原载《史林》2006年第6期)

元明清治理甘青民族地区的
防灾减灾思想和实践

　　元明清时期甘青民族地区地瘠民贫,灾荒不断,严重地影响着民众生活和社会治安。统一国家的中央政府如何应对这一自然、社会问题,有效地帮助民众度过灾荒,维护社会的稳定和发展,这是摆在当时统治者面前的大课题, 也是今人研究元明清政府治理甘青民族地区的思想和实践的重要领域。然而对于这样一个重大的学术问题,学界至今研究不多。除了一些全国性或地方性灾荒史,如李向军《清代荒政研究》、袁林《西北灾荒史》等对其有所涉及外,能够检索到的相关论文有刘大有《清代甘肃大赈案》、聂红萍《清朝甘肃救灾措施》[①]等, 上述著作和论文谈到的多是元明清时代甘青地区的灾荒和一般的救济措施,而从思想策略的角度仍然谈得不多。本文在理清元明清时期甘青民族地区主要灾荒的基础上, 认为这三个朝代的中央政府在甘青民族地区治理中,逐渐形成的以贮粮防灾、立制抗灾、生产减灾为主要内容的荒政思想、策略和措施,是有进步意义和实践价值的。

一、甘青民族地区历史上的主要灾荒及其发生频率

　　灾荒是一种常见的社会历史现象, 甘青地区的气候和地形地质

---

①李向军:《清代荒政研究》, 中国农业出版社 1995 年版;袁林:《西北灾荒史》,甘肃人民出版社 1994 年版;刘大有:《清代甘肃大赈案》,《社会科学》(兰州)1983 年第 1 期;聂红萍:《清朝甘肃救灾措施》,《甘肃社会科学》1999 年第 1 期。

特点又使它成为中国历史上的多灾区。据史书和地方志统计,包括今甘肃兰州市、定西市、天水市、武都市、河西地区和青海全省在内的甘青民族地区,从元初到清末遭遇的主要自然灾害情况如下表①:

时间	灾害名	有灾年数	平均灾年间距(年)
至元二十五年(1288)—宣统二年(1910)	旱灾	252	2.47
至元二十七年(1290)—宣统二年(1910)	水涝	189	3.29
至元二十四年(1287)—宣统二年(1910)	雹灾	204	3.5
至元八年(1271)—宣统元年(1909)	霜雪冻灾	90	7
成化四年(1468)—宣统二年(1910)	风沙灾害	32	10.7
泰定四年(1327)—光绪十九年(1893)	地震	59	9.6
元至大四年(1311)—宣统元年(1909)	滑坡山崩	71	8.4
至元八年(1271)—光绪三十三年(1907)	虫灾	39	16
至元十六年(1679)—宣统元年(1909)	饥荒	236	2.7

上表说明,在元明清641年的历史时期,甘青民族地区见于统计的各种灾年多至1172年次,②平均每年受灾约1.83次。在各种自然

①本表参考了袁林《西北灾荒史》,甘肃人民出版社1994年版,并与相关史志核对补充,其他史志不另出注。

②据李向军统计,清代甘肃(含青海、宁夏)的受灾面积,遭遇水、旱、雹、虫、风、霜雪、地震、疾疫等自然灾害,见于记载者共2205州县次(见氏著《清代荒政研究》,中国农业出版社1995年版,第16页)。

灾害中,发生最为频繁的是旱灾,平均两年半就有一次。其次是饥荒,每不到 3 年就出现一次。雹灾、水涝降临的密度也很大。①由于甘青地区的生态环境恶劣,经济基础薄弱,民众防灾抗灾能力很差,加上统治者处理民族关系不当,因而民族矛盾冲突一直相当尖锐复杂,很难形成社会集体防灾减灾的机制。因此,每次灾荒,都会给各族大量民众造成巨大的威胁,小则流徙而社会不稳,大则死丧以至于民变,直接威胁到统治阶级的根本利益。元明清统治者领略到灾荒对国家政治的冲击力,其开国之君更是体验了灾荒、战乱的历练。有鉴于此,他们不得不把荒政作为国家和区域治理的基本政治任务,从中央到地方都将其放到事关社会和谐稳定,国家安危兴衰的重要地位来认识,并在防灾减灾施政上吸取前代经验,提出了许多适合甘青等西北地区特点的防灾、救灾思路和措施,如在平时重视调动民间集体力量,兴修水利,重农积谷;遇灾多方施救减灾,防止流民生变;灾后倡导生产和节俭,恢复经济元气等。前人研究古代包括元明清甘青地区灾荒史的论文中,对于灾荒本身的形成以及统治阶级的剥削压迫加重了灾荒的研究比较多,本文则从另一角度,较多地考察了元明清政府在灾荒问题上从本阶级根本利益出发,积极地想方设法,防灾救灾,维护社会稳定的思想、政策和措施,并认为这是一笔值得总结的政治思想财富。

二、防备灾荒的思想、政策和措施

元明清甘青民族地区是中国社会经济条件和生产力最落后的地

①据李向军从受灾州县的角度统计,清代甘肃旱灾共发生 984 州县次,是第一大灾。其次是水灾,共发生 588 州县次(见氏著《清代荒政研究》,中国农业出版社 1995 年版,第 16 页)。

区之一。这里政治地理位置重要,多民族聚居,社会矛盾复杂,文教落后,民风劲悍,很容易由灾荒导致社会动乱。正如清康熙八年(1669年)甘肃通渭知县在向皇帝的上书中所说的那样:"西秦半壁天下,为朝廷右臂。关陇以西……尤为重地。从来治则先治,乱则先乱。自非培植安全,宽恤爱养,恐慓悍乐斗之民,难免走险之思也。"①或许正由于此,当时统治者才将关系民生的农牧业及仓贮问题看作是灾荒预防的头等大事。

元明清三代共同的防灾战略措施是扩大官民屯田,扶助民间生产,实行贮粮备荒的政策。为此,三个朝代先后都在甘青民族地区建立过大规模的军民屯田——它主要是为了解决军粮问题,也有储粮防灾的用意,而民屯在这方面的考虑更多一些。元朝统一全国后,就内而各卫,外而行省,皆立屯田,以解决军粮问题,同时用以帮助民众储粮备荒。甘青地区早在至元十八年(1281年)正月,元政府即令肃、沙、瓜州置立屯田。又发军于甘州黑山子、满峪、泉水渠、鸭子翅等处立屯,几处共有屯户 2290 户,屯地 1166 顷 64 亩。②明朝在甘青等西北民族地区军屯和民屯的规模都很大。民屯人员有军人家属、移民、招募而来的闲散百姓,也有徙来屯种的罪犯等。明成祖永乐以后,随军家属即所谓"军余"下屯的越来越多。明英宗正统二年(1437年),明朝政府令各地军人家属,除应袭职为兵者外,其余"每五丁朋作一名(分),委官管领,拨与闲地四十二亩耕种,照屯田例办纳子粒。"③明世宗嘉靖十四年 (1535 年),"发太仓银六千两与甘肃佃种荒田军民

①(民国)《甘肃通志稿·民政志五·蠲赈》。

②《元史》卷 100《兵志·屯田》。

③(明)王圻:《续文献通考》卷 15。

牧、买牛只犁铧。"①都是在这方面作出的努力。清朝除组织兵屯外,也有许多民屯,如雍正时建立的肃州九家窑屯田、三清湾屯田、柔远堡屯田、毛目城屯田、双树墩屯田、九坝屯田、平川堡屯田、柳林湖屯田等。②每处有田数千、上万到数万亩,产粮也很可观。甘青其他地方还有多处规模不等的民屯。③民屯对于防灾的意义,在于除了提供军粮,减轻远方百姓挽运之劳外,还直接增加了屯民的藏粮,提高了他们抵御灾荒的经济力。

除了粮食生产,元明清统治者还很重视督促民间种植杂果、苜蓿等救荒植物。如元朝的"种植之制,每丁岁种桑枣二十株。土性不宜者,听种榆柳等,其数亦如之。种杂果者,每丁十株,皆以生成为数,愿多种者听。其无地及有疾者不与。所在官司申报不实者罪之。仍令各社布种苜蓿,以防饥年"④。明朝政府同样实行督种桑枣等树的政策。明代宗景泰四年(1453 年)十月,令各处镇守、巡抚等督促府县屯堡官,"其地土宜桑、枣、漆、柿等木,随官酌量丁田多寡,定与数目,督令栽种,务在各乡、各村家家有之……仍将开垦种过田地并桑枣数目,造册缴报。"⑤直到清朝,从中央政府到地方官员都很重视督民种植杂果、苜蓿等救荒植物的事。

元明清政府共同的承自前代的防灾思路和政策,最主要最直接的就是在全国各地普遍地建立常平仓或义仓、社仓。元朝早在忽必烈至元六年(1269 年)就建立了仓法。筹集款项,丰年高于市价籴储粮

---

①(明)王圻:《续文献通考》卷 15。

②[乾隆]《重修肃州新志》。

③参见李清凌:《西北经济史》,人民出版社 1997 年版,第 382—385 页。

④《元史》卷 93《食货志》。

⑤《明英宗正统实录》卷 234《景泰附录》52。

食，遇到歉年或青黄不接的时候又低于市价粜出存粮，借以稳定市价，救济民艰，这完全是西汉常平法的翻版。明太祖洪武时(1368—1398年)，就令"各府州县皆置东西南北四仓，以贮官谷，多者万余石，少者四五千石。仓设富民守之，遇有水旱饥馑，以贷贫民"①。明朝随着吏治的修整或疏略，预备仓时兴时废。但在有识官员的一再提醒下，最高统治者也不时地下令恢复重建、扩大储备，使明朝州县的预备仓制度大致得到了延续，在灾荒救助中发挥了一定作用。清朝的仓储情况比元明两代都较好。以青海西宁府为例。这里从乾隆五年(1740年)就创建了社仓，"官捐倡始，劝民量输"，年年增储，至乾隆十一年(1746年)底，西宁县已经储存了各类粮食4609石，分储在各乡的15个仓库中。碾伯县储存了社仓粮6456石，分储在各乡10个仓库中。大通卫有社粮2084石，分4仓贮存于各乡。贵德所也有社仓粮515石，因区划狭小，无须分贮，就都贮存于城里。这里的社仓不仅用于备荒，而且帮助民众解决籽种问题："小民春耕，子粒皆取之社仓"②，无须向官仓借粮；官仓存粮充裕和按时平粜，又确保了市场粮价和百姓情绪的稳定。

三、救济灾荒的思想、措施和特点

元明清政府在甘青民族地区发生灾荒的时候，既有传统的减灾思路和方法，也有因地制宜的救助政策和措施。传统方法包括发仓施赈，粜粮、蠲免粮草，调入粮食、劝谕富人赈济，鼓励和指导百姓自救等。因地制宜的政策、措施则是结合当地民族聚居、农牧兼营等特点，疏通贸易渠道，鼓励农牧民贸易有无，借以减轻民众的窘困和政府救

---

① 见《明宣宗宣德实录》卷91，宣德七年六月丙申。
② [乾隆]《西宁府新志》卷13《建置·社仓》。

灾的压力。以上思想和措施中最有创意的是建立救荒制度,实行制度化灾赈的思想。

元朝有关救济灾荒的记载相当多,其主要的办法,一是蠲免,就是免除受灾民众的"差税";二是赈贷,即送或借给受灾者以粮钞;三是官府发仓粟"赈粜"。除此之外,还有"纳粟补官之令"①;"募富户出米,五十石以上者旌以义士之号";官府以"免富人杂徭以为息,约年丰还之"为条件,向富户借米赈饥;"令官、私、儒学、寺观诸田佃民,从其主假贷钞谷自赈";"给(灾区)僧道度牒"②卖钱赈灾等制度性或临时性办法。但从总体上看,元朝荒政尚沿袭传统的政策措施,渠道比较少,除蠲免、赈贷、赈粜等措施已初具制度性特征外,还没有形成完整严密的荒政思想和制度。

明清两代的最高统治者在继承前代荒政思想和救灾方法的基础上,筹划建立了一整套防灾、抗灾、减灾的思想制度,具体方法和措施比元朝也更多,尤其是到了清朝,做得更加周密细致。从减灾的思想和措施看,明清时代建立的报灾、勘灾和救灾制度,相关规定具体明确,实行相当严肃认真。尽管在当时的交通通讯,生产条件和官僚体制下,无法做到救济及时,成效大著,帮助民众战胜灾荒或从根本上解决问题,但它确实汇集了历代政府救灾的智慧和经验,反映了中国古代减灾思想和方法的最高水平及统治者想通过切实、严格的制度,提升荒政效率的愿望。

元明清三朝在甘青民族地区的减灾思想和实践有以下几个明显的特点。

①《元史》卷96《食货四》。
②(明)王圻:《续文献通考》卷41。

一是救济形式多样化,制度化。甘青民族地区频繁、大面积、严重的自然灾害,往往给这一多民族地区的民众生活和社会秩序造成长期的困扰和混乱。元明清政府根据当时社会经济发展和政府可支配钱粮的积累情况,由少到多,逐渐地采取了赈济、免赋、缓征、平粜、借贷、工赈、施粥等多样化的赈济思路和措施,并形成建立荒政制度的思想倾向。统治者想通过严格有效的荒政制度,帮助民众减轻灾荒造成的损失,从而达到稳定社会秩序,维护封建统治的目的。

例如,地方向中央呈报灾情,元朝以前和元朝都是随机性的,尚没有时间限制。明朝以后就逐渐不同了。洪武十八年(1385年),明朝政府要求灾伤地区,主管官员要及时奏报朝廷。"有司不奏,许本处耆宿连名申诉有司。"①开始有了报灾的行政规定。明孝宗弘治十一年(1498年),明朝政府进一步规定灾情的上报时间:"夏灾不得过六月终,秋灾不得过九月终。若所司报不及时,风宪官徇情市恩,勘有不实,听本部处究。"②明神宗万历九年(1581年),明朝政府又将报灾之期,分"腹里"和"沿边"作出更加具体详细的规定。像甘州、固原那样的边远地区,报灾时限可以稍作延伸,"夏灾改限七月内,秋灾改限十月内,具要依期从实奏报。"③可见明朝的报灾制度是逐渐形成和严格起来的。清朝顺治十七年定例:"夏灾不出六月终旬,秋灾不出九月终旬。"④围绕地方报灾的最后期限,清廷还进行过多次讨论。对于远处西北的甘青地区的报灾期限,仍可以延展一月。但不论时限长短,各地报灾都有制度性时间规定则是一致的。在这一规定下,若有地方官

---

①(明)王圻:《续文献通考》卷41。
②(明)王圻:《续文献通考》卷41。
③(明)王圻:《续文献通考》卷41。
④《清圣祖实录》卷33,康熙九年七月乙亥。

员隐瞒灾情,不予上报或上报失期,都会受到严厉的惩处。

在勘灾程序上,元朝尚未形成制度。明太祖洪武二十六年(1393年)规定:"各处田禾遇有水旱灾伤,所在官司踏勘明白,具实奏闻。"同时基层官府要申报上级主管部门,"转达户部,立案具奏,差官前往灾所,覆勘是实,将被灾人户姓名田地顷亩,该征税粮数目,造册缴报本部,立案开写灾伤缘由,具奏。"①明成祖永乐二十二年(1424年),明朝政府令受灾地区,"按察司与巡按御史委官会同踏勘。"②就是要中央派出的官员与地方政府官员协同查明灾情,这都是相当严肃认真的决策。明神宗万历九年(1581年),明朝政府又提出地方凡遇重大灾伤,"州县官亲诣勘明,申呈抚按。巡抚不待勘报,速行奏闻。巡按不必等候部覆,即将勘实分数作速具奏,以凭覆请赈恤。"③类此记载很多,可以从中看出明朝勘灾制度的形成和具体化、严密化过程。

清朝的勘灾程序比明朝更加深入细致。它的勘查以村庄为基本单位,按地亩被灾轻重确定灾分。勘灾与报灾同时进行。勘灾时从府县官中确定专人,按区图村庄逐加分别,申报司道。道员复查后报总督、巡抚具题,重灾区督、抚还要亲自前往查勘。连具体勘查的文字记录格式,每行写什么内容都有具体规定。查灾单由报灾地区乡保转灾户自行按要求填报,交官与粮册核对后,用作官府勘灾的底册。查灾基层官员按底册逐田踏勘,将核实的受灾地亩及受灾分数交州县汇总。州县官核造总册,注明应否蠲免或缓征,然后逐级上报。朝廷户部接到报灾题请后,再次派员复勘,才能据以确定是否蠲赈及蠲赈的等

---

①(清)秦蕙田撰:《五礼通考》卷249引《明会典》。

②(明)王圻:《续文献通考》卷41。

③(明)王圻:《续文献通考》卷41。

级,奏呈皇帝批准施行。①程式远比前代复杂、具体和严格。

从给粮发钞的具体方式看,元成宗大德五年(1301年),为了防止在官府赈粜时"豪强嗜利之徒用计巧取,弗能周及贫民"的弊端,开始在京师实行"红帖粮"之制——那是先造灾民"文帖"即花名册,盖骑缝印,然后"逐月对帖以给,大口三斗,小口半之",价格为赈粜粮的三分之二;其制在京师"与赈粜并行",②这件事做得比较细致。其见于甘青民族地区的赈济方式主要是直接向灾民散给粮食。明太祖洪武二十七年(1394年),制定受灾地区《散粮则例》:"大口六斗,小口三斗,五岁以下不与。"③明成祖永乐二年(1404年)制定了各地设厂煮粥的条例,包括官员亲审灾民,多设粥厂,指定主持施粥的官员,亲查厂弊,预备米谷、柴薪,立厂规,收流民等。明朝其后诸帝在给赈方式上又不断地进行改进,使其臻于完善。这些做法是面向全国的,当然也适用于甘青民族地区。到了清代,给赈方式比前代更加具体细致了。清朝把灾荒救济的对象一般按贫困程度划分为极贫和次贫两大类。确定救济等级后便向救助对象发给赈票,凭以散发赈灾粮钞。中央差官每府一人,散赈时随同地方官亲验给放,不许将此事交给胥役里甲代办,以防作弊。每日放赈结束,督赈官都要在赈册内亲笔写明某年月日,某官某人监放某村钱粮若干,盖上该员印记。整个放赈结束,还要在赈册的首尾结总书名,通册加钤监赈官骑缝印记,以备上司抽查。最后,要将本次赈济所用银粮数目、赈济户口、姓名等向百姓公布,接受社会监督,防止胥吏从中贪污。④在封建社会里能将赈济工作

①参见李向军:《清代荒政研究》,中国农业出版社1995年版,第25—26页。
②(明)王圻:《续文献通考》卷41。
③(明)王圻:《续文献通考》卷41。
④参见李向军:《清代荒政研究》,中国农业出版社1995年版,第26—28页。

做到这样精细，足见它在当时社会政治中的重要性和相关制度发育的完善程度。

二是救济对象不分民族贵贱，一视同仁。我们在元明清甘青地区有关荒政制度的记载中，没有发现在救济对象上有民族或人群歧视的行为，说明统治者对于甘青民族地区的遭灾民众，无论是统治民族、汉族还是其他少数民族，都能同样地给予关注和赈济。统治阶级的荒政思想和措施，是要排除社会潜在的不稳定因素，恢复社会秩序，而荒政疏略，救济不到位，任何民族、人群都有引起动乱的可能性，因此，统治者在救济灾荒的问题上不能有重此失彼的行为。仅以清朝为例。清圣祖康熙四十年（1701年），甘肃河州大旱，土司同样遭灾。清政府令"照依内地，每大口给一仓斗，小口给五仓升"①。清世宗雍正九年（1731年），"免河州、洮州、归德、西宁、凉州各属番民本年米刍。"②清高宗乾隆初，青海玉树尼牙木错、固察、称多、南兔、典巴、除布、下扎武等族遭地震，有的全户伤亡，有的只存妇女幼子，"不堪成户者五十六户，其应纳贡马银两，自乾隆三年为始永行豁除。"③乾隆三十五年（1770年），"免甘肃临边各属明年应征番粮、草束。其河东西屯粮草束免三之一。"④清宣宗道光四年（1824年）十月，免除青海玉树番族上下隆坝族被雪压毙番人七十八户马贡银。⑤道光十五年（1835年）十二月，青海玉树藏族地区大雪成灾，清廷命令免除玉树格尔吉等十一族被灾番户应征银两。⑥类此救济灾荒的记载史志中相当

---

① [乾隆]《甘肃通志》卷17《蠲恤》。
② （民国）《甘肃通志稿·民政志五·蠲赈》。
③ [乾隆]《西宁府新志》卷16《田赋》。
④ （民国）《甘肃通志稿·民政志五·蠲赈》。
⑤ 《清宣宗实录》卷74，道光四年十月庚辰。
⑥ 《清宣宗实录》卷275，道光十五年十二月癸亥。

多。据李向军《清代荒政研究》一书统计,清朝开国至鸦片战争前夕(1839年)的196年间,清政府仅赈济甘肃(函青海、宁夏)就有1198州县次。[1]清世祖顺治至清宣宗道光时期,清政府在全国的灾赈额度是县均银41175两,[2]按此标准计算,清朝政府赈济甘肃灾荒的总支出约为4933万两银。又清世祖顺治元年(1644年)至清宣宗道光十九年(1839年),清朝政府蠲免甘肃钱粮达948州县次,蠲免总数达287.96万两。[3]说明这一历史时期清政府确实做了多方面的灾荒救济工作。

三是政府直接组织,提高运作效能。在封建统一政权下,国家朝廷的组织效能是任何社会团体、机构所不能比拟的。元明清政府充分发挥了这一政治优势,来提高灾赈的运作效率:一是调进粮食。如乾隆三十六年(1771年),甘肃各地旱灾、饥荒相当严重。清政府在动用本地仓粮救济的同时,又"拨陕西藩库银二百万两(一云三百万两——引者)赴甘,其经运米粮三十万石,尚恐不敷赈粜,饬地方大吏就近续拨"[4]。二是发动商人富民义粜、义捐,并给予一定荣誉称号或官衔。元明清政府遇到灾荒时有"纳粟补官之令"和对纳粟者给予旌表门间等荣誉称号的政策,这是当时利用政治文化资源赈济灾荒的一项创举。在地方遭灾,国家财政困难的情况下,将纳粟补官作为救济灾荒的补充性措施,也不失为一项明智的选择。三是开办民族贸易市场,使农牧民互通有无。甘青地区是农牧业经济交叉地带,只要商业渠道畅通,那么,农业遭灾牧业补,牧业遭灾农业救。局部地区农牧

---

①李向军:《清代荒政研究》附表3,中国农业出版社1995年版,第236页。

②李向军:《清代荒政研究》,中国农业出版社1995年版,第63页。

③李向军:《清代荒政研究》,中国农业出版社1995年版,第58页。

④(民国)《甘肃通志稿·民政志五·蠲赈》。

业都遭到灾害,还可以利用食盐、木材、药材等土特产品来交换粮食等生活用品。元明清政府十分重视开放民族贸易市场,以舒缓赈灾物资缺乏的压力。例如元初沿袭宋朝的榷茶制度,"榷成都茶,于京兆、巩昌置局发卖。"①商人也可以通过纳课,到产茶区去采购茶叶,带到西北地区出售赚钱。民间民族交换的场所主要在府州县治所和寺院。许多内地的汉族商人远道而来,从事长途贩运贸易。明洪武二十六年(1393 年),明朝政府为了防止"边将无状,多假朝命扰害"番民,乃"遣使往西凉、永昌、甘肃、山丹、西宁、临洮、河州、洮州、岷州、巩昌缘边诸番,颁给金铜印符"②,进行制度化的茶马贸易。甘肃镇"以茶易马各番,许于开市处所互市,不容滥入边内"③。当时所发金牌共 41 面,④交易对像都是洮州、河州、西宁等地的番族。每 3 年交易一次,每次交易额在万匹以上。清朝甘青民族地区的民族贸易以西宁府最为典型。当时的西宁、大通、贵德、循化等县都有与内地商人交换物资的市场,丹噶尔(今青海湟源县)也是环青海湖及海南藏区的贸易中心。塔尔寺、拉卜楞寺,河西各府州县厅也都有传统的民族贸易市场。在甘青少数民族与内地商人的贸易中,清朝政府对少数民族往往采取免税和照顾政策,还"许客商于缺粮去处纳米领茶,备赈"⑤。通过政府组织的市场交换渠道,商人可以赚钱,普通民众则可以以其所有换取所无,比较顺利地渡过难关。

---

①《元史》卷 94《食货志二·茶法》。

②《明经世文编》卷 106。

③[乾隆]《甘肃通志》卷 19《茶马》。

④其中洮州火把藏、思囊日等族 4 面,纳马 2050 匹。河州必里卫西番 26 族 21 面,纳马 7705 匹。西宁曲先、阿端、罕东、安定四卫,巴哇、申中、申藏等族 16 面,纳马 3050 匹(《钦定续文献通考》卷 22《征榷考》)。

⑤[乾隆]《甘肃通志》卷 45《艺文志》。

四、灾后恢复生产的政策和措施

灾荒过后,组织民众恢复和发展社会生产,是元明清三朝实行的生产减灾的战略思想和措施。其具体做法:

一是安集流民。甘青地区人稀地广,荒闲田地很多,然因自然灾害,民众流散,社会经济很不景气。元明清政府每遇兵祸或天灾,都要招集流亡,恢复生产。如清圣祖康熙四十二年(1703年),清朝政府限令地方官一年内将本地流民招回,缺乏口粮者,按大小人口赈给。"其原有地亩之人,查明于来春种麦时,每亩给籽种三升。原无产业者,令地方官将无主荒地拨与耕种,即给为业。籽种亦照数支给。"①又将往年拖欠粮草、官物及一应不急之务暂令宽免,元明清三朝在灾后安集流民,从物质资料上帮助流民尽快恢复生产上都下过很大的功夫,也收到较好的效果。

二是兴修水利。这是灾后恢复生产和甘青地区灾荒治理的根本性措施。元朝政府把水利看作"备旱暵"、兴农桑,从根本上救治灾荒的第一要务,要求"凡河渠之利,委本处正官一员,以时浚治。或民力不足者,提举河渠官相其轻重,官为导之。地高水不能上者,命造水车。贫不能造者,官具材木给之。俟秋成之后,验使水之家,俾均输其直。田无水者凿井,井深不能得水者,听种区田"②。明朝继元之后在甘青等地大兴屯田,深知当地"水至为良田,水涸为弃壤"③的自然环境条件,因此兴屯、兴农必须从水利建设入手,这与明朝初建就重视水利建设,政府每年要派出大批官员和国子生到全国各地督建水利工

---

① [乾隆]《甘肃通志》卷17《蠲恤》。
② 《元史》卷93《食货志一·农桑》。
③ [宣统]《甘肃新通志》卷10《舆地志·水利》引《甘州府志》。

程的政治、经济大背景是一致的。在甘青地区的灾后恢复性建设中，一些官员也认识到水利的重要性，例如徐贞明《西北水利议》云："雨旸在天，而时其蓄泄以待旱涝者人也，乃西北之地，旱则赤地千里，涝则洪流万顷。惟寄命于天以幸其雨旸时若，庶几乐岁无饥耳，此可以常恃哉! 惟水利兴而后旱涝有备。"[1]同样的说法甘青地方志中还有很多。由于政府的倡导督促以及社会上层人士的宣传，明朝甘青地区修建的水利工程数量比前代有很大的增长。继明之后，清朝甘青民族地区的水利建设和管理均达到历史最高水平。据统计，清朝兰州、巩昌、西宁、凉州、张掖等 5 府，秦州、肃州、安西州等 3 直隶州所辖 40 余县，几乎都有远迈于前代的水利设施。查其灌溉面积，除少数州县缺载外，甘青其余州县数百条主干渠的浇灌地，以顷计者约 61212，以段计者 61882，以里计者 906，以下种量计者 8022 石，以坊记者 97，[2]这是前此任何朝代都没有的。

三是惩治贪官。元明清政府除了安集流民，兴修水利，恢复和发展生产以减灾外，还以严厉的态度处治赈灾中出现的贪官污吏。再以清朝为例。乾隆元年(1736 年)六月，大学士、管川陕总督事查郎阿参奏前任甘肃巡抚许容隐匿灾荒，营私树党，许容立即被革职，"解京治罪。"[3]乾隆四十六年(1781 年)，清政府查办了震惊全国的甘肃捏灾冒赈，侵吞监粮案。案涉各级官员 110 多人。其中侵冒赈银 20000 两以上者 20 人，不及 20000 两却有其他侵欺者 2 人。侵吞在 10000 两以上者 11 人，不及 10000 两而有其他侵欺恶迹者 4 人。侵冒银在9000 至 1000 两者 26 人。案内追回脏银 280 多万两，比当时甘肃全省

---

① [乾隆]《甘肃通志》卷 46《艺文志·议·西北水利议》。
②据[宣统]《甘肃新通志》卷 10《舆地志·水利》统计。
③《清高宗实录》卷 21，乾隆元年六月戊子。

每年起征的粮赋多八九倍。经过严查审讯，所有涉案人员，按其贪污侵吞的多少和其他犯罪事实，或处死，或流放，或革职，或罚俸，一一得到了应有的惩处。这件事震动了清朝的整个官场，对于肃清吏治，治理灾荒起了积极的影响作用。

综上，元明清政府提出和实行的储粮防灾、制度救灾和生产减灾的战略思想和措施，在社会实践中收到了一定的积极效果。从地方治理的角度看，其思路和政策措施直到今天还是值得借鉴的。

（原载《甘肃社会科学》2008 年第 4 期）

西北古代农田水利开发的三个高潮、动力和经验

西北自古就是我国的一个干旱、半干旱区，无论历史上气候有多大的变化，水利灌溉始终是西北农业的命脉，这一点迄今无变化。因此，古代不论谁在西北进行经济开发，都必须从水利建设入手。可以这样说，中国西北的经济开发是从农业开始的，而西北的农业又离不开农田水利灌溉，水利作为农业的第一要素，贯串于西北经济开发的全过程。

西北地区以农田灌溉为主要目标的水利建设，最迟在西周时期就已经相当发达了。反映西周以来制度文化的《礼记》中有许多级次的水渠名称，如云："凡治野，夫间有遂，遂上有径；十夫有沟，沟上有畛；百夫有洫，洫上有涂；千夫有浍，浍上有道；万夫有川，川上有路，以达于畿。"①这些遍布于京畿四周的遂、沟、洫、浍、川等渠道，一则用于排水，二则用于灌溉。周代的"八蜡"之祭中，也包含祭水渠之神"水庸"。②这都是当时有农田灌溉的明证。《史记》中记载战国秦最早的水利建设云，东周晚期，韩国怕秦的武装进攻，欲疲其国力，使不能东

①（汉）郑玄注，（唐）贾公彦疏：《周礼注疏·地官司徒》，阮元校刻《十三经注疏》本。

②（汉）郑玄注，（唐）孔颖达疏：《礼记注疏·郊特牲》，阮元校刻《十三经注疏》本。

伐,乃使水工郑国游说秦王;秦王被郑国的水利说词打动了,中间才发觉有诈,但经过郑国的辩解,秦国还是认可了他关于"渠成亦秦之利也"的说法,终于修成了"溉泽(一作"舄")卤之地四万余顷,收皆亩一钟"的郑国渠。"于是关中为沃野,无凶年,秦以富强,卒并诸侯"。①这条以郑国名字命名的水渠,是见于记载的西北历史上最早确切可指的农灌用渠,它对后世农田水利事业的影响和鼓舞作用极其深远。

一、西北农田水利史上的三个高峰

西北历史上大规模兴修水利是从汉代开始的,并在发展过程中形成汉、唐、明清三个明显的高峰。下面就分别介绍这些高峰出现的背景和情况。

(一)汉代西北农田水利建设高峰的出现

两汉西北的水利,除关中的郑国渠仍在沿用外,汉初汉中地区还修建了山河堰,据说它是汉相国萧何、曹参创筑的。"其下鳞次诸堰,皆源于此。"②陕西襃城县的"流珠堰势若流珠,亦汉萧何所筑"③。洋县的"张良渠在县东南二里七女塚,有七女池,池东有明月池,状如偃月,皆相通注,谓之张良渠,葢良所开也"④。汉武帝元光时(前134—前129年),郑当时为大农令,建议政府引渭穿渠,起长安,并南山下,至黄河三百余里,可灌"渠下民田万余顷",朝廷悉发卒数万人穿渠,三岁而通,"而渠下之民颇得以溉田矣。"其后庄熊罴又建议:临晋(在今陕西大荔县东)民愿穿洛(即漆沮水)以溉重泉(在今陕西蒲城县东

---

①《史记》卷29《河渠书》。
②[雍正]《陕西通志》卷40《水利》引《汉中府志》。
③[雍正]《陕西通志》卷40《水利》。
④[雍正]《陕西通志》卷40《水利》引《汉中府志》《水经注》。

南)以东万余顷故卤地。"诚得水,可令亩十石。""于是为发卒万余人穿渠,自征(今陕西澄城县西南)引洛水至商颜山下。岸善崩,乃凿井,深者四十余丈。往往为井,井下相通行水。水颓(下流——引者)以绝商颜,东至山岭十余里间。井渠之生自此始。"此后"用事者争言水利。朔方、西河、河西、酒泉皆引河及川谷以溉田"。关中地区有漕渠。①左内史倪宽于元鼎六年(前111年)奏请穿六辅渠,其后十六年,赵中大夫白公,又"奏穿泾水,注渭中,溉田四千余顷。人得其饶而歌之"②。后人称之为白渠。盩厔有灵轵渠,又引堵水(一作诸川)。"皆穿渠为溉田,各万余顷。佗小渠披山通道者,不可胜言。"③由于灌溉用水量大增,下游河水大减,淤泥沉淀,河床升高,河堤容易溃决。王莽时(9—23年),大司马史长安张戎言:"今西方诸郡,以至京师东行,民皆引河、渭山川水溉田。春夏干燥,少水时也,故使河流迟,贮淤而稍浅……毋复灌溉,则百川流行,水道自利,无溢决之害矣。"④张戎的意见固不可取,但我们从这里不可以看到当时长安东西、黄河和渭河流域灌溉普遍发达的景象吗?

东汉时期,关中农渠多数仍在利用,且有新开渠的记载。如今高陵县的樊惠渠,就是灵帝光和五年(182年)开的。原先,"其地衍隩,土气辛螫,嘉谷不植,而泾水长流。京兆尹樊君勤恤民隐,乃立新渠,向之卤田,化为甘壤。"⑤

除关中外,宁夏、河西、陇西、西域等地在两汉时期都有大的水利

①《汉书》卷29《沟洫志》。

②(唐)李吉甫:《元和郡县志》卷1。

③《史记》卷29《河渠书》。

④《汉书》卷29《沟洫志》。

⑤[雍正]《陕西通志》卷39《水利》引蔡邕《樊惠渠歌序》。

开发。如宁夏境内的"光禄渠",据清人考证,是汉武帝太初三年(前102年)四月,"遣光禄勋徐自为筑五原塞列城,西北至卢朐,后遂名为光禄塞,则宁之光禄渠应属自为所开浚。"①宁夏还有以"御史""尚书"命名的渠道,据考也都是汉人所开。至于灵州传为秦人所开的"秦渠",汉时无疑还在使用。方志记载说:"秦渠在灵州,一曰秦家渠,相传创始于秦,引黄河水南入渠口,设闸二空,曰秦闸。沿长一百五十里,溉田一千三百顷零。"②东汉顺帝永建四年(129年),尚书仆射虞诩奏复朔方西河上郡,乃使谒者郭璜督促徙者,各归旧县,缮城郭,置候驿。"激河浚渠为屯田,省内郡费岁一亿计。"③

河西酒泉郡福禄县的呼蚕水（今讨来河)"出南羌中,东北至会水,入道羌谷"。张掖郡觻得县(今甘肃张掖市)的千金渠,④敦煌郡冥安县的南籍端水,"出南羌中,西北入其泽,溉民田"。敦煌郡龙勒县的氐置水(今党河),"出南羌中,东北入泽,溉民田。"⑤东汉建武十二年(36年),南阳人任延被任为武威太守,他针对河西少雨泽的特点,"置水官吏,修理沟渠",在谷水(今石羊河流域)兴修陂塘,灌溉农田,当地民众"多蒙其利"。⑥

青海汉时的水利建设,据载汉宣帝神爵时(前61—前58年),赵充国在湟中准备屯田,"缮乡亭,浚沟渠"。⑦功虽不就,仍可以看到水利在当地农业中的重要性。陇右西部一带,建武十一年(35年),陇西

①[乾隆]《甘肃通志》卷15《水利》。
②[乾隆]《甘肃通志》卷15《水利》。
③《后汉书》卷87《西羌传》。
④《汉书》卷28下《地理志》。
⑤《汉书》卷28下《地理志》。
⑥《后汉书》卷76《任延传》。
⑦《汉书》卷69《赵充国传》。

太守马援组织金城民众"开导水田,劝以耕牧,郡中乐业"①。这件事《水经注》说得更清楚:"昔马援为陇西太守六年,为狄道开渠,引水种粳稻而郡中乐业。"②

汉简中有关修建水利的记载相当多,如:

永平七年(64)正月,"春秋治渠各一通"。③

"……六月戊戌,延水水工白襃取……"④

"……发治渠卒……"⑤

汉朝政府在西域也兴建了一些水利设施。据《水经注》卷2《河水》记载,西汉昭帝元凤中(前80—前75年),敦煌人索劢有才略。刺史毛奕表行二师将军,将酒泉、敦煌兵千人,至楼兰屯田,起白屋,召鄯善、焉耆、龟兹三国兵各千,横断注滨河,"灌浸沃衍"。他率兵"大田三年,积粟百万,威服外国"。汉宣帝甘露元年(前53年),西域乌孙国发生内乱,汉朝政府派遣破羌将军辛武贤将兵万五千人至敦煌,"通渠积谷,欲以讨之"⑥。他"遣使者按行表,穿卑鞮侯井以西,欲通渠转谷","下流涌出在白龙堆东土山下"⑦。这是兼顾运输、灌溉两方面的水利设施。

以上说明,两汉时期,不仅京都地区的水利建设蓬蓬勃勃,这是官民生产生活的需要;而且随着国家控制区域的扩大、驻兵的增加,为了屯田积谷,解决军粮,农田水利事业乃从关中核心区扩大到了河

---

①《后汉书》卷24《马援传》。

②(魏)郦道元:《水经注》卷2《河水》。

③《敦煌汉简释文》第2418条,第264页。

④《居延新简·破城子探方六五》第474条,第451页。

⑤《居延新简·破城子探方六五》第450条,第449页。

⑥(宋)司马光:《资治通鉴》卷27,甘露元年四月。

⑦《汉书》卷96下《乌孙国传》。

西四郡、湟中、宁夏以及西域部分地区,出现了西北开发史上第一个
农田水利建设的高峰。

(二)唐代西北农田水利建设的新高峰

继两汉之后,魏晋南北朝中原丧乱,社会经济和水利设施都遭到
极大的破坏,相比之下,陇右河西一带相对安定。这里前后建立的一
些割据政权,都比较重视水利,因而农田灌溉事业仍在延续,灌溉技
术又有革新。如曹魏时,扶风人马钧"作翻车,令童儿转之,而灌水自
覆,更入更出,其功百倍于常"①。我们知道,翻车并不是马钧创制的,
早在汉灵帝中平三年(186 年),东汉政府就使掖庭令毕岚"作翻车、渴
乌,施于桥西,用洒南北郊路,以省百姓洒道之费"。②可知最迟东汉时
已有翻车。马钧的贡献是将翻车从提水洒道,推广应用到了园圃灌溉
上,它对农业提灌起了明显和巨大的启发作用。魏明帝时(227—239
年),徐邈为凉州刺史,征得朝廷同意,"修武威、酒泉盐池,以收虏谷。
又广开水田,募贫民佃之",出现了"家家丰足,仓库盈溢"的景象。③这
条史料不仅反映出当时河西有政府官员在抓农田水利开发,而且可
以佐证当地少数民族也在农业灌溉上做出了很大努力。灌溉在武威、
酒泉等河西地区是农业的必备条件,假若那里的"虏"人不修农田水
利,何来"虏谷"让政府官员动念,而修盐池以来交换呢? 魏齐王嘉平
时(249—254 年),安定人皇甫隆任敦煌太守,发展并改进了灌溉方
法,"初,敦煌不甚晓田,常灌溉滀水,使极濡洽,然后乃耕,又不晓作
耧犁,用水及种,人牛功力既费,而收谷更少。隆到,教作耧犁,又教衍

---

①《三国志》卷 29《魏书·杜夔传》注。

②《后汉书》卷 78《张让传》。

③《三国志》卷 27《魏书·徐邈传》。

灌,岁终率计,其所省庸力过半,得谷加五。"①从灌溉看,这是他号召农民将滮灌(用水泡地)改为衍灌(走水漫灌),从而避免了土地伤水,影响按时下种;加上推广使用耧犁,收到又省力又增产的效果。前凉时(314—376年),沙州刺史扬宣在敦煌郡修建了北府渠。后太守阴澹又在敦煌城西南开阴安渠和阳开渠,百姓多蒙其利。北魏攻占河西后,一直重视那里的水利建设,在今宁夏地区,后魏太平真君五年(444年),薄骨律镇(治今宁夏灵武市南)镇将刁雍表请凿黄河以西的艾山,作渠溉田,"溉官私田四万余顷"。诏褒许之。②这是一项巨大的黄河引灌工程。魏孝文帝太和十二年(488年)五月,"诏六镇、云中、河西及关内六郡,各修水田,通渠灌溉。"③

在关中,魏明帝青龙元年(233年),政府组织人力"开成国渠,自陈仓至槐里;筑临晋陂,引汧洛溉舄卤之地三千余顷,国以充实"④。东晋太元十年(385年),前秦的苻坚与慕容冲"战于仇班渠,大破之。既而战于白渠,坚兵大败"⑤。说明泾阳县的古白渠晋时仍在利用,而且出现了一条新渠仇班渠。北魏太和十三年八月,"又诏诸州、镇有水田之处,各通灌溉,遣匠者所在指授。"⑥西魏文帝大统中(535—551年),西魏政府以泾、渭灌区渠堰废毁,乃命贺兰祥修造富平堰,开渠引水,东注于洛,功用既毕,民获其利。⑦大统十三年(547年),西魏

①《三国志》卷16《魏书·仓慈传》注引《魏略》。
②《魏书》卷38《刁雍传》。
③(宋)李昉等:《太平御览》卷103。
④《晋书》卷26《食货志》。
⑤[雍正]《陕西通志》卷39《水利》引《晋书·苻坚载纪》。
⑥《魏书》卷7《孝文帝纪》。
⑦《周书》卷20《贺兰祥传》。

"开白渠以溉田"①。北周时,"于蒲州开河渠,同州开龙首渠,以广灌溉。"②隋朝政府在秦陇、北地、湟中、河西、西域等广大西北地区设置了很多屯田,没有与之俱建和完善的水利设施,官营农业就无法开展。尽管魏晋至隋西北的水利设施大都是维持性恢复性的,创新的因素不太多,而且灌溉面积比前代减少了很多,但灌溉传统和技术的延续,仍然为西北在唐朝出现农田水利建设新的高峰打下了基础。

唐朝政府在工部下设有专门的都水监,监有"水部郎中、员外郎各一人,掌津济、船舻、渠梁、堤堰、沟洫、渔捕、运漕、碾硙之事。凡坑陷井穴皆有标,京畿有渠长、斗门长。诸州堤堰,刺史、县令以时检行而莅。其决筑有堋,则以下户分牵,禁争利者"。③在一些水利发达的地区,刺史、县令以下,还有专门负责农业用水的低级官员。如敦煌遗书残卷伯3560号《开元水部式》记载,当地州县官以下,州设都渠泊使,县设平水、前官,乡设渠头、渠长及斗门长等吏员,专门负责水利管理。

唐朝中前期,陇右、河西、朔方、西域等地驻有数以十万计的军队,按照当时政府规定,"凡军州边防镇守,转运不给则设屯田以益军储。"④西北交通不便,挽运困难,因此所有驻军都有屯田的任务,兴修水利是每一个军士为公、也为解决身家口粮必干的一件事。此外,政府行政系统还要组织百姓屯田、营田,种好均田,为此也必须抓好西北的农田水利建设。何况唐朝的都城在西北,它在关中地区的水利设施与其它地方不完全相同,在这里,既有农田灌溉,又有宫廷、官民生

①《北史》卷5《西魏文帝纪》。
②《周书》卷5《武帝纪》。
③《新唐书》卷46《百官志·工部》。
④《大唐六典》卷7。

活用水,还有磨㽙、漕运等渠道建设。农业用水主要是政府官员和百姓私人田地的灌溉,不同于边郡的军事性屯田和营田。现据文献所及,将唐代京畿和关内道的农业灌溉情况列表如下:

渠堰名	开设年代	灌溉(州)县	灌地面积(顷)	资料来源
永丰渠、普济渠		武功		雍正《陕西通志》卷40《水利》
升原渠		武功咸阳、歧山、宝鸡、扶风、兴平		《长安志图》卷下,雍正《陕西通志》卷38,卷39、卷40
高泉渠	如意元年			《新唐书》卷37《地理志》
杜阳水	开皇二年	武功	数千顷	雍正《陕西通志》卷40《水利》
引白渠入金氏二陂	武德二年	下邽县		《新唐书》卷37《地理志》
龙门渠	武德七年	韩城县	6000	《新唐书》卷37《地理志》
引乌水入库狄泽	贞观七年	朔方县(今陕西横山县)	200	《新唐书》卷37《地理志》
郑白渠	永徽六年		10000	《元和郡县志》卷1
强公渠		华原县		《新唐书》卷100《强循传》
敷水渠	开元二年	华阴县		雍正《陕西通志》卷40《水利》
利俗渠罗文渠	开元四年	郑县		《新唐书》卷37《地理志》
引洛、堰河水	开元七年	朝邑、河西	2000	《旧唐书》卷185下《姜师度传》
通灵陂	开元七年	朝邑	100	《新唐书》卷37《地理志》
成国渠		郿县		《元和郡县志》卷2

续表

渠堰名	开设年代	灌溉(州)县	灌地面积(顷)	资料来源
阳班湫	贞元四年	合阳		《新唐书》卷37《地理志》
白渠(刘公渠)、彭成堰	宝历元年	高陵	700	雍正《陕西通志》卷39《水利》
疏通旧六门堰	大中间	武功县		《新唐书》卷203《李频传》
白渠	秦汉至唐	泾阳		《陕西通志》卷39《水利》
陵阳渠	建中三年	九原	寻废	《新唐书》卷37《地理志》
太白渠	宪宗时	泾阳县		《元和郡县志》卷2
中白渠		高陵县		《元和郡县志》卷2
南白渠		高陵县		《元和郡县志》卷2
咸应渠永清渠	贞元中	九原	数百余	《新唐书》卷37《地理志》
修复旧光禄渠			1000	《旧唐书》卷133《李晟传附李听传》
特进渠	长庆四年		600	《新唐书》卷37《地理志》
汉渠		灵武县		《元和郡县志》卷3
千金陂左右湖渠、御史渠、百家渠等8渠			500余	元和郡县志》卷3
六门堰(渭白渠)	咸通十三年	武功、兴平、咸阳、高陵	20000	宋敏求《长安志》卷14

许多唐渠是在汉魏旧渠基础上疏浚而成。《旧唐书》卷133《李晟传附李听传》记载:"李听节度灵、盐二州时,境内有故光禄渠,废久,听复开决以溉田。是听所开亦汉故渠。"《新唐书·吐鲁番传下》记载,

唐代宗大历十三年（778 年），吐蕃"大酋马重英以四万骑寇灵州，塞汉、御史、尚书三渠以扰屯田"。这三条渠中的汉渠就是光禄渠，三渠都是汉代创开，而唐朝还在使用。吐蕃要对唐朝造成重创，就从破坏唐的屯田渠道下手，其心固狠；而唐朝在宁夏平原大规模的屯田灌溉，于此也见一斑。

唐代陇右河西地区的水利建设以河西最为发达。在千里走廊的狭长地带，大黄山、黑山和宽台山将大地分割成三大块，绵延的祁连山雪水汇聚成石羊河、黑河、疏勒河和党河等内陆河流，由南而北而西，像是大地母亲献出的乳汁哺育着今武威永昌绿洲、张掖酒泉绿洲和敦煌玉门绿洲。唐政府为了供应这里长年驻扎的十四五万军队的粮草，组织了大规模的屯田水利建设；与此同时，私人的开发也没有停歇。甘肃敦煌发现的《沙州图经》，反映出唐时敦煌有相当完善的农田灌溉渠系。这个灌溉网以甘泉水（今党河）为源头，以马圈口堰为水利总枢纽，分流、分向、分片地浇灌。主干渠有东河渠、神农渠、阴开渠、宜秋渠、都乡渠、阴安渠及北府渠共 7 条，每条干渠又分为许多支渠和斗渠（或叫子渠），渠上斗门繁密。较大的干渠，如敦煌城西的宜秋渠，长 20 里，两岸修有 10 里长的护堤，堤高一丈，底宽一丈五尺，遗迹至今犹存。都乡渠也是长 20 里，水流量大，曾经屡溃屡修，河面不断加宽，到五代时竟成了一条长流河。马圈口堰据传是西汉时修建的，唐时逐渐增大。据《沙州都督府图经》记载，此堰南北长一百五十步，阔二十步，高二丈，总开五门分水，以灌田园。上述 7 条主干渠每年可灌溉 6000 多亩粟、麦、麻、豆、菜等农作物及闲地三至六遍。敦煌地区还有一些拦河蓄水坝，如沙州东部阶亭驿附近的长城堰，拦截苦水以溉农田。是当地官民经过极其艰苦的努力才建成的。此外，敦煌还有一些泉水、大泽，如东泉泽、四十里泽、大井泽、二师泉等，也被引来灌田。瓜州"少雨，以雪水溉田"。开元十五年（727 年），吐蕃攻陷瓜州，渠堰尽被毁坏，在瓜州刺史张守珪的督修下，"水道复旧，州人刻石以纪其事"①。唐朝有地方政府向中央按期申报图经的制度，河西其它各州的图经虽已不存，然而《沙州图经》的发现，足以供我们想象自然条件差不多的其它各州当时的水利盛况。

甘州为张掖河（今黑河）、弱水漫衍之区，到处洼下，掘土成泉。滞则有沮洳之虞，疏则有灌溉之利。唐代李汉通等在甘州开置屯田，兴修了许多水利工程，据近人慕少堂考证，直到近代晚期还在利用的张掖盈科渠、大满渠、小满渠、大官渠、永利渠、加官渠等，都是唐代创开的。估计唐时这些渠道的溉田面积有 4654 顷左右。②经济效益相当可观。如长安三年（703 年），郭元振任凉州都督时，令甘州刺史李汉通开置屯田，"尽水陆之利，稻收丰衍"③。陈子昂向朝廷上疏云：甘州屯田"四十余屯，水泉良沃，不待天时，岁取二十万斛"④。另据《通典》记载，唐玄宗天宝八年（749 年），天下屯田收入总计有 1913960 石，其中河西所收者就有 260088 石，加上关内的 563810 石，陇右的 440902 石，⑤仅西北东部地区的屯田总收入就超过了全国的 60%以上。又河西道的和籴仓储量占全国的 32.6%，常年仓储量占全国各道的 36.1%，⑥当时河西只有 17 万多人口，占全国总人口的 3%。我们从这些数字中，完全可以看到唐代河西水利和农业在全国的先进地位。

陇右地区较大的水利工程，见于记载的有开元七年（719 年），刺

①《旧唐书》卷 103《张守珪传》。
②《新西北》1940 年第 3 卷第 4 期。
③《旧唐书》卷 97《郭元振传》。
④《新唐书》卷 107《陈子昂传》。
⑤《通典》卷 2。
⑥《通典》卷 12。

史安敬忠在会州会县（今甘肃靖远县）筑的黄河堰，修筑此堰的主要目的是"以捍河流"①，扩大灌溉，当时沿黄地区以及泾、渭等河流域都有比较发达的引流灌溉。西北是唐朝主要的屯田区。"诸军州管屯总九百九十有二"②，其中关内、陇右、河西三道就占584屯，这些屯田大都要水利设施的支撑。唐朝西北水利建设的高峰，正是以上述屯田和其它的官私水利设施为代表。

在今新疆地区的焉耆，其时"逗渠溉田，土宜黍、蒲陶，有鱼盐利"③。《大唐西域记》则描述和称赞当地"泉流交带，引水为田"④。在今和田境内，唐时"有大河西北流，国人利之，以用溉田"⑤也已有灌溉农业的生产设施。

强盛的国力，相对稳定的社会环境、边防驻军、京师供应及广大民众的客观需要，促使形成了唐朝前、中期西北水利和农业发展的新高峰。晚唐五代时期，这一发展的势头受到民族矛盾和战争的冲击，一时呈现衰飒迟回的景象。

（三）明清西北农田水利建设的历史性突破

宋元以降，西北的水利建设继续受到民族矛盾和国家军事活动的影响，但仍在一个新的波峰前游移前进。

宋代西北的水利建设重点在关中、陕南地区；河西、宁夏和湟中的农田水利建设也较多，但那主要是党项、吐蕃等少数民族经营的结果。在今陕西境内，这一时期的水利设施见于史载的有宋真宗大中祥

---

① 《新唐书》卷37《地理志》。
② 《大唐六典》卷7。按同书各道所列屯数统计，实为1139屯。
③ 《新唐书》卷221上《西域·焉耆传》。
④ 《大唐西域记》卷1。
⑤ 《大唐西域记》卷12。

符二年(1009年)凤翔县开置的隘子堰。仁宗前后有张载首开的东、西井田渠。有宋嘉祐中开的吕公渠。有熙宁时开的六门堰,长乐堰(又名吴家堰),有南宋孝宗乾道七年(1171年)开的山河堰等。①流珠堰,杨填堰,丰利渠(旧郑国渠)等旧有渠道在宋朝也得到较好的维修。金时除了疏浚旧有渠道外,新开的渠有耀州的甘家渠,通城渠,流经武功、兴平二县的成国渠,高陵等县的三白渠②,栎阳县的五渠③等。

宋代宁夏、河西等历史上农田水利建设发达的几个区域都被党项西夏所控制,1038年,李元昊建国后,在前代基础上,又修筑了自今青铜峡至平罗县的"昊王渠"或称"李王渠",宁夏平原的总灌溉面积达到九万余顷。④河西地区"以诸河为溉……故灌溉之利,岁无旱涝之虞"⑤。宋神宗元丰八年(1085年),银、夏二州大旱饥,夏国王"秉常令运甘、凉诸州粟济之"⑥。宋徽宗大观四年(1110年),河西的瓜、沙、肃三州饥,夏国王"乾顺命发灵、夏诸州粟赈之"⑦。说明西夏时期甘、凉、灵、夏等地的农田灌溉和农业生产继续看好。

元朝建立后,"内而各卫,外而行省,皆立屯田,以资军饷。"⑧元政府为了在西北地区建置屯田,水利建设也就被提上了议事日程。至元元年(1264年),元政府在甘肃设置总督府,开始兴修水利,派张文谦"以中书左丞行省西夏、中兴等路……浚唐来、汉延二渠,溉田十数万

---

①［雍正］《陕西通志》卷40《水利》。
②指太白渠、中白渠和南白渠。
③指中白、析波、中南、高望、偶南五渠。
④(元)齐履谦:《郭守敬行状》,又《续通典·食货四》。
⑤《宋史》卷486《夏国传下》。
⑥(清)吴广成撰:《西夏书事》卷27。
⑦(清)吴广成撰:《西夏书事》卷32。
⑧《元史》卷100《兵志三》。

顷,人蒙其利。"①河西地区的水利设施也得到较好的维修、保护和利用,世祖至元十八年(1281年)正月,"命肃州、沙州、瓜州置立屯田"。又"发军于甘州黑山子、满峪、泉水渠、鸭子翅等处立屯田",至元二十二年(1285年),"迁甘州新附军二千人往屯额齐讷合即渠开种"②。从而使这里的水利资源得到了新的开发利用。至元二十五年(1288年),下诏"中兴、西凉无得沮坏河渠"③。官办屯田和水利事业的恢复、发展,带动了河西、宁夏、陇右等地农业的发展,加上地方合理筹划,甘肃"诸仓俱充溢……兵饷既足,民食亦给"④,一时出现了难得的富裕、和谐气象。这一切,都为明清西北农田水利建设高峰的出现铺垫了历史性的坚实基础。

明代自洪武(1368—1398年)以来,就很重视农灌事业。"遣国子生、人才分诣天下郡县,集吏民,乘农隙修治水利。"⑤明代宗景泰三年(1452年),明朝政府还根据户科右给事中路璧的建议,移文巡抚、镇守官,修筑淤塞的水利设施,严惩强占者,"仍令府州县官于考满文册内载其事功,以为黜陟。"⑥明宣宗宣德六年(1431年)十二月,明政府"遣御史巡视宁夏、甘州屯田水利"⑦。明宪宗成化十二年(1476年),巡按御史许进奏言:"河西十五卫,东起庄浪,西抵肃州,绵亘几二千里,所资水利多夺于势豪。宜设官专理。"诏屯田佥事兼之。⑧世宗嘉

①《元史》卷157《张文谦传》。
②《元史》卷100《兵志三》。
③《元史》卷15《世祖本纪十二》。
④《元史》卷121《博尔欢传》。
⑤《明太祖洪武实录》卷243,洪武二十八年十二月。
⑥《明英宗实录》卷221《景泰附录39》景泰三年闰九月辛未。
⑦《明史》卷9《宣宗本纪》。
⑧《明史》卷88《河渠志六》。

靖（1522—1566 年）中，明政府又令陕西及延绥、甘肃、宁夏各巡抚都御史，严督所属司府州县卫所等官，务必亲至郊野，相视地宜，疏浚水渠。正是在这些政策诏令的推动下，西北的旧有渠道得到维修，新区不断开建。据《明一统志》记载：宁夏卫的汉延渠、唐来渠、新渠、红花渠、秦家渠、汉伯渠，卫城西南的引黄灌区，卫城南分唐徕渠水的灌区，黄河东南、西南的引河灌区[①]；宁夏中卫的中渠、蜘蛛渠、白渠、羚羊渠、石空渠、枣园渠、七星渠等，[②]灌溉面积总计在 4 万顷以上。河西地区，据顺治《重刊甘镇志·水利》统计，当时仅甘州五卫、山丹卫和高台所几处的干渠大坝就有 116 条（处），灌田 18964.66 顷。

湟中地区，据顺治《重刊西宁志·水利》记载，西宁卫的农田灌溉渠道，有伯颜川渠（支渠 9 条）、车卜鲁川渠（支渠 11 条）、那孩川渠（支渠 5 条）、广收川渠（支渠 4 条）、乞答真渠、哈剌只沟渠、大河渠、季彦才渠、观音堂沟渠、红崖子沟渠、把藏沟渠、壤吃塔沟渠、楪儿沟渠、西番沟渠、撒都儿沟渠、东弩木沟渠、虎狼沟渠、巴川渠、暖川渠等，以上各渠共灌地 2631.61 顷。

明代在今陕西开发的农田灌溉干渠，见于雍正《陕西通志·水利》，民国《续修陕西通志稿·水利》明确可辨的有 60 多条，这个数字显然太低，不能反映真实面貌。其实，见于记载的清前期陕西 780 多条渠、堰、堤、泉、沟、河、水、潩、溪等，[③]大都始建于明代甚至更早，只因历时久远，时人已经不能一一指明始建年代，只以"古渠"概之。

清代陕西、甘肃、新疆三省均有超迈前代的农田水利开发成就。若将这一时期西北的农渠名字都列出来，那会太占篇幅，因此，我们

①（明）李贤等撰：《明一统志》卷 37《宁夏卫》。

②（明）李贤等撰：《明一统志》卷 37《宁夏中卫》。

③根据［雍正］《陕西通志》卷 39、卷 40 统计。

只举一些数字以作说明。

陕西。据民国《续修陕西通志·水利》统计,清末民初陕西行政区分为西安、同州、凤翔、汉中、兴安、延安、榆林等7府,乾州、鄜州、邠州、商州、绥德州等5直隶州,下辖75县厅州。见于上书记载的渠堰灌溉面积共909081亩。此外,乾隆二年巡按陕西崔纪上奏说当年陕西打井68980余口,约可灌田20万亩。陕西旧有大小井76000余口。当时有人上章弹劾他虚报数字,打井效益不佳。崔纪"旋因此去职"[①]。后陕西巡抚陈宏谋下令各州县查实打井情况,令文中对崔纪在陕西打井的成绩给予充分肯定和高度的评价。在打井数量上,说当时"共册报开成井三万二千九百余眼,开而未成填塞者数亦约略相同。"[②]将崔纪上报的灌溉亩数打50%的折扣,正好与陈文中所列的相仿。这样,旧井灌溉面积约20万亩(按崔纪的折算法),加上新开的,将清中后期陕西井灌面积估计为30万亩当离实际不远。再考虑到基层各县厅州统计中许多只有渠坝而没有灌地面积等因素,清中后期陕西的渠井灌溉合计当在120万亩上下。不到甘肃的五分之一,更不到新疆的九分之一。这是什么原因呢?合理的解释:一是统计不准确,陕西有很多渠道的灌溉面积都存缺,而甘新许多地方和渠道的灌溉面积则明显是粗估的数字;二是陕西灌溉的主要是私人的田地,国家投资少,水利规模小,而甘、新地区的渠道灌溉的大量是官营屯田,土地面积很广阔,国家投资又多,明清时期,仅宁夏卫、甘州卫的农灌面积都比今陕西全省的还要多;三是受战争和灾荒影响的程度不同。战争和灾荒对整个西北都有破坏性作用,但甘新受到的影响是局部性的;而陕西"自清代乾嘉以迄咸同,兵事频兴,奇荒屡值,官民两困,帑藏空

---

①(民国)《续修陕西通志》卷61《水利·井利附》。

②(民国)《续修陕西通志》卷61《水利·井利附》。

虚","河渠多废而不修",①造成破坏的范围和程度比甘新更大、更严重。

甘肃(含今宁夏、青海)。截止清朝后期,甘肃省兰州、巩昌、宁夏、庆阳、平凉、西宁、凉州、甘州8府,秦州、固原、泾州、安西、肃州5直隶州,见于宣统《甘肃新通志》卷10《舆地志·水利》的灌溉面积有61262顷。此外,还有以里计者906,以段计者61882,以石计者8022,以坊计者97。除阶州直隶州没有统计数字外,甘肃其它各府、直隶州都有水浇地,而以宁夏、甘州、兰州的灌溉面积为较多。对于计算单位的复杂,乾隆《西宁府新志》卷6《地理志·水利》解释说:"边郡田土,计段下籽,无顷亩,即《赋役全书》所载,亦系约略之词。"可知原来这里的段、里、石、坊等统计单位和数字都是约略的量化单位;且与陕西相比较,仅渠灌面积就超过4倍,悬殊很大,由此也见当时的统计本来就不是精确的,但我们从这些统计中还是能够看到清后期甘肃农田灌溉事业发展的大致趋势。

新疆。清朝政府平定了新疆的少数民族上层叛乱以后,随着屯垦事业的发展,新疆的水利建设也进入了历史上的最好时期。前代只有南疆地区水利设施比较多,清代北疆地区的水利建设也是突飞猛进地。据《西域图记》卷32记载,迪化州(今乌鲁木齐市)下属的东阜康县、西昌吉、绥来县,都南倚天山,山泉北流,汇成长河,如乌鲁木齐河、特纳格尔河、济木萨河、胡图克拜河、玛纳斯河、昌吉河、罗克伦河等,分流浸润,膏泽土田,岁收倍稔。伊犁三面负山,地势平广,土膏饶厚,空格斯河、哈什河、特刻斯河等三条河流,各长300余里,汇为伊犁河,经流其地,辟支渠数十道,分灌民田。加上地气和暖,牛羊粪多,

①(民国)《续修陕西通志》卷61《水利余论》。

是天山北部的沃壤。清仁宗嘉庆七年（1802 年），在锡伯营总管图默特提议下，清朝地方官组织在察布查尔山口劈山引水，费时六年，开出一条长达 200 余里的新渠，灌溉周围维吾尔族人民的田地。维族人还在伊犁河北开了一条大渠，被称作黄渠。①

天山南部的水利灌溉设施也得到较好的保护、维修和扩建。辟展（今新疆鄯善县）、哈喇沙尔（今新疆焉耆县）、哈密、哈什噶尔（今新疆哈什）、库车、乌什、阿克苏等地，也都利用天山雪水和附近山间的水利资源，形成蛛网般的灌溉渠道，使回疆地区"自下种以迄刈获，皆资山泉水润，以秀以实"②。据《新疆图志·沟渠志》统计，清代天山南北各道共有干渠 944 条，支渠 2363 条，灌地 1119 万余亩。这些水利设施大都创开于清朝乾隆以后，且一直相沿使用。

以上统计虽然不很精确，但它反映清代西北水利灌溉面积的历史性突破是无可怀疑的。我们通过这些数字，看到了明清两代陕、甘、新等西北地区水利建设事业发展的新高峰。

二、西北古代农田水利建设的类型和投资者

水利是农业的命脉，农业是古代官私共同的利源。对于西北地区而言，开发水利，发展农业，除了解决人们衣食，推动经济发展外，还有一个重要的方面，就是供应军需，加强防务，维护边境和社会安全。西北自古就是多民族聚居区，民族、割据政权和势力以及中外国家之间的战争接连不断。对于衣食之源的农业开发，广大民众竭力以之，地方政府和官员也不得不考虑，而对于国防军需问题，则主要是历代

---

① （清）徐松：《西域水道记》卷 4。
② （清）椿园：《西域闻见录》卷 7。

中央政府所考虑的。据此，可以把西北水利、农业和整个经济开发的动力分解为经济型的和军事型的两大类。从西北经济开发的历史实际看，不论从时间的向度或空间的向度，都很难截然划分出何者为经济型的，何者为军事型的，因为这两类开发在社会实践中总是并驾齐驱、相辅而行的。陕西算是内地，可在宋元两代屯田成就斐然；敦煌接近边关，然史书上常见那里有弦歌之声的记载。事实上，划分经济动力型和军事动力型的关键就在军事行动本身。西北地域辽阔，交通困难，两汉以后，中原政权凡在西北用兵，必然要置屯营田等官营农业。因此，哪里有驻军，那里就有军事型经济开发。今日西北各省区，当时都有驻军，因此都有军事型开发。但若从整体上粗略地划分一下，则陕西处于内地，历史上军事活动相对较少，且有骤起骤落的特点，不见旷年累代的战场。与之相比较，历史上河西、西域、宁夏、青海一带的军事活动就相当频繁。正因为这样，常年驻兵的几率就大一些，没有一个古代政权不把上述地区的驻军及军粮供应放在国家头等重要的位置，而拿出大量的人力、物力和财力去解决。因此，从水利开发的角度，可以将民间开发暂时不计，而粗略地将历史上尤其是封建社会后期甘新官营农业区的水利建设看作是军事动力型的；而将陕甘等地私营农业的水利设施看作是经济动力型的。前者主要由政府投资；后者主要由灌溉受益者出力、投资，官府起组织协调作用。在农田灌溉建设上，国家在军事活动频繁的河西、西域、宁夏等地区，对官营农业、官修水利的投入相当大，这是历史上河西、西域、宁夏等地水利事业兴旺发达的主因，尤其以明清两代最典型。而对私营农业经济，私田灌溉问题，国家不会对其拨款。倒是有一些官员、绅商等，为了获取政绩或发自循良善念，愿意捐私俸掏私钱，为乡间公众兴建一些小型的渠堰。下面以清朝后期为例，我们将前已提到的主要是民建的陕西水利与官建的甘肃部分地区、新疆地区的几个水利灌溉数字集中到一起做个比较：

省名	府、直隶州名	水渠灌溉面积(亩)	井灌面积(亩)	合计(亩)	资料来源
陕西		909081	300000	1209081	民国《续修陕西通志》卷 57—61《水利》
甘肃省	宁夏府	4224540		4227970	宣统《甘肃新通志》卷 10《水利》
甘肃省	固原直隶州	3430			
甘肃省	甘州府	868720		868720	宣统《甘肃新通志》卷 10《水利》
新疆省		11190000		11190000	宣统《新疆图志》卷 73—78《沟渠志》

　　在统计过程中，我们发现地方志中有许多府县的灌溉面积缺载，以陕西最为严重。这固然与统计不到位有关，但更主要的原因殆是该府县水利条件差，灌地面积少以致被略去了，对于一个州县厅的水利状况，作者们往往用一句笼统的"可资灌溉"相搪塞，而不愿说出具体的灌溉数。这种情况，陕西汉中府、兴元府等历史上水利灌溉发达的地区就较少，更说明缺载的是一个不大的数字，我们在论述中同样可以忽略不计。还有一点是新疆的统计数字很大，比陕西高出 8 倍多，怎样看待这个统计？我们认为这里或许也有统计不准，粗估高算的因素，但我们的资料来源于当时新疆最高地方官"总督"监造的方志，该志是要上报朝廷，奏告皇帝的，因此志书不敢也无须虚报灌田数字，因此我们在论断时也只能对其认可。这就得出一个结论：清代陕西省

的灌溉总面积少于甘肃宁夏府，只比甘州府多一点，①而不到新疆的九分之一。这些数字反映的当就是经济开发型与军事开发型农业水利在投资源上的差别。

西北古代水利建设的两种类型，是由两个性质不同的投资源支撑的。附属于军事活动的官田、官水利由中央政府投资筹办，它对甘新等地的农业和农田水利不惜花钱，并从全国各地调集军队、招募移民、发配罪犯，补充劳动力，还从收获物分配政策等方面予以关照和倾斜。如清朝前期西域屯田，除了从陕、甘一带抽调绿营兵外，还从张家口、盛京、黑龙江、热河等地调集察哈尔、锡伯、索伦、厄鲁特四营官兵到伊犁驻屯。四营屯地俱引用河水灌溉：索伦营八旗八佐领分左右翼。左翼屯田疏引西阿里玛图河水灌溉，右翼屯田则引图尔根河水灌溉。察哈尔营八旗分左右翼。屯田皆依博罗塔拉河岸，河北之田多引山泉，河南之田引用河水灌溉。厄鲁特营上三旗六佐领屯田四处：即敦达察罕乌苏、霍依图察罕乌苏、特尔莫图和塔木哈，均导引其地之水灌溉；下五旗十四佐领屯田十六处：昌曼、哈什、春稽布拉克、苏布台、浑多赖、衮佐特哈、库尔库垒、呢勒哈、大吉尔噶朗、算珠图、特勒克、明布拉克、特古斯塔柳、沙喇博果沁、巴哈拉克及弩楚衮，亦各有其地之水灌溉。②辽阔的地域，艰巨的工程，切割的行政辖属，使这里的水利开发离开中央政府的投资和协调，就一筹莫展。正是在这个节点上，中央政府确实起到了关键的作用。而且水渠建好以后，即使军队东撤，只要社会稳定，那里的水利设施就会在地方政府管理下长期

---

①甘州五卫、山丹卫、高台所明末的灌溉面积是189.6万亩（见顺治《重刊甘镇志·地理志》），也比清代陕西的灌溉面积多。

②《钦定新疆识略》卷6《屯务》。

地发挥作用。宁夏诸卫早在明代的灌溉面积就达到 4 万顷以上,[①]清代又有发展,甘州诸卫灌溉面积明代是近 2 万顷,[②]清时虽然大降,仍不失为水利奥区,这些地区的水利之所以那样发达,也和新疆一样,首先是得到了中央政府的投资和组织修建。地方政府和民间投资的作用是次要的。

相反,在离军事活动较远的陕西和甘、新其他地区,中央政府则不予投资,水利建设资金和人力、物力主要靠地方官员和灌溉受益者筹措,间有为数不多绅商富人的公益资助。地方性和私人投资的水利建设,经济色彩要浓一些,但其建设力度比国家投资就相形见绌了。清代康熙时的岳锺琪,乾隆时的陕西抚按官崔纪、巡抚陈宏谋、毕沅,道光时的林则徐,同光时的左宗棠等封疆大吏,都曾以地方官的身份在西北倡修水利,推动这里农业经济的开发和发展。低级地方官员筹资、组工或捐俸修建水利工程的也很多。如乾隆时,宝鸡县令乔光烈上任后到本县李村,见民田数百顷一望平展,但无灌溉条件,靠天下雨耕种,遇到天旱即尽为赤土,连种子都收不回来。他得知县境北邻汧阳,有汧水自北而南,当地农民引以溉田,收获很好,便决定引以灌溉李村的田地。开工后,他"取俸钱给其佣值",村民也主动向开渠者供应饮食。官民用三年的时间,数万人工,开成一渠,将汧水引到了李村,使数百顷土地"悉溉且润"。[③]西安府盩厔县的让泉渠,在县东二十五里,引苇园泉水,经流大庄、大坚社等堡,灌田 2200 亩。让泉渠旧名苇园泉渠,康熙前后,大庄堡民与大坚社堡民争水兴讼,数年不止。董

---

①(明)李贤:《大明一统志》卷 37《宁夏卫》、《宁夏中卫》。

②(清)杨春茂著,张志纯等校点:[顺治]《重刊甘镇志·地理志》,甘肃文化出版社 1996 年版。

③《皇朝经世文编》卷 114《工政二十·各省水利》。

沾作县令后,一方面调解纠纷,谕令两堡轮番灌溉,并将渠名改为让泉渠,"取让畔、让路之意也";另一方面又捐金买地四分,让两堡居民悉力掘地,扩大水源,[①]完满地解决了两堡百姓争水的矛盾,给地方官为民办实事树立了一个榜样。

再如汉中府南郑县的班公堰,最早是由南郑县署知县班逢扬于嘉庆七年(1802年)开筑的。该堰首自李家街,引冷水绕赖家山、石鼓寺、大沟口、黄龙渠、楮家河口、梁滩河、娘娘山口,直到城固县的干沙河止,"湾环三十余里",灌地8700余亩。[②]正当工程进展之际,班逢扬调离了南郑县。于是,后任知县杨大坦接续修建。嘉庆十三年,汉中知府严如熤也从旁赞助,使工程加快了进度。嘉庆十六年,水渠延至下坝,整个工程完成。严如熤和当地士民以此堰创自班逢扬,"因名之曰班公堰"。此后,该堰屡损屡修,上中下三坝始终岿然而立,长久地发挥着近万亩地的溉灌作用。在这件事情上,历任官员的事业心,官民兴修水利的一致性以及严如熤官高不倨,以下级官员的姓氏命名水堰的风格,都是难能可贵和值得赞扬的。

光绪二十九年(1903年),陕西巡抚升允在给朝廷的上奏中说:"近年白河县修渠灌田二百余亩,留坝开渠成田四百余亩,西乡开木马支渠,洋县修汉王城渠堰,以及各县开井灌田,均系就地筹款,藉资民力,自应推广办理。"他说陕西未竣工程尚需银66600两,"概由本省自行筹备,不再动用公款",[③]这里由封疆大吏出面组织,"自筹"经费修建的水利工程,规模当然是较大的了,但它也属于地方性水利建设。

---

①《皇朝经世文编》卷114《工政二十·各省水利一》。

②(民国)《续修陕西通志》卷60《水利·汉中府南郑县》。

③(民国)《续修陕西通志》卷58《水利·同州府华阴县》。

民间自修渠道的也不乏其例。汉中府定远厅的北河堰,是康熙间粮户贺大用开修的,可灌田 10 余亩。同厅的周家坝堰是光绪间邑绅程敬民募资修建的,可灌田 10 余亩。[①]雍正时人"高如玉,葭州人……州南谭家坪地滨河,最称沃衍,河身适当洼下,不能行地,乃捐金集众,凿石引流以资灌溉"[②]。这是一个乡民出资,为公众修渠的例子。乾隆时,汧阳县"屈家湾开渠一道,筑坝二处,并筑石渠二十八丈,引汧水分支旁导,约灌田三顷有奇;葫芦铺开渠一道,约灌田一顷有奇;黄里铺开渠一道约灌田二顷;龙王庙开渠一道约灌田二顷有奇;又赵家滩渠一道;寇家河渠一道。退水之处现具疏通……以上六渠,皆小民自愿开渠"修建。[③]

汉中留坝厅向无水利设施,清朝后期,"川楚徙居之民就溪河两岸地稍平衍者,筑堤障水,开作水田。又垒石溪河中,导小渠以资灌溉。"在西江口一带资太白、紫金诸河之利,在小留坝以下乘间引留水作渠。"各渠大者灌百余亩,小者灌数十亩,十数亩不等。町畦相连"[④],禾苗丰茂,在当地水利建设中可谓创举。但由于地势低洼,设施简陋,每到夏秋涨水时节,很多田和渠被冲淤,给农民造成巨大的经济损失。我们在看到清代陕南外来开荒者对当地农田水利建设作出了贡献的同时,也看到了他们生产生活的艰难。

此外,陕北榆林府怀远县境内有白莲和黑河二渠,各灌田数十顷,"皆民人自行疏浚,无待官修。"[⑤]绥德州的普济渠,"引邢家沟、卜

---

①(民国)《续修陕西通志》卷 60《水利·汉中府定远厅》。

②[雍正]《陕西通志》卷 62《人物·孝义》。

③(民国)《续修陕西通志》卷 59《水利·汧阳县》。

④(民国)《续修陕西通志》卷 60《水利·汉中府留坝厅》。

⑤(民国)《续修陕西通志》卷 61《水利·榆林府怀远县》。

家沟之石溪水,自霍家坪入渠至桃花坪止,共灌田三百余亩"。创始于光绪三年。由镇绅马扬休、霍应兰、郝兆熊等筹款建成。[1]当然,许多小型水利工程虽然都是由民间或官绅、商人出资、出力,但地方官府仍然起了一定的组织协调作用。如汉中的水渠"每逢夏秋,淋雨过多,遇有水涨,溪河拥沙推石而进,动将堰身冲塌,渠口堆塞。必乘冬春雇募人夫修砌挑挖,使水之时,方能无误。工费日加繁重,需用银钱,虽按地均拥(摊),民间各举首事收之,而派拨人夫,必须官为督催"。两县或几县通用水渠的相关事宜,更是必须由当地官府派专员负责处理。[2]清代甘肃多数府县的水利设施,也是由官司主管,农户出力、出资修建的。

总之,国家和私人两种投资,代表两类不同的水利、农业开发目的和两个水利建设的动力源。在这里,中央政府是历史上西北水利建设事业的最主要的投资者。因为不论民间的、官员自筹捐俸的或是绅商捐建的水利工程,一则规模不大,二则都须得到中央政府的支持与协调。任何较大的农业灌溉项目,离开中央政府的投资、规划和组织协调,都是无法进行的。然而汉、唐、宋、明直至清代,国家只有遇到大的军事行动,才会投资来开发西北的农业和水利。战事停息,兵员东撤或减少,中央政府的投资便立即削减或停止了。正因为西北历史上许多大的经济开发项目都是由政府投资的,也都是在民族、社会矛盾激化的背景下作为军事行动的配套措施提出和开展的。因此,历史上尤其是甘、宁、青、新地区古代农业水利开发,大都逃不出军事动力的窠臼,也脱不开忽起忽落的实践轨迹。反倒是像关中、陕南等那样的经济开发型水利项目,尽管其规模有大有小,但均能在历史上比较长

---

①(民国)《续修陕西通志》卷61《水利·绥德州》。
②(民国)《重修陕西通志》卷60《水利·汉中府》。

久地发挥作用。这一方面说明了为什么以关中地面之大,三陕水源之富,而其在封建社会后期实际开发出来的农田灌溉面积,竟不如宁夏、甘州一府之多。另一方面也告诉人们,为什么像宁夏、甘肃河西、新疆等水利设施密如蛛网,翘楚西北,不让东南的地区,在历史上却总是处于经济落后的地位。

三、西北农田水利建设的技术

西北历史上的水利是关系到民生、防务、社会稳定和发展的关键因素,前人对它给予极高的评价,说水利之所在,民命之所关。"有圣人出,经理天下,必自西北水利始。水利兴而后天下可平,外患可息,教化可兴矣。"①把西北的水利置于天下安危,教化兴衰的重要地位来认识,这在古代是有一定代表性的。正因为这样,西北历史上历代官民无不在水利建设上给予极大的关注和投入。同时,发明改进了丰富的水利技术,积累了很多有价值的经验。遗憾的是历代政府并不重视科技资料的搜集和保存,致使许多科技发明和技术旋生旋灭,今人只能根据一些历史的碎片,来整合和透视前人的相关成果。

西北历史上的水利设施形式,主要有灌溉渠道、坝堰池塘、筒车提灌、灌溉用井等。

(一)引流灌溉技术。陕西汉中地区的农业灌溉已有数千年的历史了。其"治渠之善,东南弗过也"。清人严如熤从汉中地区的农业灌溉历史中,总结出六条科技经验:

一是择水。稻田水宜清宜暖,浊不宜秋苗,冷则苗不长发而迟熟……凡山向阳者。水性不甚寒。泉脉从石隙出。其流必清,这种水最适宜于作物种植。

---

① (民国)《续修陕西通志》卷57《水利·序言》。

二是择土。五方之土,黄壤、白壤、青黎、黑坟、赤埴,色各不同,性亦互异,种植各有所宜。种稻则宜涂泥。大约种稻之土,泥壤为上,泥多带沙者次之,泥沙相半者次之,黄壤带沙,沙细杂少泥亦可用,若纯是黄壤、白壤、青壤、亮沙,则决不可用。修渠先要辨别土质,渠修而土不宜稻,徒费工本,不可不慎。

三是修渠身。垦田之地低,作渠之地高。高则可由上灌下,渠身应选择土性稍坚者开引。渠身一道,盘纡常百里数十里,选择引水之地的时候,要同时考虑泄水之地。引水之地得而渠有头,泄水之地得而渠有尾。所引之水,下游或退回本河,或流入大河,都要根据地形,通盘预计,然后才能动工。还有一个重要问题就是所引之水,流速不可太急;渠身长一些,水行数里十数里而后灌田,可以避免灌沙冲筒之患。同时渠身宜广宜深,如溉田至五六万亩,则渠身必须宽三四丈,深一丈四五尺,进渠之水,常有二三尺,方才够用。渠堤要用挖出的土培筑,使其厚而坚固。支渠水口要开在渠堤靠田地一面的底部堤帮上,并用砖石衬砌。渠堤背田的一面,要留空以收野水助溉。筑堤时遇对面有潦沟,尤须加固。

四是分筒口。渠身离田有远有近。凡大渠一道,必分堰口数十道,灌田数百亩千亩数千亩不等。堰渠一道,又必分筒口十数道,灌田十数亩数十亩百亩不等。堰口宽长各有尺寸,启闭各有日期,要详细计算,以所进之水足灌其田,不至干涸为原则。上游田地灌足后,将余水放入下游。下游又作水田,雨多之年,也可有收。

五是修龙门。渠与溪河相接,引水进渠处为龙门,乃一渠之咽喉。不能迎水,则水不入渠。迎水而太当溜,则涨发时有决冲之患,故作龙门,最好是寻找和利用石质或土质坚硬的小山阜。旁吸河流,以避正溜。龙门要比渠身窄狭,做个比喻,龙门就像是口,渠道像是颊,口之所入,颊大才能容纳。龙门两帮的堤岸,须用灰土坚筑,结成整体,每边各包十丈,或用砖砌四五层。须知这里用石头砌筑不好,因为石缝过大,容易浸水,造成渠帮塌陷。若是河水很大,可在龙门下数十丈、百余丈处作减水坝,堤身就不至冲塌。建造龙门得法,则不论遇到旱或是涝,就都只有水之利,而无水之害了。

六是拦河。龙门既用旁吸法,则渠道进水就不是正面流入,这就必须在正河上截流,水才能流进渠道。于是修拦河坝便成为关键了。汉中一带拦坝,往往用石头砌断河流。而萧(何)曹(参)的遗制并不是这样的。砌石看似坚固,可河水冲击,从底下穿石而过,就会造成塌堤。萧、曹的办法是用四五丈长的木桩,纵横钉入水中,磊以乱石,截其大水入渠,而仍听石隙之水下流,这样水势不急,便可以避免河水冲刷底部。看似疏漏而实际上更加牢靠,是又简单又能保持长久的拦河技术。采取这种方法引水,遇到河水太浅时,也可以用板席等堵截,做到让河流“点水不滴”。此外,还可以用木圈、竹笼盛石,碇以巨桩的办法拦河。严如熤说:“凡此六事,皆汉中作渠溉田,行之数千年,而有利无害者。西北可以相通,仿而行之,利济无穷矣。”[1]看来这是具有普遍意义的一项水利技术。

(二)坝堰池塘修造技术。西北的坝堰池塘以汉中和河西地区较为集中。其建造技术状况也可以汉中为例来说明。古人在堰坝系统的建置上,相当注意“相其流泉,度其原隰,因地之宜,顺水之性”,并把修复渠堰,节宣蓄泄,俾灌溉有资,看作“农事首务”。[2]

明代汉中地区在堰坝建筑技术上,采取于堰坝下游处“多置圆石木栏”,以防冲击渠道。而在堰坝上游则“中流留龙口”的办法来处

---

①[雍正]《陕西通志》卷39《水利》。

②[乾隆]《甘肃通志》卷15《水利》作者语。

理。①这里的龙口指泄洪口,它在建筑上比堰坝低一半,洪水来时用以分流,防止涨水漫过大坝,确保堰坝的安全。为了加固堤坝,各地还普遍在渠堤上密栽桑榆等树木。树长根深,盘结包固堤岸,又能采桑养蚕,发展多种经营,补充养护费用。

在没有水泥的时代,垒石为堤是最坚固的建筑材料了。但石隙经历常年的湍水冲击,也容易出现垮坝;是堰坝建设的一大难题。汉中官民针对这一情况,传统的做法是"堰头每年培修,只准垒石铺草,拉沙塞水,不得编笼"②。即用石间塞草,拉沙堵水的办法来解决水冲堤垮的问题,也确实收到了一些效果。最迟到明代,人们在建筑材料和技术上发明了"油灰灌隙"③的技术,即用石灰和桐油合成的"油灰"灌注于石隙间,以这种办法来处理石砌堰堤的壁面,利用石头的坚固性和桐油的隔水性能,来确保新修的堰坝既坚固又能防止渗漏。这一技术固然有效,然其成本太高,推广受到局限。为了减少成本,人们也常常采取不用桐油,而只用石条、石灰砌堤的办法。如洋县修建土门、贾峪二堰时,就用了"推去沙石,巨石为底,上累条石,涂以石灰"的技术,它比不上桐油的隔水性能,却比垒石铺草,拉沙塞水的老办法进步了好多,是一项既适用,又造价较低的技术措施。

清朝前期西北渠坝建筑技术,难度较大或费工较多的是在山体下凿洞通水,在沟壑上飞槽渡水,在田高水低的地方偃水上流,在沙漠弥漫的引水工程中衬砌渠道等。这方面的技术发展状况,可以从清人沈青崖《创凿肃州坝庄口东渠记》一文中略见一斑。文中有云:"红

　　①李乔岱:《土门贾峪二堰碑记》,见民国《续修陕西通志》卷60《水利·汉中府洋县》。

　　②(民国)《续修陕西通志》卷60《水利·汉中府南郑县》。

　　③李时犖:《石堰碑记》,见民国《续修陕西通志》卷60《水利·汉中府洋县》。

水河东、西二洞子坝,都是前人凿山穿隧开成的。人们又从肃州的坝庄口偃红水上流,凿洞十里,可灌田数百顷;其西岸工程量与东边相等。东洞子南面,平野相望,约行三十里,黄壤青沙,可以开垦为田地,只是缺乏灌溉条件。上坡不几步,就是新渠龙尾,俯瞰河底,窅然而深,东西两岸,都是百丈陡崖,壁东有一蜿蜒小路,人马走在上面,远远望去小得就像蚂蚁一样。壁间每隔十余丈开一洞口,用以运出凿土。凿工钻进洞穴施工,灯火相望。洞穴高度与人相若,宽可二人擦背通过,民工食息不离其处。尤其奇异的是,在没有专用仪器的情况下,他们从洞两头摸索着向前开挖,而到打穿以后,两头正好对接。外洞栉比鳞次,如排笙凤箫。再往南走,就是小干沟,由于山水冲击,此地已成断崖,准备驾飞槽渡水,测量者担心难通大水,就改凿为沟坳,曲屈绕过南壁。从此以下,明渠暗洞,互相递接。再往前一里左右,就到了土陡崖,那里山更峻峭,夫役沿梯而上,缒绳而下,如猱如鸟,要不是亲眼看见,很难想象人能在那上边通行。再往南,地稍平坦,间或有三、四段明沟。瀑布从悬崖间泻下,晶莹壁立。再向南,见有凿挖的暗洞一里许,通到薛家弄大干沟,其地断壁更加严重。沟后直通羌族聚居区。由于这一段不能用隧洞来连接,人们就从洞底开挖阴沟,一直通到龙口。那工程更加险峻奇特,以至使人疑为神设鬼造。从此往南200余丈,方始筑堰,张嗓以受北来之水。再往后10余里,凿洞竟占工程量的十之七八。西岸所开新渠,洞工占十之四五。那段渠的形状,就像是蚂蚁穿通九曲珠,又像是虫蛀木头,蚓食土壤,五丁之开蜀道……渠成以后,可以灌田数百十顷,每年增加官私粟麦约 2 万石。"①这段记载,将西北先民不畏险难,开拓进取的精神和智慧,栩栩

---

① [乾隆]《重修肃州新志·肃州文》。

如生地反映出来了,也使我们看到了清前期河西水利建设的技术水平。

用草堡衬砌渠道以防渗漏,植树固沙以防溃堤,是戈壁沙漠地区农田灌溉中一项成功的经验。清人在著名的肃州(今甘肃酒泉市)三清湾屯田等农渠保护工程中,充分利用了这一技术。雍正间,主持肃州三清湾屯政的慕国琠调动民工,挖取土堡,来贴砌渠道帮底,堡间用泥沙填实,再用柳桩钳住,等土堡串根长芽,柳桩扎根以后,就能坚固地锁住沙龙,而渠水也不会大量渗漏了。为了防止沙堤被水冲垮,慕国琠又指挥民工在渠道两旁也用柳桩土堡,犬牙交错地衬砌堤面,加固渠道基址。还每隔一丈,建一土墩,以固堤身。从三清湾渠口至屯地,沿渠两旁,都用草皮树桩封固,使草根盘结,树木交错,造成绿树成荫,风尘不惊,昔日滚滚流沙地,变成了数十万亩良田。在今新疆地区,为了防止渠水渗漏,人们除了用草皮、砾石衬砌渠道外,甚至有用毛毡铺垫渠底的。

兴修水利必须与疏导积水,排除水患相结合,这不仅是一个技术问题,而且是更大的战略性思考。西北先民在这方面也为我们留下了值得总结和借鉴的做法。陕西华州、华阴二州县历史上深受水涝之苦。光绪二十年(1894年),陕西巡抚魏光焘议修二华水利,得到朝廷支持。于是,二州县疏通旧渠,修浚新渠70条,排除积涝,恢复田地15万余亩。①光绪二十九年(1903年),陕西巡抚升允奏准招募"水利军",疏通通济渠,华阴之长涧河、柳叶河,咸宁的浐堤和灞堤,太一峪渠,回龙桥、读书寨,长安的金家堰,雷家村高家渠,临潼的周家堡,朝邑的引洛渠,郿县的井田、斜谷二渠,武功的东马厂堤等,"计共筑堤堰数十道,开支河十余,修渠三十余道,灌田十万余顷。"百姓比之为

---

①(民国)《续修陕西通志》卷58《水利·同州府华州》。

"郑白渠""其余如凤翔之东湖,韩城之毓秀桥,华阴各河下游,延安各属渠工,鄜州城工,朝邑黄洛堤工""具属紧要工程"。在这些工程建设中,都很关注将兴水利和除水患相结合。仅华阴县的长涧、柳叶等河修好后,就既排除了"该河连年漫溢""沙石积压官道民舍"的水患,又将旧渠"开宽取直,水势畅流",灌田四万余亩。①

(三)水车和井灌技术。水车是田高水低之处的主要灌溉工具。曹魏时,扶风(今陕西兴平县)人马钧发明了一种翻车(又叫龙骨车),其法是在转轮上拴一圈唧筒,"令儿童转之,而灌水自覆。更入更出,其功百倍于常。"②这种水车结构精巧,操作省力,是水泵发明前最为先进的提灌工具,因而迅速地推广和流传开来。唐文宗太和二年(828年)闰三月,朝廷"内出水车样,令京兆府造水车,散给缘郑白渠百姓,以溉水田"③。明代兰州人段续④,服官南方时得水车法,"里居时创翻车,倒挽河流以灌田,致有巧思,沿河农民皆仿效焉。"⑤到清道光(1821—1850年)前后,仅兰州府城周围就有水车150多轮,灌地18000余亩。⑥府属诸县,如金县、靖远县,还有河州等地都有水车灌溉。著名的兰州园艺业,名闻遐迩或被列为贡品的"焦桃"、水梨、苹果、瓜、菜等,其中相当一部分就是由水车浇灌出来的。

传统水车的制作材料,南北方一般都用木头。陕西石泉县一带的农民就地取材,改用竹子做成筒车。每个筒车用 2.4 丈的竹子 24 根,

①(民国)《续修陕西通志》卷 58《水利·同州府华阴县》。

②傅玄:《傅子》卷 5《马先生传》。

③《旧唐书》卷 17 上《文宗本纪》。

④段续,字绍先,兰州人,嘉靖二年进士,曾任云南道御史([光绪]《重修皋兰县志》卷 22《人物》)。

⑤[光绪]《重修皋兰县志》卷 22《人物》。

⑥[光绪]《重修皋兰县志》卷 22《人物》。

中横木轴,以竹为辐,做成轮状,每两根竹子末缚一竹筒,每筒后加一竹笆。安到渠上,引水急流于下,插入面激竹笆则车自转动。上边筒旁高架木槽,接水入田间。每车每天灌田一顷,"不烦人力,可夺天巧"①。它虽然不如木制筒车坚固,却能就地取材,因陋就简,与木制水车提灌效果相同,又比其省工本费很多,有更多的人家能够置办得起。清末,面积不大的石泉县境内就有这样的筒车50多架,保守的估计是平均每部筒车溉田40亩,那也可以总灌2000余亩,这对一个小县来说是一个大数字,同样反映了当地人民在水利灌溉事业上的积极性和创造力。

缺乏地上水源或引流灌溉不便的地方,打井能起到独特的抗旱作用。清代陕西学人王心敬说,掘井一法,正可通于江河渊泉之穷,而实补于天道雨泽之缺。他根据历史经验,提出打井应注意的几个技术性问题:"首在视村堡人丁多寡之数,次视地势高下浅深之宜,又次计成井取水难易省费之详,又次必先事预备,不至缓时以失事机",并指出要解决好这些问题,"紧要则在乡约村村得人,而大纲纽则在太守贤明,实心实力,严饬州县,信赏必罚,丝毫不以假借也。"②西北各地尤其是陕西许多地方,应用各种适合于本地的技术措施,打出数以万计的灌溉用井,充分显示出民间在这一领域的智慧。

比普通灌溉用井难度更大的,还有井渠或叫坎井技术。所谓坎井,即地下水渠。挖这种井渠,必须每隔一段就在地面上凿一井口,各井底部相通,直抵水源,下达明渠,然后引以灌溉,它的优越性是既克服了低水不能远伸的困难,又能有效地防止水面蒸发,是西北人自汉代以来就发明了的一项灌溉技术。《史记·河渠书》所云汉朝政府发卒

①(民国)《续修陕西通志》卷60《水利·兴安府石泉县》。
②《皇朝经世文统编》卷21《地舆部六·水利》。

万余人,自征(今陕西澄城县西南)引洛水至商颜山下,乃凿井,"井下相通行水"的"井渠",就是清人说的"坎井"技术。王国维对此论之甚详甚确①。鸦片战争时期,林则徐谪戍到西域后,推动坎井技术在吐鲁番等地广泛地实行,并收到更大的经济效益。法国汉学家伯希和说新疆的坎井技术与波斯之地下水道相似,因而疑此法自波斯传来,那是不符合实际的猜想。

四、西北古代农田水利建设的基本经验

从行政管理的角度看,西北农田水利开发的基本经验,以下几点最为重要:

一是国家实行保护农田水利的政策。农田者民食攸关,而水利尤西北急务,这是古代官民的一致看法。纵观西北历史,凡水利建设较好的时代,政府照例都实行农田灌溉用水优先及部分赋税照顾的政策。在农业用水与磨枕、运输等发生矛盾时,政府出面调解,总是首先确保农田灌溉用水。如唐高宗永徽六年(655年),雍州长史长孙祥奏言:"往日郑白渠溉田四万余顷,今为富商大贾竞造碾硙,堰遏费水,渠流梗涩,止溉一万余顷。请修营此渠,以便百姓。"修营不光是单纯的修渠,它还包括拆除一切影响水利灌溉的碾硙等。唐高宗同意长孙祥的看法。对此,太尉长孙无忌讲得更加清楚,他说:"白渠水带泥淤,灌田益其肥美,又渠水发源本高,向下枝分极众,若流至同州,则水饶足,比为硙碾用水泄渠,水随入滑,加以壅遏耗竭,所以得利遂少。"于是遣长孙祥等分检渠上碾硙,皆毁之。②这是唐朝通过政府决策,在农

---

①王国维:《观堂集林》卷13《西域井渠考》谓:井渠始载《史记》,汉武帝时即行此法。又《汉书·乌孙传》记破羌将军辛武贤"遣使案行卑鞮侯井事",即"大井广通渠也,下流涌出,在白龙堆东土山下,井各通渠,又有上下流,确是井渠。"

②[雍正]《陕西通志》卷39《水利》引《白孔六帖》。

田灌溉季节遏制非农用水,保证农田灌溉的一个例子。唐玄宗开元元年(713年),李元纮为京兆尹,诏决三辅渠,"时王主、权家,皆傍渠立碨,潴竭争利,元纮勒吏尽毁之,分溉渠下田。"①后李栖筠作工部侍郎,关中豪戚继续阻壅郑白二渠上游,建碨取利,"且百所,夺农用十七",栖筠上奏朝廷,"请皆撤毁,岁得租二百万,民赖其入"。②得到允行。黎干作京兆尹时,泾水壅隔,请开郑白支渠,复秦汉故道以溉民田,"废碨碨八十余所"。③薛王李知柔为京兆尹,郑白渠梗壅,民不得岁(稔)。知柔用强硬的手段"治复旧道,灌浸如约,遂无旱虞"④。《旧唐书》卷120《郭子仪传》记载了这样一件事:郭暧是郭子仪的第六子。年十余岁,尚代宗第四女升平公主。时升平年亦与暧相仿。公主恩宠冠于戚里,岁时锡赉珍玩,不可胜纪。大历十三年(778年),"有诏毁除白渠水支流碾碨,以妨民溉田。升平有脂粉碨两轮,郭子仪私碨两轮,所司未敢毁彻。公主见代宗诉之,帝谓公主曰:'吾行此诏,盖为苍生,尔岂不识我意耶? 可为众率先。'公主即日命毁。由是势门碾碨八十余所,皆毁之。"唐文宗开成二年(837年)六月,崔珙迁京兆尹。"是岁,京畿旱,珙奏浐水入内者,十分量减九分,赐贫民溉田,从之。"⑤这些诸王、公主、权势之家、富商大贾前后一贯地大修碾碨,与民争利,而政府及正直官员在处理这一问题时又总是向农田用水倾斜,不徇私情,不畏权势,致使数以百计的碾碨,毁而复修,修而复毁。这一事实说明了灌溉在关中农业、国家税收和社会稳定中的极端重要性。也

①《新唐书》卷126《李元纮传》。
②《新唐书》卷146《李栖筠传》。
③[雍正]《陕西通志》卷39《水利》引《白孔六帖》。
④《新唐书》卷81《三宗诸子·李知柔附传》
⑤《旧唐书》卷177《崔珙传》。

反映了政府对农田用水的优先政策。直到宋代遗风犹在，据载陕西"渭南豪家，置砲以擅水利，岁旱，一勺不以与人，公（曾公望——引者）至，即破砲渠，水使得与众共，凡溉民田千顷。"①这又是一个抑豪佑农的官员。

对一些水利项目实行政策照顾，可以清前期陕西打井灌溉为例。康熙二十八九年，陕西大旱、民饥，鄠县人王心敬写了一篇《井利说》，倡导民间打井抗旱，并对陕西可以打井的府县，打井的方法，官方组织的作用，应该注意的事项等都有详细明确的论说，但当时打井并不多。乾隆二年，崔纪巡按陕西，坚信"凿井灌田一法，实可补天道雨泽之缺，济地道河泉之穷，而为生养斯民有备无患之美利，正大《易》所谓养而不穷之道也"。他习见家乡蒲州凿井灌田的实利，有相当丰富的打井灌田的知识，乃令属下各县"相地凿井"，并向朝廷奏请将地丁耗羡银借给贫民，作凿井费，待收成后，分三年归还政府。由于井灌成本较高，与引水灌溉不同，又"请免以水田升科"，即农民凿井灌田，赋税仍按旱地缴纳，"得旨允行"。后以百姓借耗羡银请领不便，改由社仓积储借给。从当年五月到十一月底，奏报开井数目，全省共新开各类井 68980 余口，约可灌田 20 万亩。加上旧有大小井 76000 余口，新旧井已共 144980 余口，灌溉总面积至少当有 40 多万亩。②虽因忌之者上章弹劾，以致乾隆帝批评崔纪"办理不善，祇务多井之虚名，未收灌溉之实效"。但一时掀起打井抗旱的热潮，并凿了许多井却是事实。这一打井热潮的出现，与地方官的积极倡导督率分不开，也是政府借贷和免于升科的政策照顾的结果。

———————

①（宋）强至：《祠部集》卷 35。

②（民国）《续修陕西通志》卷 61《水利·井利附》。

二是水规水法严明。如唐朝西北的农田灌溉,从敦煌遗书残卷伯3560号《开元水部式》看,其水管制度包括管水机构的设置、干支渠灌溉次序、斗门设置、浇灌时间和方式、各斗门启闭时间和控水量、渠道维修及运输兼营等,考虑得相当细致周密。大的渠堰,统由地方政府派专人管理,"农忙之际,用水启闸,各堰口官为经理,具有成法,不至纷争。"①

陕西宝鸡县的利民渠,是明朝弘治时开的。清乾隆二十九年,知县许起凤重新疏浚,并针对此前灌溉无序,上游、强者抢水等弊端,订立四条《章程》,刊石明示,使居民知所遵守:(1)本境居民,同乡共堡,休戚相关,渠道经过之处,民田有所浸损,即用淤塞旧渠道弥补,不得阻挠通渠,如违秉究;(2)每春浚修渠堤,由各堡渠长按亩派工,统一标准,不得推诿观望,影响工程。否则许渠众秉究;(3)灌水自下游开始而至上游,依次递灌,不得紊争,违者秉究;(4)灌水时设一粉面木牌,按日按时上下接灌,逐日登记,明白交代。敢有恃强不遵者,渠长秉究。②章程简明公平,有力地保证了灌溉的秩序。从西北各省府州县地方志可以看到,大凡农田水利比较发达的地区,几乎每一条灌溉渠道都有比较详明严格的管理章程和灌溉制度,从而有效地减少了分水不均、偷挖霸占、出工出钱不公等水利争讼,确保了灌区的集体收益。

三是建立了长官负责制。如清朝甘肃屯田区的各级行政长官,大都负有兴修和管理水利的职责。在屯垦比较集中的州县,设"州同"、"县丞"等"专司水利"。这些官员下面,有农官、渠正(长)、管水乡老(水老、水利乡老、水利老人)、水利把总等吏目,管理具体事务。农村基层行政组织的头目乡约、总甲、牌头等,也负有管理水利的任务。举

①(民国)《续修陕西通志》卷60《水利·汉中府西乡县》。
②(民国)《续修陕西通志》卷59《水利·宝鸡县》。

凡水渠的巡察与维修,每块农田用水的渠口,时间和数量,上下游灌水次序的安排,水利纠纷的评判,以及水规水法的宣传,灌溉情况的上报,劝喻农民按规定用水等,都由他们负责。各州县分水渠口,还多立有"宪示碑"(水利碑文),载明各坝额粮额水,分水渠口长阔,水管人员职责等内容。间有不平,曲直据此而判。水规也很具体。如甘肃古浪县诸水渠,用红牌限定用水时刻,从下游到上游,轮流灌溉。每个坝口还有使水花户册,载明地、粮、水额,一式两份钤印后,一本存县,一本管水乡老收存,遇到纠纷,便据簿查对。

对于水利分配利用中发生的不法行为,清正的地方官都会按水规水法和灌溉制度给予严厉的打击和惩办。清人陈世镕在《古浪水利记》中记载了这样一件事:甘肃古浪(今永登县)西北之水皆入休屠泽(在今甘肃民勤县北),居民因河为渠以溉地。这里的五坝在四坝之左,地势较高,渠坝分水稍稍不均,则水侧泄于四坝,五坝便会受旱,"故立桩刻识,分寸不能相假"。当地有个名叫胡国玺的人,乃"四坝之奸民也",他与县衙相勾结,甚至能够挟制数任县官,在四坝旁私开汊港,叫作"副河"。渠水下来,必先灌满这里的正、副两河,而后五坝才得见水。古浪县四百里地面,胡的爪牙就散布了三百里。"五坝之民,饮泣吞声,莫敢谁何也。"胡国玺巧立名目,私收公款,各坝"岁纳数千金,以为治河之费,其征收视两税尤急,用是一牧羊儿而家资累万"。陈世镕做县令到任后,根据五坝之民的呈诉。前往勘验,核实胡国玺"一坝而占两坝之水,藉以科派取利"的事实。"即令毁其副河,以地之多寡为得水之分数。"并请立案,将"胡国玺照扰害地方例惩办,而讼以息"[1]。这是一个依法惩治地痞恶棍的典型案例。

四是重视激励官绅和普通百姓的投资热情。光有政府的需求和

---

[1]《皇朝经世文续编》卷118《工政十五·各省水利中》。

投资，而没有官绅和百姓的配合就不能落实和扩大农田水利建设的规划。因此，历代政府和主管官员将农田水利建设的成绩作为考评属官的指标。如清高宗乾隆二十年（1755年），陕西巡抚陈宏谋在《饬修渠道以备水利檄》中首述了河西水利的极端重要性，说河西的凉、甘、肃等地，历来夏天少雨，全靠祁连山的雪水浇灌，凡渠水所到，树木荫翳，烟村栉列，否则一望沙碛，四无人烟。接着，他说他亲眼看到一些地方，渠道不通，堤岸多坍，渠水泛溢道路，使有用难得之水，漫流可惜，而道路阻滞亦有碍于行人。官司以向系民修，漫无督率，以致缺水之岁，则各争截灌，遇水旺之年，又随意挖泄，毫无长计远虑。为此，他要求当地官员学习宁夏府修渠的经验，查明境内所有大小水渠名目、里数，造册通报，责成州县，利用农隙督率近渠得利之民，分段计里，合力公修。他提出关键性的一条："即以修渠之勤惰，定州县之功过，遇有保举，将如何修渠造入事实册内，以表实在政迹；不可视为无关紧要之末务。"这是对河西说的，河东有渠道的地方，亦"皆照此办理"①。他将水利管理、利用的成绩与官员的政绩、迁转紧密地联系在一起。类似记载很多，它无疑是一条得力的水利建设和管理的措施。

农田水利建设直接关系到普通民众的生产生活。因此，在国家、官府组织水利建设的地方，都有民众积极配合。同时，民众出于生产生活的需要，还在政府关注不到的地方，如前述陕南移民区，不等不要，凭自己的一手一足办水利，西北地区这样由百姓自筹自建的水利设施虽然规模小，又分散，但其总数不少，是民间自力更生，开拓进取，兴办农田水利传统的继续。一些地方在缺乏河渠水利资源的情况

---

① 《皇朝经世文统编》卷21《地舆部六·水利》。

下,人们还收集雨水灌田,如汉中洋县一带没有水池坝堰,那里的民众就通过凿池,"惟收天雨",[①]来积聚饮灌用水。

（原载《西北师大学报》2006 年第 5 期、2007 年第 5 期；《甘肃联合大学学报》2006 年第 4 期）

①（民国）《续修陕西通志》卷 60《水利·汉中府洋县》。

文书契约租佃制的产生、发展和作用

一、文书契约租佃制产生的历史条件

对于文书契约租佃制产生的时代，史学界进行过许多有益的探讨，但多是离开当时历史条件从契约本身找根据，因而他们得出的结论很难令人信服。比如胡如雷根据1966年出土新疆阿斯塔那墓地第六十二号墓的两件"翟强辞"和租赁其它生产资料的一些契券，"从侧面"证明我国魏晋南北朝时期确实已存在租佃土地的契约关系，即我们所说的文字契约租佃制。他认为"这种契约关系在当时当地有'大例'可循，已经比较通行"①。这一观点是值得商榷的。其实，文字契约租佃制是封建生产关系发展到一定阶段，封建土地所有制体系中占支配地位的世族地主所有制走向衰落，私家佃农人身依附关系相对减轻的历史条件下产生，因此，它只能出现于北朝中期以后，而不可能出现于这以前。魏晋南北朝前期，从战国、秦、汉历代豪强中成长起来的世族地主，在社会上占有统治地位，他们霸占土地，跨州连郡，荫庇人口，"徒附万计"，以坞壁堡垒为据点，设置庄田，组织武装，对内统治着依附于他们的宗人、佃客、部曲和奴僮；对外则争当凭借霸权的割据者。他们强则称王称霸，弱则屈己属人，使整个社会形成了劳

①胡如雷：《几件新疆出土文书中所反映的十六国时期租佃契约关系》，《文物》1978年第6期。

动者依附于豪强世族，豪强世族依附于更大的割据势力这样的层层依附关系。劳动者则只有在地主的"荫庇"下，借助于武装庇护，才能维持生产和生活；否则，随时都会像鸟兽一样被捕捉。在当时，世族地主的依附农没有社会地位和自由，社会上也不存在合法的自由自耕农，世族地主组织农业生产，是通过一种非文书契约租佃的形式。如《吕氏春秋·审分》云："今以众地者，公作则迟，分地则速，公作则迟，有所匿其力也，分地则速，无所匿其迟也。""公作"是指奴隶们在井田上集体劳动，"分地"，是指封建土地所有制下的租佃制，这是战国时期的租佃形式。《汉书·食货志上》云："或耕豪民之田，见税什五。"《后汉书·马援传》云，马援"上书求屯田上林苑中"，《水经注·河水》云："苑川水地为龙马之沃土，故马援请与田户中分以自给也。"这种土地占有者向佃户征收地租，中分产品的生产形式，就是一种封建的租佃关系。

魏晋南北朝以降，非文书契约形式的租佃制继续存在和发展。《隋书·食货志》云：东晋政府规定世族之荫庇人口，"佃谷皆与大家量分"。《魏书·食货志》载北魏初期，"荫附者皆无官役，豪强征敛，倍于公赋"等，都是这种非文书契约租佃制或隶农制经营的典型例子。至于隋唐以前的文书契约，到目前为止，无论传世文献还是各地出土文书中，都没有看到一件实物。胡先生所据以立论的两件出土文书，本身也不是租田契，胡先生之所以据以认定魏晋南北朝时期已经通行文书契约租佃制，只是因为出土文书中一再提到"强共积有要""要从大例""结要"等"要"字。不过，即便如胡先生所指出的那样，"要"在这里当作"相约、盟约、缔约"之义，我们仍然怀疑出土文书中所说的"要"，实是土地经营中的契约文书。因为从字义上说，"契""约"或"契约"等词，在中国古籍中出现很早，其义并不专指土地经营关系，如《汉书·沟洫志》云："今内史稻田租契重，不与郡同，其议减。"注云：

"租契,收田租之约令也。"这里的"契"与田地有关系,但那只是指政府收取地租的制度或政策规定。《魏书·鹿悆传》云:悆"还军,于路与梁话誓盟。契约既固,未旬,(萧)综果降。"在这里,"契约"又是指政治盟约而言。可知最早的"契""约"或"契约",与后来土地经营中的文书契约并不是一回事,我们不能根据出土文书中的"要"字和租赁其他物资的一些契券,来断定魏晋南北朝前期文书契约租佃制就已经出现或"比较通行"了。从历史上来看,魏晋南北朝前期,世族地主不仅占有广阔的耕地,而且可以隐占户口劳动力,建立家兵,以其宗族强力,就能对荫户实行有效的控制和奴役,他们无须也不屑与农民订立什么文书形式的契约,文书契约租佃制在当时既没有产生的历史条件,也不可能成为地主土地经营的主要形式。

北朝中期以后,情况有了很大的改变,在农民起义风暴的打击下,世族所有制出现衰落的迹象。私家佃农人身依附关系开始减轻,特别是经过北魏末和隋末两次农民起义强台风般的涤荡,世族地主所有制元气大丧,日薄西山,终于在唐朝中期以后,其统治地位逐渐被新起的庶族地主所有制代替。庶族地主阶层的贪婪、残暴以及占地的数量毫不逊色于世族,然而随着中央集权力量的强化和社会秩序的稳定,庶族地主再也不能像世族地主前此那样隐占户籍,拥有部曲人口了,而只有借助于国家法律和政治权力的保护,才能实现其对广大劳动者的剥削;而国家政权也只有既保护地主阶级对农民的剥削权,又考虑到农民阶级的负荷力,把地主与农民剥削和反剥削的矛盾冲突,保持在"秩序"的范围内,才能够维护地主阶级的整体—长远利益和封建国家的稳定。文书契约租佃制就是从北朝中期以后世族地主的衰落中,在地主阶级维持对农民剥削的需要下应运而生。当然,从文书契约租佃形式的起源上讲,它并不一定是由地主阶级创立。敦煌、吐鲁番出土的早期契约文书,多数是劳动者之间订立的,明显地反映劳动者之间调剂土地、劳力余缺,以及解决耕地和居住地相距较远,耕作不便等问题。很可能他们为解决这些问题,将当时早已盛行的借贷钱物粮食的文书契约形式应用到土地经营中来,在农民土地经营中首先实行文书契约租佃制,然后,私家地主和政府部门才仿而效之,将这一劳动者之间的租佃形式应用到对劳动者的剥削中。这种文书契约租佃制以封建国家的法律权力为后盾,将地主对农民的剥削权力和限度用文书契约的形式固定下来,是田主向佃户索取地租和进行诉讼的根据。正因为它在实质上有利于地主阶级和封建国家整体长远利益,因而得到封建国家法律的保护,并在唐朝中期以后逐渐成为官私土地经营中主要的形式。

二、文书契约租佃制发达的原因

文书契约租佃制何以会得到发展?很多史学家在回答这一问题时将它与均田制联系在一起。如沙知在《吐鲁番文书里的唐代租佃关系》一文中认为:"由于授田严重不足,而所授土地零星、分散,相距甚远,生产困难,成为租佃(指文书契约租佃制——引者)发达的原因。"[①]日本学者周藤吉之在《佃人文书研究补考》一文中,通过对吐鲁番出土文书的进一步研究,对此说提出了质疑,他认为唐初租佃制盛行于高昌县,似乎不只是由于百姓在离住处很远的地方受得土地而不能耕种,只好将受田租给别人造成的,"除了这个理由之外,似乎大多情况还是由于百姓受田少生活困难而造成的。"[②]

以上学者从特定时间、地点和特殊史料研究中得出的看法,不失为文书契约租佃制在当时当地发达的一种直接或表层的原因,然而

①《历史研究》1963 年第 1 期。
②《敦煌学译文集》,甘肃人民出版社 1985 年版。

从封建生产关系发展的整体和全过程来看，则文书契约租佃制之从北朝中期以来，随着庶族地主所有制的兴起、发展和取代世族所有制的统治地位而产生，隋唐时期又得到较大的发展，应从这一更深的历史层面找原因。这里让我们先看看文书契约租佃制的基本特点。

一是排除了田主对佃农的统治权。中世纪西欧的土地所有权有一个很大的特点，就是统治权与所有权的合一，公法与私权的合一。①其实，我国魏晋南北朝世族地主庄园制经济关系中也存在这种所有权与统治权、公法与私权合一的现象。当时，在关局严固的人身依附关系的束缚下，封建庄园主不仅强迫佃客向他们交"大半之赋"，②实行极为沉重的经济剥削，而且在政治上对佃客、部曲、奴僮等有生杀予夺的权力。封建主平时强迫依附农为他们服杂役、当家兵，保护田主的财产和安全，战时又武装他们，替田主去卖命。在"客皆注家籍"的隶属关系下，依附农没有独立的户籍，没有迁徙的自由，完全受田主的控制和奴役，这种情况，正如列宁所说：地主拥有"直接支配农民个人的权力"③。然而，在文书契约租佃制下，作为地主个人，他只能凭借手中掌握的土地所有权和文书契约关系，对佃客进行惨重的经济剥削，而不能再用私法、私兵——在多数情况下他们已经没有私兵，在政治上控制佃客。这时的人身依附关系，也只是佃农依附于地主的土地所有权，而不是依附于超经济权力。也就是说，缔约双方只有经济权利和义务，而没有政治上的统治和从属关系；在政治上，佃客和其他自耕农一样是由国家政汉管理。

<hr />

①马克垚：《西欧封建经济形态研究》，人民出版社 1985 年版。
②（唐）杜佑：《通典》卷 2。
③《列宁全集》第 3 卷，人民出版社 1976 年版，第 158 页。

二是主佃地位对等。在世族地主庄园制经济下,广大佃客遇到的是集军事、行政、法律和经济权力于一身的豪强世族。他们之间既有经济的、也有政治的关系,在这种隶属性很强的租佃关系中,劳动者无所谓人身的独立与平等可言。然而在庶族地主所有制下,情况就大不一样,庶族地主原来大都是社会地位相对低下的人,他们通过经商、科举、军功等途径发迹后,占有大量社会财富和土地。不过,作为一个社会阶层,他们压根就不掌握军、政、法律等大权,这些权力,在世族地主所有制向庶族地主所有制转化的过程中,就被日益强大的中央政权集中起来了。昔日世族地主对于农民阶级的暴力统治,往往是由那些高门世族直接行使的,而在庶族地主所有制占支配地位的唐中期以后,地主阶级则是更多地通过国家机器对农民进行暴力统治。国家政权从地主阶级的整体和长远利益出发,在一定程度上也保护劳动者的利益,并在一定情况下给予佃农以生命保障和迁徙自由,不允许任何私家地主非法隐占人口。作为国家编户的农民,不再是私家的隶农,他们已日益明显地变成在法律上与任何地主处于对等地位的农民。他们与地主个人缔结的文书契约关系,只是独立对等的经济关系。

三是适用范围广泛。前此,封建地主个人和国家直接掌握的土地,经营形式很多,如私田经营中秦汉时期的豪强地主庄田制,魏晋南北朝隋唐前期的世族地主庄园制等,它们都以宗人、僮仆、佃客等隶属性很强的劳动者为剥削对象。官田经营的方式就更多。如屯田制、占田制、均田制、营田制等。这些经营方式,各有其适用的范围,很难互相通融。文书契约租佃制则不同,它是一种官私各类田地均适的经营方式。因此,它开头只在劳动者间流行,后被地主阶级用作剥削劳动者的手段。同时,还被各朝农官所采用,以经营各类国有制土地。唐中叶北宋以后,官私大部分土地都采取文书契约租佃的形式来经

营,这固然首先是由阶级关系变化的现实所决定,但同时也反映这一经营形式适用范围广泛的优越性。

四是实物地租为主要地租形态。这一条漆侠先生已在他的大作《宋代封建租佃制及其发展》[①]一文中提出。劳役地租与社会生产的不发达状况相适应,在劳役租制度下,农民的剩余劳动是在地主的鞭笞下进行,这种剥削形式已不适应中唐以后的社会情势,因而它自然地被产品地租形式取代了。"产品地租的前提是直接生产者已有较高的文明状态,从而他的劳动以及整个社会已处于较高的发展。"在这里,"剩余劳动已不再在它的自然形态上,从而也不再在地主或地主代表的直接监督和强制下进行。驱使直接生产者的已经是各种关系的力量,而不是直接的强制,是法律的规定,而不是鞭子,他已经是自己来负责剩余劳动了。"[②]

五是简便易行。地主土地的其他经营形式包括口头契约租佃制,不立文契,主佃双方的权利和义务是借习惯和暴力来维持,田主要佃客承担义务,实现地租,并不是轻而易举的事,尤其在人身依附关系逐渐减轻的形势下,所费周折就更多了。实行文书契约租佃制,订立文契手续并不繁难,主佃双方只要找一个会写文约的人写一纸文契,载明租田事由,租地和地租数额及其他权、责事项,中介人姓名,各人依次画押就可以生效。它不是"法律条文",但得到国家法律的保护、社会舆论的支持和中介人的担保,从而具有了法律效益,田主不愁佃户不来就范。特别是到封建社会后期,土地兼并日益激烈,社会人口不断增加,土地问题更加严重的历史形势下,官私土地通过文书契约

---

①《陕西师范大学学报》1982 年第 4 期。

②《马克思恩格斯全集》第 25 卷,人民出版社 1975 年版,第 895 页。

形式来经营,就显得更加简便易行,事半功倍。

文书契约租佃制的这些特点,适应当时阶级关系发展的状况,在具体实行过程中,它既能保证国家和地主个人的收入,又使农民在耕作安排中有一定的自主权,地租剥削率也在传统租率和现实条件的制约影响下,日益趋于稳定化、常规化和制度化。比之前此盛行的部曲制等土地经营形式,确实有很多优越性,因而这种制度一出现就迅速地普及到官私各类土地经营中。唐中叶以后,历经宋、元、明、清各朝代,都是封建土地经营巾的主要形式。

三、文书契约租佃制的历史意义和作用

文书契约租佃制是中国封建经济发展到一定阶段的产物,它的普遍实行,是中国封建社会阶级关系变动和土地经营史上的一块里程碑。它是在新的历史条件下,对强固的人身依附关系和世族地主庄园制经营形式的一种否定。它的社会历史作用,首先是保持了国家政权、私人地主和劳动者三方关系的平衡。在这一制度下,地主凭借其土地所有权和国家政权的保护,比在世族地主庄园制下更为省力地攫取农民的劳动成果;封建国家通过一纸契文,比较容易地落实赋役来源;而作为社会财富创造者的广大佃客,也在这一制度下得到与土地结合的机会,并且建立自己的独立经济,生活和生产条件有所改善。文书契约租佃制既首先照顾封建地主和国家的利益,又使其剥削的形式和数量受到一定的限制,有利于社会生产的发展,它的实行和普及是封建土地经营中的一大进步。

其次,文书契约租佃制是人身依附关系相对减轻的产物,同时也有利于人身依附关系的进一步减轻。在文书契约租佃制下,地主为榨取更多的地租,将土地划分成愈来愈小的块段来出租,"畸零散漫"是租佃制下土地的一般形态,每个佃客为了满负荷生产,往往承租数个

地主的土地,同时还有增租、划佃、出卖土地的日益频繁,这使佃户势难长久地固着在某一地主名下,加上商品经济的发达,实物地租成为地租的主要形态,地主的目光便越来越集中到对佃客剩余产品的占有上,而对其人身的控制逐渐放松。佃户只要按约办事,佃主便不再干涉。这有利于佃户发挥生产积极性和主动性,合理安排劳动,同样有利于生产力和商品经济的发展。

再次,从消极方面看,文书契约租佃制对中国封建社会的长期延续也有不可忽视的影响。契约租佃制是一种适应性很强的土地经营制度,它适用于劳动者阶级之间调剂土地和劳力的余缺;同时也更广泛地被剥削阶级应用为掠夺农民剩余劳动的工具;所以它的生命力也就相当地顽强。在中国封建时代,文书契约租佃制保证小农经济的长期存在,而由文书契约租佃制固着在土地上的个体小农与传统的家庭手工业相结合,形成自给自足的自然经济,根深蒂固,源远流长,是封建国家经济的主要支柱,对中国封建社会的长期延续有着不小的滋补作用。

(原载《西北师大学报》1990 年第 2 期。《中国人民大学复印报刊资料·经济史》1990 年第 5 期转载)

杜佑的经济和政治思想

　　杜佑(735—812年),字君卿,京兆万年(今陕西西安市)人。他出身于名门望族,以荫入仕,官至检校司徒、同中书门下平章事、守太保,谥安简,封岐国公。历事唐朝玄、肃、代、德、顺、宪六帝,共60年,被唐宪宗称为"国之元老,人之具瞻者也"。①杜佑是唐代著名的政治家、思想家和史学家。他经历了"安史之乱"和唐运盛极而衰的转折时期,身为宰相,极力想通过总结和汲取历史经验,振兴经济、政治和军事,理性地处理边疆少数民族问题,以恢复唐前期的政治辉煌。其所撰《通典》一书,开创了中国古代典制体史书的先河;从政治思想的角度看,它又是一部充满经世致用精神的政典。下面,我们主要根据《通典》及两《唐书》本传,略述杜佑的经济和政治思想。

一、经济开发和货币思想

　　(一)土地、人口和农业思想。以"实采群言,征诸人事,将施有政"②为宗旨的《通典》,把国家经济开发放在治道、教化的基础上。杜佑在解释《通典》的编次顺序时说:

　　　　夫理(治)道之先在乎行教化,教化之本在乎足衣食……

　　　　行教化在乎设职官,设职官在乎审官才,审官才在乎精选

---

　　①《旧唐书》卷147《杜佑传》。

　　②(唐)杜佑:《通典》卷1《序》。

举,制礼以端其俗,立乐以和其心,此先哲王致治之大方也。故职官设然后兴礼乐焉,教化隳然后用刑罚焉,列州郡俾分领焉,置边防遏戎狄焉,是以食货为之首……或览之者庶知篇第之旨也。①

这就明确表示了他对经济重要性的强调。

在《食货·田制上》中,杜佑一开头就提出谷、地、人三个核心概念及其在国家政治生活中的重要性。他说:

谷者人之司命也,地者谷之所生也,人者君之所治也。有其谷则国用备,辨其地则人食足,察其人则徭役均,知此三者谓之治政。②

正是在这一思想指导下,杜佑简述了田制在历史上的两次大的变化:第一次是从井田制经商鞅变法,改为废经界,开阡陌,实行土地私有制。第二次是秦以后,在疯狂的地主兼并狂潮下,土地所有权转移频繁,国家无法准确掌握私家土地的数量,据以征发赋役。于是,乃建立起土地登记制度和簿书,委派庞大的吏员队伍管理土地、税收和农业生产。杜佑认为,这是把国家最重要的政治交给吏人去办,"政由群吏则人无所信矣。夫行不信之法,委政于众多之胥,欲纪人事之众寡,明地利之多少,虽申、商督刑,挠首总算,亦不可得而详矣。不变斯道,而求理者,未之有也。"③

那么,政府应怎样"变斯道",以加强对土地、税收和农业的管理,改变行不信之法,委政于吏胥的现象呢? 杜佑说:

①(唐)杜佑:《通典》卷 1《序》。
②(唐)杜佑:《通典》卷 1《田制上》。
③(唐)杜佑:《通典》卷 1《田制上》。

　　春秋之义,诸侯不得专封,大夫不得专地。若使豪人占
田过制,富等公侯,是专封也。买卖由己,是专地也,欲无流
宥不亦难乎![1]

意即要改变土地兼并,吏人挠法,民众流离失所,政府失察的现象,就必须制止和消除"豪人占田过制",土地"买卖由己"的现象。看来,从均田制时代走过来的杜佑,是维护均田制,主张土地国有,不许自由买卖的。为了实现他的土地保持国有、不许买卖的主张,杜佑还追溯了周秦至唐中期历代的土地、税收制度、相关思想和经营情况等,为限制日甚一日的土地兼并提供历史的依据和参考。

　　户口和基层行政管理是社会经济、政治生活的基本数据和内容。故云:"人数者,庶事之所自出也,莫不取正焉。以分田里,以令贡赋,以造器用,以制禄食,以起田役,以作军旅,国以建典,家以立度,五礼用修,九刑用措,其唯审人数乎!"[2]为此,杜佑将其放到《通典·食货》中论述,并系统地总结了历史上户口编制和管理的思想和经验。在《食货三·乡党》中,杜佑追述了自黄帝以来至夏商时代,为了"塞争端""防不足"而设井为邻,立步制亩,建立社会基层组织的历史。这些基层组织,包括八家为井,井一为邻,邻三为朋(24家),朋三为里(72家),里五为邑(360家),邑十为都(3600家),都十为师(3.6万家),师十为州(36万家)等。杜佑分析:使八家为井,井开四道而分八宅,凿井于中。这样做的好处有10个方面:一是不泄地气;二是无费一家;三是同风俗;四是齐巧拙;五是通财货;六是存亡更守;七是出入相同;八是嫁娶相媒;九是有无相贷;十是疾病相救。"是以情性可得而

---

①(唐)杜佑:《通典》卷1《田制上》。
②(唐)杜佑:《通典》卷3《乡党》。

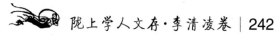

亲,生产可得而均,均则欺凌之路塞,亲则斗讼之心弭。"①杜佑指出:"始分之于井则地着,计之于州则数详。"就是说这样做既有利于将民众固着在土地上,防止流浪,不事生业,又可以确切地掌握各地民众的数目。杜佑在这里对远古社会基层组织的描述虽不能说是私心杜撰,但从今人的观点看,以上描述最多是利用了一些传说资料,还算不得是信史,这是需要批判对待的。然而就杜佑的出发点来说,他是要提醒统治者加强社会基层管理,掌握户口的重要性。杜佑在详细介绍了自周至唐各代户口和基层管理的思想、实践和经验后深刻地指出:

> 国足则政康,家足则教从,反是而理者未之有也。夫家足不在于逃税,国足不在于重敛。若逃税则不土著而人贫,重敛则多养赢而国贫,不其然矣?②

在农业政策上,杜佑首先列举一些水利灌溉的数字,说明当时出现的问题。他说:"秦汉郑渠溉田四万顷,白渠溉田四千五百顷。永徽中,两渠灌浸不过万顷。大历初减至六千亩。"灌溉面积大量耗减,"亩腴一斛,岁少四五百万斛,地利耗,人力散,欲求强富不可得也。"杜佑指出,汉时长安以北七百里即匈奴之地,侵掠未尝暂息,计匈奴举国之众不过汉一大郡。晁错请备障塞,故北边安定。"今潼关之西,陇山之东,邠坊之南,终南之北,十余州之地,已数十万家,吐蕃绵力薄材,食鲜艺拙,不及中国远甚。诚能复两渠之饶,诱农夫趣耕,择险要,缮城垒,屯田蓄力,河陇可复,岂唯自守而已!"③杜佑进一步指出:

---

①(唐)杜佑:《通典》卷3《乡党》。

②(唐)杜佑:《通典》卷7《历代盛衰户口》。这里养赢的"赢",指大商贾蓄积之家。

③《新唐书》卷215《突厥传》。

秦以区区关中,灭六强国。今竭万方之财上奉京师,外有犬戎凭陵,陷城数百,内有兵革未宁三纪矣,岂制置异术,古今殊时乎?周制步百为亩,亩百给一夫。商鞅佐秦,以为地利不尽,更以二百四十步为亩,百亩给一夫。又以秦地旷而人寡,晋地狭而人伙,诱三晋之人耕而优其田宅,复及子孙。使秦人应敌于外,非农与战不得入官,大率百人以五十人为农,五十人习战,故兵强国富。其后仕宦途多,末业日滋,今大率百人才十人为农,余皆习它技"。[1]

他用生动的事例,论证了国家政策在农业开发中的关键作用。

杜佑不仅口头上强调国家政策在农业开发中的重要性,而且用自己的实际行动为政府官员兴农、兴政做出了榜样。他任淮南节度使时,"决雷陂以广灌溉,斥海濒弃地为田,积米至五十万斛,列营三十区,士马整饬,四邻畏之",[2]就是一个突出的例子。

(二)节用薄敛的财政思想。针对唐朝政府与藩镇之间的战争不息,民众赋役繁重,造成社会不稳定的情况,杜佑极力要求最高统治者节用薄敛,尤其是要避免向百姓征收货币税。在《轻重》一节中,他认为唐高祖、唐太宗开国创业,作程垂训,薄赋轻徭,百姓怀惠,因此后来虽遇"安史之乱",但很快就被平息下去,从而使唐肃宗"中兴之绩,周月而能成之"。今甲兵未息,经费尚繁,重则人不堪,轻则用不足,应结合历史经验,考虑实际情况,发现弊病,立即改正,只有这样,才能安定社会,泽流无竭。杜佑说:"夫欲人之安也,在于薄敛,敛之薄也,在于节用。若用之不节,而敛之欲薄,其可得乎!"

那么,怎样才能节省国家费用呢? 杜佑提出:"先在省不急之费,

---

① 《新唐书》卷 215《突厥传》。
② 《新唐书》卷 166《杜佑传》。

定经用之数,使天下之人,知上有忧恤之心,取非获已,自然乐其输矣。"他说古代征税,只取土地所出产的粮食等,即所谓"食土之毛",而且数量不多,只取十分之一。征发劳役,每个成丁一年不过三日。没有频繁地向民众征收财物,没有赋役不均的问题,因而虽有征发而民间无怨。他带着美化、理想化古代政治的感情色彩,说自传说中的燧人氏直到夏、商、周"三王"时代,统治者都懂得轻重之法,并以之制国用,抑兼并,因而能致财足而食丰,人安而政治,"诚为邦之所急,理道之所先"。①这是用托古喻今的方式陈述自己的赋税观点。

杜佑与古代农业社会的其他政治家、思想家一样,把农业看作立国施政的根本大计。他认为对于百姓,政府最主要、最基本的政治就是要"先使各安其业"。要使百姓安居乐业,就必须在税收上"随其受田,税其所植",即根据各地授田的情况,种什么征什么。连不适种的农产品都不宜征收,"焉可征求货币,舍其所有而责其所无者哉?"如果舍粮征钱,那天下的农民就会粜卖粮食来完纳赋税,豪商富室就会乘机贱收。等到农民将粮食卖完后,他们又会出来贵粜,农民"往复受弊,无有已时,欲其安业,不可得矣"。

在"税其所植"的同时,还要积极引导农民务农,积贮粮食,做到"天下之田尽辟,天下之仓尽盈,然后行其轨数,度其轻重,化以王道,扇之和风,率循礼义之方,皆登仁寿之域,斯不为难矣"。杜佑说,过去尧、汤之水旱作沴,而人无捐瘠,其原因就在于国有储蓄。"若赋敛之数重,黎庶之力竭,而公府之积无经岁之用,不幸有一二千里水、旱、虫、霜,或一方兴师动众,废于艺殖,宁免赋阙而用乏,人流而国危者哉?"②他的这些观点,无疑都是古代经济思想史上十分卓越的见识。

---

① (唐)杜佑:《通典》卷 12《轻重》。

②以上均见杜佑:《通典》卷 12《轻重》。

（三）集权于中央的货币思想。杜佑认为钱币的出现历史非常悠久，可以追溯到"夏商以前"。那时候，"币为三品：珠玉为上币，黄金为中币，白金为下币"。白金就是银子。钱币的种类和质量，随着历史的变迁和政治的兴衰而不断地变化。他说：

> 太公立九府圜法，周景以母子相权，秦用黄金、铜钱，为上下二等，汉兴为八铢，或为荚钱，或作白金，或作赤仄。八铢、五分迭废迭用。王莽又设错刀，金、银、龟、贝，凡数十品。公孙述始作铁钱，魏文帝谷帛相贸，刘备以一当百，孙权以一当千，理（治）道陵夷，则有鹅眼、綖环之别。王纲解纽，又有风飘、水浮之异。名目繁杂，不能遍举。①

一部货币史就是一部缩写的政治史，杜佑正是透过货币变化的轨迹来审视当时的政治。

社会上为什么要设立钱币？杜佑认为这是一件意义"诚深诚远"的事。他提出：

> 凡万物不可以无其数，既有数，乃须设一物而主之。其金银则滞于为器、为饰，谷帛又苦于荷担、断裂，唯钱可贸易，流注不住如泉。②

这是说，任何物品都不能没有衡量的尺度，既有尺度，那么它们在交换中就应该找到一样东西，作为衡量的尺子，用以指导和决定交换。杜佑设想的这个"物"，就是今人所谓的价值尺度或价值量。他关于"须设一物"来主持万物交换的早期货币思想，可以看作是中国货币理论史上的一个卓越见解和亮点，是中国式的"价值尺度"或"价值量"概念的雏形。

---

① (唐)杜佑：《通典》卷 8《钱币上》。
② (唐)杜佑：《通典》卷 8《钱币上》。

　　杜佑认为作为主持万物交换的"一物",金银不能胜任,因为它要被人们制作成器物或饰品;谷帛也不能胜任,因为它们不易大量地搬动,不能过多地截割。尤其是遇上铢两分寸这样小单位的交换,谷帛就更加不适于用了。他认为只有铜钱能在商品货币交易中像泉水一样流注不息,最适合于做"一物",即交换的价值尺度或一般商品。杜佑关于金银"为器、为饰"的说法,金属铜似与之没有什么不同,而且用场更大一些,故他在这一点上的说法比较牵强。事实上,金银也适合和充当过货币的作用,只是范围稍小一些,时间稍短一些罢了。杜佑殆是从铜钱使用的普遍性、主流性上肯定它的价值尺度的作用。

　　在历代很多种类的钱币中,杜佑充分肯定了五铢钱的历史作用,认为它"一品独行,实臻其要",是一种最适当的钱币。同时他认为唐高祖武德时开始铸造的开通钱(即开通元宝或开元通宝),虽然稍重于古之五铢,但其"大小斤两便于时",也是一种较好的钱币。

　　对于钱币在国家政治生活中的重要性,杜佑引用管仲的话说,三币握之非有补于温饱,舍之非有切于饥寒,先王却拿它来守财物,御人事,而平天下也。政府运用货币权和财政权,在各类人员中进行调节,可以让贫者富,富者贫。正由于此,"是以人戴君如日月,亲君若父母"。从生产的角度讲,"生殖众则国富而人安, 农桑寡则人贫而国危"。然而从物资利用的角度讲,"使物之重轻,由令之缓急",就是说,什么物资贵重,什么物资稍轻,那是由政府调节的:政府急征的物资自然贵重而价高,政府缓征的则会稍贱而价低。其间制衡的法术,"实在乎钱"。"键其多门,利出一孔,摧抑浮浪,归趣农桑,可致时雍,跻于仁寿,岂止于富国强兵者哉!"[1]杜佑认为钱可以使各类人际关系变得

----

①(唐)杜佑:《通典》卷8《钱币上》。

和谐,使整个社会趋向仁爱和长久太平,而不仅仅是"富国强兵"而已。在这里,杜佑显然是将钱在国家政治生活中的作用看得过高了。

杜佑在《通典·钱币序》中,严厉地批评了在造钱时"或惜铜爱工,改作小钱,或重号其价,以求赢利"等偷工减料,投机取巧的行为,认为那是"昧经通之远旨",即不了解钱币经远通便的重大意义的表现,其后果只能是"令盗铸滋甚,弃南亩日多,虽禁以严刑,死罪日报,不能止也"。他既重视货币的制造质量,又主张将造币权牢牢地掌握在政府手中,"铜不布下,乃权归于上",是"有国之切务,救弊之良算也"。[①]看来,他和同时代的崔沔、刘秩等人一样,[②]也是坚决反对国家下放铸币权给私人的。

二、用人制度及地方政体思想

(一)选官应重行实的思想。在《通典·选举》中,杜佑总结了历代选拔人才制度的得失。他首先肯定了国家管理机构的必要性:"夫人生有欲,无君乃乱,君不独理,故建庶官。"接着,他追溯了古代选官的形式和演变过程,指出从唐虞以来,历代都实行荐举制,如舜举八元、八凯,四岳之举夔、龙、稷、契,等等。夏商周三代选官,仍然是先择于乡庠,然后授任,制度也逐渐完备起来。秦汉两代选官方式虽不师古,

---

①(唐)杜佑:《通典》卷8《钱币上》。

②唐玄宗开元二十二年(734)三月二十一日,唐政府发布了一道敕令,就铜币的铸造权可否下放给私人征求群臣意见。当时,多数官员表示了反对的态度,其中以秘书监崔沔和左监门录事参军刘秩的反对意见最具有代表性和理论性。崔沔,字善冲,长安(今陕西西安)人,武则天时进士,官至太子宾客。刘秩,字祚卿,彭城(今江苏徐州市)人,历任左监门卫录事参军、宪部员外郎、尚书右丞、国子祭酒等官。他著的《政典》一书,是杜佑编写《通典》的基础文献。

但基层推荐官僚人选,仍以行实为本,郡国佐吏,都由该官自主选拔。官员在地方任职,经过实践考验,才能被提拔到朝廷任职。中央部门有属官的,也可以自征俊彦。降至东汉,国家设置了专门选官的机构和职官,选官规矩尚能沿袭前代。升迁重视在职年限,谁也不敢任意荐举,因此两汉号为多士。魏晋设九品,置中正,选官看重阀阅,极少考虑行能。选曹的权力也更大,州郡的刺史、太守,内官的卿、尹、大夫,都由吏部辟召,然而即使在这个时代,传统的乡里推举形式仍然保持不变。晋怀帝永嘉(307—313年)之后,天下幅裂,三百多年后才又统一,中间各政权大抵沿袭魏晋之法,乱多治少,无足可称。杜佑认为按什么标准选官,是引领社会风俗,关系国家兴衰的大事,曹魏三主,都好文词,晋、宋、齐、梁风气更甚,"体非典雅,词尚绮丽,浇讹之弊,极于有隋"。纵观历史,他认为三代以来,选官可以称道的唯有汉室,继汉之盛,莫若大唐,遗憾的是唐朝创业之初,"承文弊之极",在朝群公不议救弊以质,而乃因习尚文,这殆是风教未淳的根子。

杜佑认为过去历代讨论选举的人很多,他们或说官多民困,要省吏员;或说等级太多,患在速进;或说守宰之职,所择殊轻;或说以言取人,不如求行。这些议论都是只知其失而不能究所以失。为什么呢?按秦法,唯农与战,始得入官。汉有孝悌力田,贤良方正之科,命令按时征辟,在正常情况下,二十万人口的郡国只能贡一人,推荐总人数才一百多,考精择审,乃获器能。此后举人渐滥,开元、天宝间(713—756年),"一岁贡举凡有数千,而门资、武功、艺术、胥吏,众名杂目,百户千途,人为仕者,又不可胜记。比于汉代且增数十百倍,安得不重设吏职,多置等级,递立选限,以抑之乎!"杜佑说,得到升迁是仕人的共同愿望,问题是要从低到高,由近及远,积攒阅历,逐渐提升。秦朝列郡四十,两汉列郡百余,太守入作公卿、郎官,出宰县邑,便宜行事,阙略其文,无所可否。那时所重不是文词,而是行实,"责以成效,寄委斯重,酬奖亦崇。"今郡县增至三百五十,差降又有八九个等级,地方官不得征用僚属,不得自决政事;监使相望,事事都得咨禀,位低权轻,又难越等超擢,其较容易得官也便符合情理了。

杜佑考察了历代选官条件的演变过程,认为后魏崔亮作吏部尚书时,提拔官员不论贤愚,"以停解日月为断",造成国家的失才。及至隋文帝时代,其情况是:

> 不欲权分,罢州郡之辟,废乡里之举,内外一命,悉归吏曹,才侧班列,皆由执政。执政参吏部之职,吏部总州郡之权,罔征体国推诚,代天理物之本意,是故铨综失叙,受任多滥。岂有万里封域,九流丛凑,抡才授职,仰成吏曹。以俄顷之周旋,定才行之优劣,求无其失,不亦谬欤?尔后有司尊贤之道先于文华,辨论之方择其书判,靡然趋尚,其流猥杂,所以阅经号为倒拔,征词同乎射覆,置循资之格,立选数之制,压例示其定限,平配绝其逾涯。或糊名考核,或十铨分掌,苟济其末,不澄其源。则吏部专总,是作程之弊者;文词取士,是审才之末者;书判又文词之末也。①

杜佑把当时官吏选拔的弊病,都归结到了以文词及书判取士,而不重视实际办事能力上。因此,他建议说:

> 诚宜斟酌理(治)乱,详览古今,推仗至公,矫正前失。或许辟召,或令荐延。举有否臧,论其诛赏。课绩以考之,升黜以励之,抵斯刊弊,其效甚速,实为大政,可不务乎!②

这篇评论,反映了杜佑对人才与政治关系的认识,他把选官看作是治理国家的根本大计,同时通过历史追溯,论证了荐举制、求行实,是历

---

①(唐)杜佑:《通典》卷18《选举·杂议论下》。
②(唐)杜佑:《通典》卷18《选举·杂议论下》。

史上选官的主要渠道和要求,自上古至秦汉概莫能外。他认为文风浮靡,以文取士,吏曹专总,是魏晋至隋以来的弊政,"以俄顷之周旋,定才行之优劣",造成人才失察、失选和风教不淳,必须改革这种重文词轻行实的选官制度和标准,他果断而又自信地说:"以言取士,既已失之,考言唯华,失之愈远。若变兹道,材何远乎!"①从上引议论中明显地可以看出,杜佑是主张实行荐举制、征辟制,重行实等传统选官制度和标准的。这一方面与他的身世及重视历史传统的学术取向有关,另一方面也反映了他敏锐的政治洞察力。反对以言取士,反对考言唯华,并不就等于反对考试制度,也不等于完全反对以考试为特色的科举制,他或许看到了科举制的根基已经牢固,因而在这里完全没有提到科举这个词。杜佑坚持察人以行而非仅仅以言的传统考核原则,这一观点直到今天还是可取的。因此,我们不能以杜佑主张荐举制和行实考人的原则,反对以言取士、考言唯华,就认为他反对隋唐以来的新生事物科举制,思想陈旧保守。他的许多议论是合理和有参考价值的。

(二)省官以节国用的思想。杜佑认为:"设官之本以治众庶,故古者计人置吏,不肯虚设。"自汉至唐,因征战艰难而省吏员,的确是一项切实有效的救弊措施。古天子有六军,汉前后左右将军四人,今十二卫、神策八军,凡将军六十员,旧名不废,新资日加,诚宜斟酌繁省。欲致治者,先正名。杜佑说,(唐)中宗神龙(705—797 年)中,官纪荡然,有司大集选者,既无缺员,则置员外官二千人,从此习以为常。当开元、天宝(713—756 年)中,四方无虞,编户九百余万,帑藏丰溢,虽有浮费,不足为忧。今黎民凋瘵,天下户才三百万,比天宝时只有三分

---

①(唐)杜佑:《通典》卷 13《选举·序》。

之一。其中浮寄，又五分之二。"出赋者已耗，而食之者如旧，安可不革？"①杜佑强烈地要求选官要精，名目要减，吏员要省，百姓要安。他说：

> 凡为国之本，资乎人氓。人之利害，系乎官政。欲求其理，在久其任。欲久其任，在少等级。欲少等级，在精选择。欲精选择，在减名目。俾士寡而农、工、商众，始可以省吏员，始可以安黎庶矣。②

杜佑反驳了那种怕被裁官吏投入反叛势力的观点。他说："议者以天下尚有跋扈不庭，一省官吏，被罢者皆徃托焉。此常情之说，类非至论。且才者荐用，不才者何患其亡？又况顾姻戚家产哉？"③他列举历史事实说，当东汉建武（25—56 年）时，公孙述、隗嚣未灭，曹魏明帝太和（227—233 年）、齐王曹芳正始（240—249 年）、孙吴大帝太元时（251—252 年），吴蜀与魏鼎立，隋文帝开皇间（581—600 年），南朝陈尚割据，然而其时在位者罗致人才，都不怕失人以资敌。现在田悦等藩镇势力繁刑暴赋，惟军是虑，待士如奴，对于朝廷构不成威胁，为什么不敢大胆地甄别俊彦，精选人才呢！他提出：

> 若以习久不可以遽改，且应权省别驾、参军、司马，州县额内官，约户置尉，当罢者有行义，在所以闻，不如状举者当坐；不为人举者任参常调，亦何患哉！如魏置柱国，当时宿德盛业者居之，贵宠第一。周隋间授受已多，国家以为勋级，才得地三十顷耳。又开府仪同三司、光禄大夫亦官名，以其太

---

①《新唐书》卷 166《杜佑传》。
②（唐）杜佑：《通典》卷 18《选举·杂议论下》。
③《新唐书》卷 166《杜佑传》。

多,回作阶级。随时立制,遇弊则变,何必因循惮改作邪?①
他的建议虽未被朝廷采纳,但其改革精神、不怕裁员投叛的远见卓识
和政治魄力却是令人赞叹的。

(三)郡县制优于分封制的思想。分封制和郡县制是唐朝政治家、
思想家经常讨论的两种地方政体形式。杜佑认为,以往讨论中"法古
者多封国之制,是今者贤郡县之理,虽备征利病,而终莫究详"。②他认
为分封制早于郡县制出现,但郡县制却优于分封制。在论证这一观点
时,杜佑首先回顾了"国"和国制产生的历史,认为政治管理制度的形
成有一个漫长而"相因"的过程,直到黄帝时代才有了一些可以称道
的建树,国家不是通过集聚一帮人,由某首脑派人前去治理而产生
的;它是由"豪而伏众"的英雄人物,在其统领和活动的地盘上建立威
信,将其地称作"国"而建立起来的:"在昔制置,事皆相因。物土疆,建
万国,成则肇于轩后,方有可称。不应创择万人,首令分宰。盖因其豪
而伏众,即其地而名国"。③这是一个卓越的对于远古国家生成的推
想,是我国古代完整、系统和不多见的国家学说理论。

杜佑还对公权力或初期国家的由多到少,由分散到统一的过程
作出了粗略的勾画和陈述。他说:从传说的大禹涂山之会到秦始皇统
一六国,经过 1900 年,远古国家由最早的数以万计合并、统而为一。
其间充满了众暴寡,大灭小的战争,使无数百姓为之肝脑涂地。秦始
皇看到了分封制的弊端,乃不封侯,秦只经过两代人就灭亡了。汉矫
秦弊,多封众建,但亦逆乱频繁。后经王莽篡夺,皇族弱同编氓。东汉
光武帝着意保护、优待功臣。同时二汉的封国大都与列郡差不多,因

①《新唐书》卷 166《杜佑传》。
②(唐)杜佑:《通典》卷 31《职官·王侯总叙》。
③(唐)杜佑:《通典》卷 31《职官·王侯总叙》。

此其统治比较长,大致与夏朝差不多。魏晋或翦藩戚,或分兵权给八王,旋即灭亡。刘宋以后,分封制逐渐削弱。人们即使想要复古,再现分封制,客观形势已经不允许了。①在这里,杜佑与柳宗元在《封建论》中表达的观点一样,强调了"势"即客观条件在政治制度发展演变中的决定性作用,提醒最高统治者要看清形势,顺应历史发展的方向,切不可意气用事,主观武断,干出背历史潮流而动的蠢事。

那么,分封制与郡县制到底孰优孰劣?杜佑说:"天生烝民,树君司牧。""牧"的好坏,端看民众户口的增减。户口增加了,就说明牧守治理得好,反之就是治理得不好。人户增加是社会安定的结果,人户减少则是社会危乱的必然。他从封君与民以何者为主,是首先考虑民人发展,还是追求封君宗祀永久的角度来论证郡县制和分封制的优劣,指出:

> 若以为人而置君,欲求既庶,诚宜政在列郡,然则主祀或促矣;若以为君而生人,不病既寡,诚宜政在列国,然则主祀可永矣。主祀虽永,乃人鲜,主祀虽促,则人繁。建国利一宗,列郡利万姓,损益之理,较然可知。②

很清楚,杜佑这里说的"君"是封君,而不是天子或皇帝。他看到地方政体的演变是由客观条件决定的,主张为民而置君,不欲"为君而生人",这些观点,具有民本主义的倾向和历史的进步性。至于他将政在郡县与民众的繁庶、主祀的短促绑在一起;将政在封国与主祀可永、民人"既寡"相联系的观点,则既缺乏历史事实的支撑,也没有什么必然性。然而,就杜佑在这里反映的挺郡县、抑分封,重万姓、轻一宗的政治倾向而言,他的思想无疑是向前看和进步的。

①(唐)杜佑:《通典》卷31《职官·王侯总叙》。
②(唐)杜佑:《通典》卷31《职官·王侯总叙》。

杜佑认为任何制度在实行中都会产生弊端，没有不发生弊病的制度，要紧的是要衡量造成祸患的大小长短。政在列国，其初期尚有盘石之固，及至末期，统治者就会遇到难以想象的困难和侮辱，远古时期的万国湮灭，近世的三国鼎峙、东晋十六国相屠，都不是"其患也长"的佐证吗？君尊则理安，臣强则乱危，所以李斯相秦时，坚执地罢侯置守。其后立议者以秦祚短促，遂归咎于废分封，行郡县，那种见解是有失偏颇的。杜佑指出，事实上，古之侯王，多是原有的旧国，例如真正由周天子建立的诸侯国不过数十个而已。且并不是事先看到分封制有利，才建诸侯国，预见到郡县制有害，才不立郡县，说历史上的政治制度都有一个前后沿袭的过程，就是指此而言。杜佑认为理想的为治之道，应该是"立制可久，施教得宜，君尊臣卑，干强枝弱，致人庶富，享代长远"①。看来，他的为治之道的核心还是要强化专制主义中央集权。

三、"强干弱枝"的军事思想

杜佑将军事活动看作国家治理的重要形式，并认为用兵和用刑一样，都是对不遵守国家法令或反叛者的必要惩罚，只是在用刑程度上有所区别而已。"大刑用甲兵，次用斧钺；中刑用刀锯，次用钻凿；薄刑用鞭扑。大者陈诸原野，小者致之市朝。"他认为自古以来的圣人之教就是"鞭扑无弛于家，刑罚无废于国，征伐无偃于天下，但用之有本末，行之有次第尔。历观前躅，善用则治，不善用则乱"②。

正是由于国家治理离不开兵刑，因此最高统治者就应该将兵权

---

①（唐）杜佑：《通典》卷31《职官·王侯总叙》。
②（唐）杜佑《通典》卷163《刑》。

牢牢地掌握在自己手中,防止兵权分散或下移。杜佑通过总结历史经验,认为历代军事制度以汉代最为可取。汉代"重兵悉在京师,四边但设亭障。又移天下豪族,辇居三辅陵邑,以为强干弱枝之势也。或有四夷侵轶,则从中命将,发五营骑士、六郡良家、贰师、楼船、伏波、下濑,咸因事立称,毕事则省。虽卫、霍之勋高绩重,身奉朝请,兵皆散归,斯诚得其宜也"。①在杜佑看来,汉代的军制主要有两点可取:一是将重兵集中在京师,军权收归于中央,造成国家武装的"强干弱枝"之势,使地方政权不敢反叛。二是兵将分离,遇事中央命将,按具体军事内容临时起一个称号,如二师将军、伏波将军等等,并征调六郡良家子弟,南方水兵等交其率领征讨。战事结束后,兵士散回原地,将军还归朝廷,防止形成将对兵的个人权威。

杜佑认为汉以后,随着中央权力的削弱,地方势力不断增强,反叛和割据的事情屡出不鲜,"问鼎轻重,无代无之"。如东汉的董卓、袁绍,晋朝的王敦、桓玄,南朝刘宋时期的谢晦、刘义宣,南齐的陈显达、王敬则,梁朝的侯景、陈华皎,后魏的尔朱荣、高欢等都是这类人物。这是王纲解纽,主权分割带来的不应有的现象。回头再看唐朝的情况,杜佑认为唐前期李靖平突厥,李绩灭高丽,侯君集覆高昌,苏定方夷百济,李敬玄、王孝杰、娄师德、刘审礼击吐蕃,他们都以卿相的身份率兵御戎,戎平师还,并未久镇其地。而且他们在边境的军事活动,主要是明烽燧,审斥候,立障塞,备不虞而已,决不轻举妄动,以杀人为快。这些做法,都是为国家长治久安而考虑的安边良策。唐玄宗即位以后,承平岁久,天下乂安,财殷力盛,唐玄宗开元二十年(732 年)以后,邀功之将,孜孜于开疆拓地,以迎合皇帝的心意。在用兵的过程

---

① (唐)杜佑:《通典》卷 148《兵》。

中，"丧师者失万而言一，胜敌者获一而言万。宠锡云极，骄矜遂增。"哥舒翰统西北二师，安禄山统河北三师，他们为获得军士的支持，给其统统授以官名，将郡县储积的钱粮变成了他们赏赐这些"官员"的俸禄，"于是骁将锐士，善马精金空于京师，萃于二统。边陲势强既如此，朝廷势弱又如彼，奸人乘便，乐祸觊欲，胁之以害，诱之以利，禄山称兵内侮，未必素蓄凶谋，是故地逼则势疑，力侔则乱起，事理不得不然也。"①

杜佑将唐后期边将势大，中央势弱的原因，归结为皇帝对边将的极度"宠锡"，助长了其"骄矜"心理，进而分裂皇权，他的这一看法怕是片面和不够深刻的。其实，唐玄宗的盛极而骄，思欲征服周边各族，优宠安禄山等边将，固然不利于中央集权的巩固和强化，但从根本上看，唐朝藩镇势强，朝廷势弱，乃是唐中期以后，在商品经济刺激下，贵族、官僚、地主、商人激烈兼并土地；统治集团生活腐化，赋役繁重；失地农民无力应役，从而使府兵制与均田制一起瓦解。国家财政困难，既养活不起一支庞大的募兵，又不能提供给地方兵以足够的军饷，乃将地方人事、税收等权力与养兵防卫的任务一起交给节度使，使其集财权、兵权、政权于一身，于是乎形成了尾大不掉之势。据《通典》记载，唐玄宗开元时（713—741年），唐朝"大凡镇兵四十九万人，戎马八万余匹"②，而当时的中央禁卫军即彍骑兵才有 12 万人，这与唐初举关中兵足以制四方的中央军事优势比，已经不是"力侔"，而是本末倒置了。在中央政权指挥不动这些名为国家军队，实同敌国的藩镇武装的情况下，他们对中央的反叛不就是预料中的事吗？

①（唐）杜佑：《通典》卷 148《兵》。
②（唐）杜佑：《通典》卷 172《州郡二》。

　　然而尽管有些看法不很准确,杜佑关于"地逼则势疑,力侔则乱起"和强干弱枝,中央一定要牢牢掌握军权的结论性看法,是从血的教训中总结出来的,因而是正确和有历史借鉴意义的。宋朝以后,中央权力不断强化,尤其是帝王们死抓住兵柄不放,当与他们汲取了唐代藩镇割据的教训有关。

　　在杜佑的军事思想中,他反复地强调了两点:一是朝廷要对军队制置得宜,不给反叛者以机会。他说:

> 昔汉祖分裂土地,封建王侯,吴芮独卑弱而忠,韩彭皆强大而悖。贾谊覩七国之盛,献书云:'治天下者,令海内之势如身之使臂,臂之使指,莫不制从,若悍而不能改作,末大本小,终为祸乱'。文景因循莫革,遂致诛错之名。向使制置得其适宜,诸侯孰不信顺,奸谋邪计销于胸怀,岂复有干纪作乱之事乎?[①]

二是要抓领兵将领的教育,培育其忠义之性格。他引兵法说:

> 将者人之司命,国家安危之主。用当先之以中和,后之以材器。或未驯其性,苟求其用,授以铦刃,委之专宰,利权一去,物情随之,噬脐之喻,不其然矣。[②]

应当说,这两点都确实很重要,而前此的政治家、思想家对其中第一点关注尚多,至于对其中第二点即带兵将领的中和之性,忠义之心培养教育的问题,则强调不多,因而杜佑的观点是既重要又带有创见性的。

---

①(唐)杜佑:《通典》卷148《兵序》。
②(唐)杜佑:《通典》卷148《兵序》。

四、"计熟事定,举必有功"的民族思想

"安史之乱"后,藩镇割据势力日强,周边少数民族也乘机内侵。西北的吐蕃、党项等族对唐朝的威胁更大。诸将邀功,力请讨伐。杜佑一方面上书朝廷,反对轻率的军事讨伐行动,另一方面又系统地总结了历代处理民族关系的经验教训,供最高决策者参考。唐宪宗(806—820年)即位初,党项阴导吐蕃为乱,诸将请讨。杜佑以为边族反叛,问题当出在"无良边臣"上。他上疏分析说:

> 昔周宣中兴,猃狁为害,追之太原,及境而止,不欲弊中国,怒远夷也。秦恃兵力,北拒匈奴,西逐诸羌,结怨阶乱,实生谪戍。盖圣王之治天下,惟欲绥静生人(民)。西至于流沙,东渐于海,在北与南,止存声教,岂疲内而事外邪?昔冯奉世矫诏斩莎车王,传首京师,威镇西域,宣帝议加爵土,萧望之独谓矫制违命,虽有功,不可为法,恐后奉使者为国家生事夷狄。比突厥默啜寇害中国,开元初,郝灵佺捕斩之,自谓功莫与二,宋璟虑边臣由此邀功,但授郎将而已,由是讫开元之盛,不复议边,中国遂安,此成败鉴戒之不远也……今戎丑方强,边备未实,诚宜慎择良将,使之完辑,禁绝诛求,示以信诚,来则惩御,去则谨备,彼当怀柔,革其奸谋,何必亟兴师役,坐取劳费哉?①

他认为历史上较好的边境民族政策,是当周边民族内侵的时候,把他们赶出去,并加强边境防务,安定境内民众,无须大事征伐。再说,眼前的党项是一个不大的部族,它的反叛,主要是边将侵刻掠夺造成

①《新唐书》卷166《杜佑传》。

的,远人不服,应修文德,让他们心服而来归附,不可以让那些鲁莽的武将去生事。只要加强防务,禁绝边将诛求,以"信诚"的态度对待边疆各族,用怀柔政策来处理民族关系,就可以加强边防,不必"坐取劳费"。他的建议,得到唐宪宗的采纳。

还在杜佑任淮南节度使时,刘禹锡就曾为他写了一份《论西戎表》,其中同样坚持温和的民族政策。其云:

> 臣静思远图久计,莫若存信施惠,以愧其心,岁通玉帛,待以客礼,昭宣圣德,择奉谊之臣恢拓皇威,选谨边之将积粟塞下,坐甲关中,以逸待劳,以高御下。重其金玉之赠,结以舅甥之欢,小来则慰安,大至则严备,明其斥候,不挠不侵,则戎狄为可封之人,沙场无战死之骨。若天下无事,人安岁稔,然后训兵,命将破虏,摧衡原州,菅田灵武,尽复旧地,通使安西,国家长算,悉在于此。计熟事定,举必有功,苟未可图,岂宜容易。①

看来,杜佑并不是一味地姑息于周边少数民族的内侵,而是考虑到当时唐朝的国力、军力实"未可图",需要有一个休养生息的机会和阶段,等到"人安岁稔",塞下粟积以后,就可以训练军队,命将破虏,尽复旧疆了。由此看来,杜佑对于党项、吐蕃等族"不挠不侵""怀柔"为主的政策,一方面是以信诚换其心悦诚服,以使边境安宁,国力增长;另一方面还包含着"尽复旧地,通使安西"的远大目标。为此,他主张必"计熟事定,举必有功",决不能做鲁莽灭裂,坐取劳费的事情。

杜佑在《通典·边防》门中总结了历代中央政府对待周边民族的经验教训,以供统治阶层参考。在总结两汉政府与羌族关系一节中,有一段写得很有启发性。如他引用陇西司徒掾班彪的上疏说,羌人入

---

① (唐)刘禹锡:《刘宾客文集·外集》卷9《为淮南杜相公论西戎表》。

寇金城等地,完全是边郡官吏造成的:凉州部属诸郡降羌,披发左衽,而与汉人杂处,习俗既异,言语不通,他们"数为小吏黠人所见侵夺,穷恚无聊,故致反叛,夫蛮夷寇乱皆为此也"。反抗和镇压反抗的军事活动,给汉、羌百姓都带来极大的灾难。东汉安帝永初中(107—113年),诸羌寇钞三辅,断陇道,湟中诸县粟石万钱,百姓死亡不可胜数。羌既转盛,而二千石令长多内郡人,并无守战之意,乃争着上疏要求迁徙郡县以避寇难。朝廷从之。"百姓恋土,不乐去旧。遂乃刈其禾稼,发撤屋室,夷营壁,破积聚。时连旱、蝗、饥荒,而驱蹙劫掠,流离分散,随道死亡,咸弃老弱,或为人仆妾,丧其大半""自羌叛十余年间,兵连师老,不暂宁息,军旅之费,转运委输,用二百四十余亿,府帑空竭,延及内郡,边人死者不可胜数,并凉二州遂至虚耗"。①后地方官仍"多所扰发",于是诸羌又反,东汉政府派诸州郡兵 10 万人讨之,诸将多盗窃军需,私自润入,又以珍宝贿赂朝廷要员,上下放纵,不恤军事,士卒不得其死者白骨相望于野。桓帝延熹二年(159 年),烧当八种寇陇右,段颎击之,自春及秋,无日不战,凡斩羌人二万三千级,获生口数万,西羌于是弭定。东羌先零等自覆没马贤后,既降又叛,桓帝问计于段颎。对曰:"狼子野心,难以恩纳,唯当白刃加颈耳……如不加诛,转就滋大。"②汉桓帝竟然采纳他的建议,这等于是放手让段颎去杀羌人。汉灵帝建宁(168—172 年)初,段颎与先零诸部相对峙,"凡八百十战,斩二万八千六百余级,牛、马、羊、驴、骆驼四十二万七千五百余头,费用四十四亿,将士死者四百余人"。③这是一场血淋淋的民族屠灭战争,它在历史上不仅没有受到严厉的谴责,反而得到许多封建官

①(唐)杜佑:《通典》卷 189《边防五·羌无弋》。又,古代以 10 万为亿。
②(唐)杜佑:《通典》卷 189《边防五》。
③(唐)杜佑:《通典》卷 189《边防五》。

僚和史家的称赞。①然而,"寇敌略定矣,而汉祚亦衰焉。"②屠杀的结果是东汉统治政权与西、东羌两败俱伤,一起衰落下去了。对于上述极端做法,杜佑当然持否定的态度。引古喻今,他反对粗暴镇压,主张温和对待边疆民族的态度就更加明确了。

（原载《贵州社会科学》2009 年第 3 期）

---

①如《后汉书》的作者范晔评论说:"羌戎之患三代尚矣……段颎受事专掌军任,蒙没冰雪,经履千折之道,始珍西种,卒定东寇。若乃陷击之所歼伤,追走之所崩藉,其能穿窜草石,自脱于锋镝者百不一二,而张奂盛称戎狄一气所生,不宜诛尽,流血污野,伤和致妖,是何言之迂乎! 羌虽外患,实深内疾,若攻之不根,是养痈于心腹也。"(《后汉书》卷 117《西羌传·后论》)

②(唐)杜佑:《通典》卷 189《边防五》。

关于《中国文化史》①的几个问题

一、中国文化史的研究对象和教学目的

(一)中国文化史的研究对象

文化,一般指人类改造自然、改造社会、改造人本身自然属性,使其体现出人的价值观念的一切活动、成果或现象。比如,人类通过自己的劳动,改变了某一自然物的面貌、状态或功能,使其适应人的某种需要。他(们)的这一劳动就是文化活动,其劳动结晶也就是文化成果。人们通过自己的努力,充分发挥主体能动性而使现成的社会关系网得到重组和协调,使其更加有利于推动社会的进步,人的这一活动及其带有正效应的成果,也是一种文化现象。人类在改造客观世界的过程中,提高了自己的知识、技能和道德观念,从而使其更加理性化和智能化,这就是人的文化过程和现象。因此,在某种意义上可以说,凡是能给人类社会带来福祉,能将社会生活水平向前推进一步的一切劳动,都是文化活动或文化。文化是人类现实生活和社会进步的需要,人类社会的历史就是一部文化史。

然而正如前辈学者指出的那样,作为学术研究对象的文化史,却有广义和狭义之分。广义文化史包括人类创造的全部物质和精神文

———————

①李清凌主编的《中国文化史》由高等教育出版社 2002 年 5 月出版,2017 年 7 月由该社出版第 2 版。

明成果及其创造的手段、规则、制度、习惯等;狭义的文化史,则仅指人类精神文明的建树。一门学科的研究对象是研究者根据一定的客观需要确定的。本书编写目的,是为大学本科生简要介绍中国文化发生、发展过程及各发展阶段的形态、状况和内在联系(规律)性。为使学生对中国文化史各领域有一个比较全面、概括的了解,也考虑为教师的教学安排留下选择的余地,同时设想将同学接触文化史领域的口子拓大一点,能够从多个侧面激发他们钻研的积极性,因此,本书拟在广义文化史的意义上安排编写内容。在章节安排上,又适当照顾传统文化史的重点,增加了心态文化史的分量。对于物质文明的叙述,只取社会生活的层面;至于物质文明的创造过程如农、牧、手工业生产的细节等,则留待经济史课程讲授,本书不予细述。有关制度文化的内容,也仅限于文化建树如政区的划分、管理体制、兵制、教育、选举制、法律、赋役制等,而将各类制度具体实行过程的研读,归入政治等专门史。

(二)中国文化史教学的意义和目的

学习和研究中国文化史是了解中国国情,继承中国文化优良传统,发展社会主义新文化和四个现代化建设的需要。对于青年学生来说,它至少需要和可以达到三方面的目的:一是掌握中国传统文化知识,比较系统地了解中华先民在物质文明、精神文明、制度文明和习俗文明等方面广博而深厚的建树,丰富知识,启发潜能,提高日后工作的热情、智慧和本领;二是深入地了解国情,国情包括历史和现实两个方面,我们通过中国文化史的学习和研究,掌握中国传统文化的基本精神和国情的历史方面,就能加深对国情现实方面的理解,从而加强对两个文明建设必要性、迫切性和个人责任性的理解。三是能够为爱国主义和思想道德的教育和修养提供历史的经验和素材。

二、中国文化的特征和基本精神

(一)中国文化的特征

这是研究和讲授中国文化史必须解决的一个问题。作为一种特殊的文化形态,中国文化有其不同于世界其他文化的特征。我国前辈文化学家梁漱溟从中国文化中概括出 14 种特征;①台湾学者韦政通认为中国文化有 10 大特征;②类似概括还有多种。在前人的基础上,我们还可以将中国文化的特征进一步概括简缩为基本特征和一般特征两个方面。前人指出,中国文化的基本特征是它的伦理类型;③这是对西方文化知识类型而言的。这一基本特征是在中国特殊历史地理环境和经济、社会、政治条件下形成的。它不仅反映中国传统文化的本质——以孝为核心的道德伦理体系,而且影响着中国传统意识形态的各个领域及各时代人们的心理和行为规范,中国传统文化的哲学思想以及教育、文艺、史学、制度、宗教、风俗中,无不体现着孝亲、尊祖、忠君、敬天等伦理性观念,这是其他文化形态所没有的,因而可以看作其本质特征。这一论断是准确、科学的。

在学习和借鉴前人研究结果的基础上,我们认为中国文化的一般特征,应包括它的广泛性、连续性、平和性及独特的价值取向等。广泛性指中国传统文化在长期发展过程中,不断地将中国各地区、各民族、各质态文化融汇到一起,形成中华各民族共有的文化。众所周知,中华民族的核心汉族是中国古代各地区先民不断地滚动式融合的结

①见梁漱溟:《中国文化要义》,《梁漱溟全集》第三卷,山东人民出版社 1990 年版,第 14—29 页。

②韦政通:《中国文化概论》,台湾水牛出版社 1973 年版。

③张岱年等主编:《中国文化概论》,北京师范大学出版社 1994 年版,第 347 页。

果。在这一融合过程中,先有各地区部落、部族的融合,以及部落、部族融合中形成的区域性文化,比如见于记载的先秦区域性文化,就有楚文化、吴文化、齐鲁文化、巴蜀文化、秦文化、西域文化等等。秦统一六国后,这些文化的大部分都先后融入汉文化即中国传统文化的主干了。

中国传统文化在融合各区域文化的同时,还吸收了历史上从蛮、夷、戎、狄到氐、羌、匈奴、鲜卑、突厥、铁勒、回鹘、契丹、女真、蒙古等等少数民族文化。少数民族文化未被融合而独立流传至今者,则构成中国传统文化的支流。

中国传统文化的综合性,还表现在它对域外不同质态文化的改造、消化和吸收。如犍陀罗艺术文化、印度的佛教文化、中亚西亚的科技文化等等。有容乃大,正是由于中国文化以其无比恢弘的气度和无限宽阔的胸怀,在将自己民族文化成果无私地传播给世界人民的同时,又融摄、综合了世界各民族、地区不同的文化成分,才形成如同今日的面貌。

连续性指中国传统文化形成以来,数千年间,条理有贯,记载分明,从未中辍,这在世界各文明形态中是独一无二的。中国文化这种经久不衰的连续性,是其内在生命力在历史长河中的展现,它源于三个方面:一是中国哲学思想中的变易性。《易》所概括的中国传统文化的变易观念,使中国传统文化在历史发展中不断地吐故纳新,改造自身的文化结构和内涵,以适应变化了的客观社会的需要。变则通,通则久,这个事物发展的一般规律,玉成了中国传统文化的延续性。二是中国文化有兼容并蓄的宏大气魄。这使它广纳百川、内涵丰富,满足不同民族、地区和社会不同阶级、阶层的文化需求。三是文化发育程度高。在近代以前没有遇到更高形态文化的挑战。故中国虽与印度、埃及、希腊、罗马一样,在历史上几度陷于战乱,或因外族入侵而遭遇危机，但在鸦片战争以前，无论国内民族冲突还是国际侵略势力，都不能打断中国文化发展的趋势，反之，那些文化层次较低的入侵者，倒往往被中国先进文化所征服。

平和性指中国传统文化的和合倾向。它是贵和尚中的文化基本精神在社会人际关系和个人操守上的体现，对此基本精神，下面我们还要论述。

独特的价值取向，是指中国文化受其伦理道德基本精神的影响，在价值取向上有许多不同于西方的地方。如在天人关系上，更重视人文研究和人的道德的修养，而对天（自然）的探索相对薄弱，与西方文化重视自然知识的钻研大异其趣；在群己关系上强调群体利益和存在，主张个人服务和服从于群体，儒家的"克己复礼"，墨家的"兼爱""尚同"，法家的"无私"，佛教的"普渡众生"等都反映了这一点；在义利关系上，持先义后利，"义以为上"的态度，必要的时候，可以舍生取义而绝不见利忘义；在理欲关系上，倡导存理灭欲，理性优先的原则。仅这些独特的价值观念，就可以将中国文化与世界其他类型的文化区别开来。

中国传统文化是以儒学为核心，以儒、释、道文化为主流，融会了各地区、各民族、各时代主要文化形式的动态文化系统。在概括中国传统文化特点的时候，既要看到儒学的核心主导作用，又须注意到中国传统文化的丰富内涵和多层面性，单纯以儒学来概括中国传统文化特点的做法既不符合实际又于情理未安，因而是不可取的。

（二）中国传统文化的基本精神

中国传统文化的基本精神，指贯穿于中国文化发展全过程、各领域，能够激励人们奋发向上、积极进取的思想观念。如上所述，中国文化的内涵极其广博深厚，从不同的角度来观察，其基本精神也应有不同的表述和侧重，对此文化史学界已进行了许多探讨、概括和总结，给人启发良深。我们认为这些概括还可以再精炼一些。中国文化精神中最积极、最有价值,可以贯古通今,涵盖全体的基本精神,应浓缩为"刚健自强、贵和尚中"八个字。

刚健自强、贵和尚中的精神,源于中国古代天人合一的思想观念。早在西周以来,人们就把天神化了,认为天与人可以相通,可以按同样的法则运作。《易传·文言》提出人"与天地合其德"的思想。《系辞上》认为圣人创制的《易》与天地准,故能弥纶天地之道。仰以观于天文,俯以察于地理,是故知幽明之故"①。这说明,不管天地万物、阴阳之道的变化如何玄妙不定,圣人总是能通过同样没有固定模式的《易》来测知它。汉代董仲舒进一步把天人格化了,他提出的"天人感应"学说,认为"以类合之,天人一也"。②故天能以各种形式表示它对人间事物的关心;同样,圣人也可以仰观俯察,而得知天意和天道。

到了宋代,理学家张载明确提出"天人合一"③的命题,但他说的天已是物质性"气"构成的天了,与董仲舒等神学观的天有质的差异。只是在天人之间具有统一性的问题上,各派看法基本一致。如果不是把天理解为人格神,而是理解为自然,那么,强调人与天统一、协调的思想,无疑是合理和有积极意义的。恩格斯认为人和自然界是一致的,他说:"那种把精神和物质、人类和自然、灵魂和肉体对立起来"的观点是"荒谬的、反自然的"④"思维过程同自然过程和历史过程是类似的,反之亦然。而且同样的规律对所有这些过程都是适用的"。⑤自然界、社会和人们思维规律的一致性,是由人类社会和自然界的统一

①《易·系辞上》。

②(汉)董仲舒:《春秋繁露·阴阳义》。

③(宋)张载:《正蒙·乾称》。

④恩格斯:《自然辩证法》,人民出版社1971年版,第159页。

⑤恩格斯:《自然辩证法》,第244页。

性所决定。刚健自强，贵和尚中，正是在"天人合一""人法天"思想的支配下提出来的。刚健自强、贵和尚中的中国文化基本精神，所强调的是人，即"以人为本"或人本主义。这一文化特色与西方神本主义文化精神迥然而异，它考虑问题的出发点和归宿都是人。刚健自强来源于《易传·象传》："天行健，君子以自强不息。"天的运行是刚健的，天道和人道又可以相通，因此人能法天之"健"而张阳刚之气，健美之德，在进取的道路上自强不息。在这里，效法天的是人，自强不息的还是人，在天人关系中，始终将人置于积极的、主动的、核心的地位。与整个中国文化将人放在宇宙万物的中心，强调人可以"赞天地之化育"，与天地"相参"的旨趣完全一致，是中国传统人文精神高度的哲学概括，也是中国传统文化中最优秀、最有积极性、普遍性的成分。贵和尚中也是指人而言。"和"是价值取向，"中"是思想路线。贵和尚中的文化精神同样来自"天"的启示。《易传》有"地势坤，君子以厚德载物"的话，《象传》云："保和太和，乃利贞"，都启发人要以和为本。"太和"是天物高度和谐的状态；"和"是不同事物的有机配合。古人在这里提出了高度关注和积极倡导万物和谐的思想。五味相和，才能产生香甜可口的食物，六律相和，才能形成悦耳的音乐，不同民族、地区和质态的文化相融合，才能形成博大精深的中华文化，确保国家的大一统。因此春秋时期的史伯有"和实生物，同则不继"[1]的论断，孔子提出"和为贵"[2]"君子和而不同，小人同而不和"的命题。[3]

　　老子主张处事有道，"莫与人争""不为人先"，与贵和尚中的精神基本一致。北宋理学家张载在《正蒙·太和篇》中更加明确地提出："太

---

　　①（吴）韦昭注：《国语·郑语》，"和"，指不同事物的和平相处。"同"指相同事物的积聚。

　　②（魏）何晏集解，（宋）邢昺疏：《论语注疏·学而》。

　　③（魏）何晏集解，（宋）邢昺疏：《论语注疏·子路》。

和所谓道,中涵浮沉、升降、动静相感之性,是生絪缊相荡胜负屈伸之始"。揭示了"太和"之道包含多样性,"相感"而生万物,推动宇宙事物发展变化的道理。启示人们要胸怀宽阔,广纳百川,在和谐的自然、社会环境和心态下奋发进取。尚中的"中"即不偏不倚,不走极端的意思。它是中国传统文化的又一基本概念。《易传》云:"刚健中正,纯粹精也",就是要人们效法天,在行为上允当适度,中道而行,无过、无不及。《中庸》说:"中也者,天下之大本也",这是将"中"作为实现"和"及"自强不息"的根本方法提出来,强调了"中"在人们认识和实践中的重要性。可见无论"和"还是"中",都是针对人提出来的论题。刚健自强、贵和尚中作为中国文化的基本精神,它超越民族、地域、阶级、时代的局限,激励古往今来的中华儿女奋发向上,锐意进取,不断地超越现实。从漫长的古代到当今,它始终是人际友善、家庭和睦、国家统一、民族团结、文化繁荣、社会进步的思想基础和精神源泉。正因为这样,这一中华文化的基本精神,就需要和值得我们世世代代地发扬下去。

三、中国文化史的线索和发展阶段

中国文化史是一幅包罗宏富的壮美景观,人们在描述这一景观的时候,由于对它的范围和线索把握不同,因而会有不同的分类法,其中包括物质文化和精神文化两分说;有物质、精神、制度三层次说;有物质、制度、风俗习惯、思想与价值四层次说;有物质、社会关系、精神、艺术、语言符号、风俗习惯六大子系统说等等。①这些分法,各有其立论的出发点和认识依据,我们认为从教学的角度来看,前两种分法稍嫌粗略,将一些重要的文化范畴如社会风俗文化等未能囊括进去,不能完整地反映中国文化史的内容体系;而按第三种分法,"思想和

---

①参见张岱年等主编:《中国文化概论·绪论》,第5页。

价值"这一层次也难尽纳文艺、史学、科技、宗教等内容；至于第四种分法，则既嫌凌乱又有概念含义的遗漏和重合，艺术、语言符号不也是精神文化的亚流吗？且社会关系怎能尽揽各种制度文化！有鉴于此，本书参照已有文化史分类法，并考虑实际教学的方便，撷取社会物质文化，学术思想，科技、文艺和史学，宗教，制度，风俗等六条主要线索，构成《中国文化史》的逻辑框架。其中物质文化仅限于社会物质生活文化的层面；制度文化以各时代政区划分、行政管理、教育制、选举制、兵制、法制、赋役制文化为重点；风俗文化以汉族为主体，兼顾到各时期主要少数民族和有代表性的地域性风俗；以学术思想、科技、文艺、史学、宗教为研究对象的社会意识形态文化，是精神文化的主要内容，也是本书的介绍重点。

关于中国文化史的发展阶段，我们按先民在文明进程中里程碑式的文化创造及综合性特点，将整个中国文化发生、发展的历史过程分作 8 个阶段：

远古至夏朝建立以前为中国文化的起源阶段，这一阶段，中国先民在物质文化、精神文化和社会组织形式等方面的建树，都是中国传统文化的渊源。

夏、商、西周、春秋时期，以青铜器、铁器、牛耕、宗法制、分封制、诸子思想、六经、六艺为标志，是中国文化的形成阶段。

战国、秦、汉时期，社会物质生活内容更加丰富，而政治领域内影响中国数千年之久的皇帝制、郡县制和各级官僚制度形成；以造纸为代表的一大批科技成果，以诸子散文、汉赋为代表的文学作品及以《左传》《国语》《战国策》《史记》《汉书》等为代表的史学著作相继出现，道教产生，佛教传入，是中国文化的发展阶段。

魏晋南北朝时期，我国农业文明与游牧文明在民族迁徙、冲突中互相交流和融摄，玄学从儒、释、道争论中诞生，各民族文化风习也在战乱中薪火相传,可谓中国文化内部冲突与融摄的阶段。

隋唐五代时期,由于生产力提高,人们的物质生活条件进一步得到改善。唐诗、建筑、佛教造像、纺织、科技等标志性成果接踵而出;辽阔疆域内因地制宜多种形式的行政管理制度及以"胡化"为特征诸族荟萃的社会风俗习惯,都说明这是中国文化的繁荣阶段。

宋辽夏金元时期,南北各地城市崛起,商品经济空前活跃;以理学为主导的儒学新派别在三教合一的时代潮流中形成;宋词、元曲等文艺形式适应士人和市民的情趣而出现,《资治通鉴》等史学巨著层出不穷;我国历史上的"四大发明",这一时期占其三。种种迹象表明,这是中国古代文化发展的巅峰阶段。

明清前期,商品经济继续发展,海上"丝绸之路"冲开封建统治者的重重束缚和限制,通向世界各主要资本主义国家,社会经济生活领域不断扩大;考据学从封建极权政治下脱颖而出,并在历史文化的整理、总结和研究中发挥了巨大的作用;以《三国演义》《西游记》《水浒》《红楼梦》为代表的章回小说,数以千计的地方史志及《永乐大典》《四库全书》等特大型典籍的编写,都是文化领域的辉煌成果。然而与西方资本主义文化相比较,中国文化正处于出现转机的阶段。

鸦片战争至民国时期,随着资本主义列强的入侵,西方文化涌入中国,在民族、国家危机的同时,中华文化也第一次遇到了严峻的考验和危机。于是,先进的中国人开始正视现实,主动向西方国家学习工艺、制度和观念文化,先后掀起了洋务运动、维新变法和新文化运动。反映西方文化面貌的机器制造技术、共和制度及数学、物理学、化学、天文学、生物学、医学等现代科学被引入中国。中国人向西方学习的心态文化成果也纷纷出现,在西方文明的冲击下,中国文化开始走上了现代化阶段。

按中国文化发展的总体状况,还可将上述各阶段归纳为前后两个不同的阶段：即从中国文化形成至宋元时期，是其不断发展和趋于鼎盛的阶段；而明清至新中国成立前夕则是中国文化在世界文化领域里遇到真正强手的挑战而开始反省，从而走上现代化之路的阶段。对于文化发展的阶段，按不同的视角和原则，会有完全不同的分法。以上我们根据中国文化发展综合性特点和教学方便而做的划分，仅仅是一种尝试，不敢就认为是最科学的。

四、学习中国文化史的方法

中国文化史是一个内容广泛的知识体系，对于初学这门课程的同学来说，应注意以下几点：首先，要抓住关键，即中国文化的基本精神。在此基础上掌握基本线索、基本理论和基础知识，尽量使自己得到的知识连贯起来，形成系统。你可以不同意本书的许多观点，但必须通过各种途径，构架起一个比较合理的中国文化史的知识框架，以便在今后的学习中不断地充实和完善起来。

其次，对于高年级和具有一定文化史基础知识的人来说，要把文化史的学习与其他专业知识的学习结合起来，与社会实践结合起来，与科学研究结合起来。通过学科知识的互相比较，启发思维，发现问题。从较广泛的学科范围与社会实际的结合上提炼出有学术意义和实际价值的研究课题，这样能够激起更大的钻研兴趣，将学习引向深入并适时地跨入研究领域。

最后，学习中国文化史和学习其他学科一样，还应有怀疑批判的精神。对任何成说，都要首先问一个为什么，怀疑是创新的需要和前提。任何学习和研究都是为了创新，而创新都要从发现已有的不足开始，因此都离不开怀疑、批判的态度。

（原载《西北师大学报》2001年第5期。《中国人民大学复印报刊资料·文化研究》2002年第1期转载）

時文化考论

一、時文化的创建与发展

時是先秦、秦汉时期诸侯、帝王祭祀天地的一种设施和形式。据《史记》记载,汉代就有人将它的出现追溯到黄帝时代,其文云:"或曰:自古以雍州积高,神明之隩,故立時郊上帝……盖黄帝时尝用事,虽晚周亦郊焉。"但司马迁又说"其语不经见,缙绅者不道。"①就是说,西周以前有没有時这种祭祀形式,汉代人已经说不清楚了。

有确切年代可考的時建于周平王元年(前770年)。这一年秦襄公"攻戎救周"有功,被封为诸侯,居西垂(汉陇西西县,今甘肃天水市西南),"自以为主少皞之神,作西時,祠白帝。"②其后16年(前754年),秦文公东猎汧渭之间,卜居之而吉。于是作鄜時。作鄜時之前,"雍旁有吴阳武時,雍东有好時,皆废无祠。"③鄜時之作上距秦襄公列侯、作西時才十数年,期间废某時而不祠或有可能,但由秦侯建時而复废之的可能性极小,我们由此推断,司马迁时代人们传言晚周雍州有時并非空穴来风,立時祀天的事最迟在周代即已经存在。

秦德公即位后的次年(前676年)迁都于雍,他于当年就去世了。继立的秦宣公于公元前672年在雍都渭河南又建了一座密時,来祀

①《史记》卷28《封禅书》。
②《史记》卷28《封禅书》。
③《史记》卷28《封禅书》。

青帝。入战国,秦灵公(前 424—前 415 年)作吴阳上畤祭黄帝;作下畤祭炎帝。吴阳其地在今陕西宝鸡市西北,因在吴山(又叫岳山、岍山)之阳而得名。据《史记·集解》引徐广曰:上、下畤之作距作密畤250 年,与《史记·六国年表》所记相同,即秦灵公即位后的第 3 年(前422 年)。秦献公(前 384—前 362 年)十七或十八年,作畦畤于栎阳(今陕西临潼县东北),祭白帝,①这是秦国所建的最后一处畤。加上汉高祖刘邦建立的北畤(祭黑帝),汉武帝建立的泰畤(祠太一)②及汉平帝时大司马王莽奏建的广畤(祠后土),③春秋至西汉见于记载的畤共有 11 个,详下表:

先秦至西汉时代建立的畤

序号	畤名	建立者	建立地点	建立时间	所祭天帝名	史料出处
1	西畤	秦襄公(前 770—前 766 年)	西(今甘肃天水市西南)	前 770 年	白帝	《史记》卷 28《封禅书》,卷 14《十二诸侯年表》
2	鄜畤	秦文公(前 765—716 年)	在今陕西洛川县东南	前 756 年	白帝	《史记》卷 5《秦本纪》,卷 28《封禅书》,卷 14《十二诸侯年表》

①《史记》卷 28 裴骃《集解》引晋灼曰:"《汉注》在陇西西县人先祠山下。"中华书局 1982 年版,第 1365 页。又《史记》卷 5《秦本纪》云:秦献公二年(前 383)"城栎阳"。"十八年,雨金栎阳。"裴骃《集解》引徐广释"城栎阳"曰:"徙都之,今万年是也。"张守节《正义》引《括地志》云:"栎阳故城一名万年城,在雍州东北百二十里。"(第 201 页)可见,畦畤在雍州东北的栎阳(今陕西临潼县东北),因迁都而建,而不应在陇西西县。

②《汉书》卷 25 上《郊祀志》。

③《汉书》卷 25 下《郊祀志》。

续表

序号	畤名	建立者	建立地点	建立时间	所祭天帝名	史料出处
3	密畤	秦宣公(前675—前664年)	在今陕西凤翔县南	前672年	青帝	《史记》卷28《封禅书》
4	上畤	秦灵公(前424—前415年)	吴阳(今陕西宝鸡市西北)	前422年	黄帝	《史记》卷28《封禅书》,卷15《六国年表》
5	下畤	秦灵公	吴阳	前422年	炎帝	《史记》卷28《封禅书》,卷15《六国年表》
6	畦畤	秦献公(前384—前362年)	栎阳(今陕西临潼县东北)	前368年(一作前367年)	白帝	《史记》卷28《封禅书》,卷15《六国年表》,卷5《秦本纪》
7	北畤	汉高祖(前206—前195年)	雍(今陕西凤翔县)	前205年	黑帝	《史记》卷28《封禅书》
8	武畤		吴阳	西周		《史记》卷28《封禅书》
9	好畤		雍东(今陕西乾县)	西周		《史记》卷28《封禅书》
10	泰畤	汉武帝(前140—前87年)	云阳(今陕西淳化县西北)	前112年	太一	《汉书》卷25上《郊祀志》
11	广畤	汉平帝(公元1—5年)	长安北郊	公元5年	后土	《汉书》卷25下《郊祀志》

秦始皇统一以后,实行"三年一郊",主要祭祀的仍是雍四畤那几

位天帝。西畤、畦畤,祠如其故,但"上不亲往"。①

汉朝继承了秦人的畤文化。汉高祖刘邦(前206—前195年)规定,包括北畤在内的诸畤令"有司进祠",他仍然是"不亲往"。到汉文帝时(前179—前157年),"始郊见雍五畤祠"。汉武帝也到雍"郊见五畤。后常三岁一郊"②。他还听从亳人谬忌的奏言,认为"天神贵者太一,太一之佐曰五帝",遂立太(泰)一祠于长安东南郊,春秋致祭。后又建泰畤于云阳县(今陕西淳化县西北),确定"元年祭天,二年祭地,三年祭五畤。三岁一遍,皇帝自行也"③。汉武帝以后各帝大都沿袭了畤祭上帝的礼仪,直到汉平帝时(1—5年),畤祭被南郊大典所取代,情况才有了大的变化。从秦襄公初建西畤到汉平帝重订郊天大礼,畤文化从秦国兴起,进入封建统一王朝的祀典,代表了中国郊祀文化的一个历史阶段和一种独特的形式,历春秋、战国、秦、汉四代,至少存在了700多年。

二、畤祭对象和形式的演变

从上表可以看到,秦国(朝)畤祭的对象前后有白帝、青帝、黄帝和炎帝。汉初,刘邦创立北畤,补祭黑帝,将秦四畤扩充为完整的五帝之祀。所谓五帝,按《周礼·春官·小宗伯》郑玄注云:"五帝,苍曰灵威仰,大昊食焉;赤曰赤熛怒,炎帝食焉;黄曰含枢纽,黄帝食焉;白曰白招拒,少昊食焉;黑曰汁光纪,颛顼食焉。"这就是郑玄所说的"五德之帝"。与其相联系的还有"五行之官"或"五官之神",它们的称号,"木

---

①以上均见《史记》卷28《封禅书》。

②《史记》卷28《封禅书》。

③《史记》卷28《封禅书·索隐》引《汉旧仪》。

正曰句芒,火正曰祝融,金正曰蓐收,水正曰玄冥,土正曰后土"。①《周礼·春官·大宗伯》云:大宗伯主管的祭典,有"以血祭祭社稷、五祀、五岳"。郑玄注:"此五祀者,五官之神,在四郊。四时迎五行之气于四郊,而祭五德之帝,亦食此神焉。"②综上可知,《周礼》规定"祭五德之帝"时,有太昊、炎帝、黄帝、少昊、颛顼五人帝配食,又有木、火、金、水、土"五官之神"陪祭,这就是上文所说的"亦食此神焉"。

从秦先公、先王、秦始皇到汉文帝时的時祭看,似乎都以白、青、黄、赤或加上黑帝为直接的祭祀对象,未见有以其他神鬼配食、陪祭或合祭的记载。直到汉武帝在甘泉祠太一时,才坛设三重,中奉太一,"五帝坛环居其下,各如其方,黄帝西南,除八通鬼道。""其下四方地,为腏,食群神从者及北斗云。"③出现了百神陪祀太一的现象。其后泰時祭天大都遵行这一规制。汉平帝时,在王莽的建议下,南北郊又增加了以先祖妣配食的做法,东汉光武帝后列为正式制度,但那已经走出了時祭的时代。

这里有两个问题,一是在传统的五帝之祭中,秦先公、先王何以对白帝情有独钟?二是自秦宣公以后,既然已经立時祭青帝、黄帝、炎帝了,为何直到秦统一后,秦人始终不祭黑帝,而直到汉初才由刘邦补上呢?关于第一个问题,《史记·封禅书》已经作了解释,其文云:"秦襄公既侯,居西垂,自以为主少暤之神,作西時,祠白帝。"这就是说,

①《左传》昭公二十九年。

②五祀有两义,另一指地祇:《礼记·曲礼下》云:"天子祭天地,祭四方,祭山川,祭五祀,岁遍。诸侯方祀,祭山川,祭五祀,岁遍。大夫祭五祀,岁遍……"郑玄注:"五祀,户、灶、中霤、门、行也。此盖殷时制也。《祭法》曰:'天子立七祀,诸侯立五祀,大夫立三祀,士立二祀。谓周制也。'"

③《汉书》卷25上《郊祀志》。

秦人祀白帝,是按周人五方上帝的天神观,自以在周的西陲,因而选择祭祀主管西方的白帝。然而按《礼记·王制》的记载:"天子祭天地,诸侯祭社稷。"据此,诸侯是无权祭祀"五帝"包括白帝的,秦襄公之祭白帝意在自大,显然是一种僭越行为。

关于第二个问题,从秦宣公作密時祀青帝,到秦灵公作上、下時祭黄帝、炎帝,秦人祭祀的对象从主管西方的天帝扩大到了东、中和南方的天帝。祭祀权其实就是政治权力的一种象征,因此,秦人礼制上的僭越,明显地反映了他们政治欲望、兼并之心、东扩之志的逐步膨胀。然而秦先公、先王在祭祀中始终不为北方黑帝设時,这是什么原因呢?这里有一种可能,就是秦先公、先王看到和承认当时北方少数民族势力的强大存在,把祭祀黑帝的权力留给了北方民族的首领。从积极的方面看,它说明秦先公、先王尚有平等对待他族的观念;从消极方面看,则是秦国当时经济军事势力较弱,被东方诸国"戎翟遇之",而其本身则又不甘混染于戎翟,因而不情愿時祭主管北方的天神。秦始皇统一后,实行"三年一郊",但祭祀对象仍然沿接了秦国传统的四天帝,这样,对统一前本来没有祭祀的北方黑帝也就无需立時祭祀了。直到汉初,刘邦为了神化自己,说:"'吾闻天有五帝,而(秦)有四……乃待我而具五也。'乃立黑帝祠,命曰北時。"①补全了五帝及其祭祀的场所,可算是对秦朝祭天制度的完善和发展。

秦王朝建立前后,其先公、先王及秦始皇所建的祠庙很多,其中最尊贵的是雍四時的四位天帝。各時祭祀的形式,据载秦襄公時祭白帝时,"其牲用騋驹黄牛羝羊各一"。②騋,赤马黑鬣者也。羝,牡羊也。秦文公、秦德公祠鄜時,所用也是"三牲"或"三百(为白字之误—引

---

① 《史记》卷 28《封禅书》。
② 《史记》卷 28《封禅书》。

者)牢"。①关于祭祀场所的设置,《史记》卷 28《封禅书》记载秦献公所作畤時较为典型。对于畤時的形状,裴骃《集解》引晋灼曰:"《汉注》……形如种韭畦,畤各一土封。"司马贞《索隐》进一步引《汉旧仪》云:秦人"祭人先于陇西西县人先山,山上皆有土人,山下有時,埒如菜畦,時中各有一土封,故云時"。又引《三苍》云:"時,埒也。"用今天的话来说,封是人工所起的土堆,埒是矮墙,時是由矮墙围起来的土台,秦人祭天的典型场所畤時,就是由多个矮墙围起来的土堆(台)组成。畤時不在西垂前文已及,至于"人先祠山"则是另一回事。西垂"人先祠山"可能是秦人早期祭祀祖先的地方,将時建在人先祠山下,说明秦人祭天的時可能是由祭祖的形式发展而来;或秦先公、先王有以祖宗陪祀天帝的礼仪制度。至于那形如韭畦,畤各一土封是各時的共制还是畤時所独有? 那多个人造的土丘作什么用? 是列置牲牢,供奉祖宗牌位,还是安顿陪祭神灵? 这些问题还有待进一步的研究。

秦始皇是一个笃信鬼神的人。他统一六国,即帝位后的第三年,就东巡郡县,祠骊嶧山,登泰山封禅,又东游海上,行礼祠名山大川及八神(天主、地主、兵主、阴主、阳主、月主、日主、四时主),并整齐画一了"祠官所常奉天地名山大川鬼神"的高低次序。他在位时的祠庙,"雍有日、月、参、辰、南北斗、荧惑、太白、岁星、填星、[辰星]、二十八宿、风伯、雨师、四海、九臣、十四臣、诸布、诸严、诸逑之属,百有余庙。西亦有数十祠。于湖(县名,在京兆—引者)有周天子祠。于下邽有天神。澧、滈有昭明、天子辟池。于(社)[杜]、亳有三社主之祠、寿星祠;而雍菅庙亦有杜主……各以岁时奉祠。"②郡县远方不领于天子祝官

---

①《史记》卷 28《封禅书》。又《史记》卷 5《秦本纪》云:秦文公"十年,初为鄜時,用三牢。"

②《史记》卷 28《封禅书》。

而由民间各自奉祠的神祠则更多。

　　然而在所有的祠庙中，"唯雍四畤上帝为尊"，故雍四畤有季祠，有月祠，"春以为岁祷，因泮冻，秋涸冻，冬塞（赛也—引者）祠，五月尝驹，及四仲之月月祠"，"春夏用骍，秋冬用駠。畤驹四匹，木禺（寄也，意为刻画上—引者）龙栾车一驷，木禺车马一驷，各如其帝色。黄犊羔各四，珪币各有数，皆生瘗埋，无俎豆之具。三年一郊。……通权火（烽火—引者），拜于咸阳之旁，而衣上白，其用如经（常也—引者）祠云。西畤、畦畤，祠如其故，上不亲往。"①对雍四畤的祭祀既多，规格又高，然始终没有恢复对《周礼》所载昊（皇）天上帝的祭祀，故董仲舒严厉地批评说：对于昊天上帝的祭祀，"前世王莫不从重，栗精奉之，以事上天。至于秦而独阙然废之，一何不率由旧章之大甚也！天者，百神之大君也。事天不备，虽百神犹无益也……今秦与周具得为天子，而所以事天者异于周。"②用周礼来衡量秦的祭天礼法，确实是大相径庭，但这正好说明秦时文化有它自己的独特性。

　　秦人祭天的仪制给了西汉以深刻的影响。"汉承秦制"就包括对这部分礼仪制度的继承。刘邦建国后，除立北畤，将秦四畤扩大为五帝之祭外别无新创，"郊望之事，数世犹未章焉"。③汉文帝十七年（前163年）在咸阳东30里"作渭阳五帝庙"，④同年又作长门（在今陕西临潼县）五帝坛。⑤这是在五畤以外设立的新的祭祀场所，是对秦汉初

　　①《史记》卷28《封禅书》。

　　②（汉）董仲舒：《春秋繁露·郊语第六十五》，引自（清）苏舆：《春秋繁露义证》卷14，中华书局1992年版，第397—399页。

　　③《汉书》卷25下《郊祀志·赞》。

　　④《史记》卷28《封禅书》。

　　⑤《史记》卷28《封禅书》。

期祭天形制的发展。汉武帝即位后,毫人谬忌建言:"天神贵者泰一,泰一佐曰五帝",武帝听从他的建议,在长安城东南郊建立了太一祠。又以方士言,"用太牢祠三一:天一、地一、泰一。"还在云阳县(今陕西淳化县西北)立泰畤,"令太祝领,秋及腊间祠。(二)[三]岁天子壹郊见。"①这些都是受方士影响的结果,也显示出在统一政权重建后,帝王祭祀的最高神向一神化回归的苗头。"太一"本自道家宇宙观,原指孕育天地万物的宇宙本源。《吕氏春秋·仲夏纪·大乐》云:"太一出两仪,两仪出阴阳。阴阳变化,一上一下,合而成章。混混沌沌,离则复合,合则复离,是谓天常……万物所出,造于太一,化于阴阳。"这是对太一带有道家倾向的一种表述。儒家著作中也有太一。如《礼记·礼运》说:"必本于大(太)一,分而为天地,转而为阴阳,变而为四时。"孔颖达疏云:"大一者,谓天地未分混沌之元气也""其气既极大而未分,故曰大一也。"看来,道、儒两家在太一观念上有基本相似的表述,当是相互交流汲纳的结果。汉武帝虽然接受了董仲舒的建议,"舒罢黜百家,独尊儒术",但在实际行动中,尤其是在祀天仪法上,仍然受到道家、方士的严重牵制。

泰畤的建立,使五帝降到了"佐"的地位,但泰一并不是周礼所说的皇(昊)天上帝,因而仍然受到儒家学者的批评。汉元帝时(前48—前33年),贡禹公开提出"汉家宗庙祭祀多不应古礼",元帝同意他的看法,但没有改革的举措。汉成帝即位初(前32年),丞相匡衡、御史大夫张谭又提出改革祭天仪制的问题,认为:"天之与天子也,因其所都而各飨焉。"应将甘泉泰畤、河东后土之祠徙置长安,才合于古帝王。经有关臣僚合议,50人赞同,8人反对。乃决定实行长安南北郊

---

①《汉书》卷25上《郊祀志》。

祭。匡衡又上言,认为"鄜、密、上、下畤,本秦侯各以其意所立,非礼之所载术也。汉兴之初,仪制未及定,即且因秦故祠,复立北畤。今既稽古,建立天地之大礼,郊见上帝,青赤白黄黑五方之帝皆毕陈,各有位馔,祭祀备具。诸侯所妄造,王者不当长遵。及北畤,(天下)未定时所立,不宜复修"[1]。汉成帝同意他的看法。因此,在正式建立长安南北郊制度后,五畤、泰畤及其它数百不合礼法的祠祭都被停废了。但祭泰畤、五畤还是行南郊大礼的争论从汉成帝到汉平帝 30 余年间,前后经过 5 次反复,最后才由王莽确定:以长安南北郊为帝王最高的祭天地礼仪,以"皇天上帝"为最高天神的名字。泰一、五畤等都被降到了从祀的地位。东汉以降,这一祭祀对象和形式再无大的变动,畤文化的影响也就随之淡化了。

三、研究畤文化的学术意义

综上,从秦襄公被封为诸侯,秦人就开始创建自己的畤文化,30多代秦的最高统治者经历了 500 多年的时间。直到秦始皇统一六国,汉承秦制,历代秦的先公、先王和秦汉帝王们,都为这一文化的延续和发展竭尽心力。他们每有重大的政治设想和举动,都要畤祭上天,表明心迹,祈求天帝的保佑。正因为这样,考察畤文化对于研究该历史时期尤其是畤文化原创者秦先公、先王的政治意向、礼法演变、民族关系及宗教追求等都有重要的意义。

第一,它反映秦先公从列为诸侯之日起就萌发了再接再厉,取周而代之的念头,而且这一念头随着"畤"的增设而表现出明显的发展演变轨迹。按周礼,除天子外任何人都无权祭天。但秦襄公于列为诸

---

[1]《汉书》卷 25 下《郊祀志》。

侯的第一年就建立了西畤,祭祀白帝,说明他"攻戎救周"成功后,雄心勃发,锐意方张,虽然只有周封的"岐以西之地",经济军事势力尚小,但并不满足于"与诸侯通使聘享之礼",因而公然违背周礼,"位在藩臣而胙于郊祀","僭端见矣"。①十数年后秦文公建立鄜畤,同样暴露了他的不守本分。史载"秦文公东猎汧渭之间,卜居之而吉。文公梦黄蛇自天下属地,其口止于鄜衍。文公问史敦,敦曰:'此上帝之征,君其祠之。'于是作鄜畤,用三牲郊祭白帝焉"②。很明显,秦文公立畤祀白帝,目的完全在于应验"上帝之征",觊觎人间最高统治权。

透过畤坛考量秦先公、先王的政治欲望,其间有一个从纯礼法到政治权力的发展过程。秦襄公立西畤、秦文公立鄜畤而祠白帝,都只表明他们自以为应"主少皞之神",充其量不过是礼仪行为的越轨,尚无更多的政治要求。80多年后,秦宣公作密畤祠青帝,再过250年秦灵公作上、下畤祭黄帝和炎帝,反映秦先公们的政治野心已经从单纯礼仪行为的僭越发展到了对东、中、南方统治权力的要求。秦先公在僭祭西部天神的基础上,进而祭祀主管东、中、南方的天帝,就是以人间的四方之主自居了。由此可见,秦国萌生灭诸侯,代周王,作天下共主的意念,最迟当从秦灵公产生。

第二,它反映出秦先公、先王们在祭天仪制上既续接了周礼的传统,又不为其所束缚,敢于并于因时制宜,创新礼法的精神。如前所述,设畤祭天不自秦始。秦先公们沿袭前代的这一礼仪传统,又在祭祀对象、义涵、场所、规制等方面作了许多的改造,如前所述。这一切,多与周礼古制不合,是一种原创性很强的新礼法。从思想倾向看,四畤也好,"三年一郊"也好,都服务于秦的政治目标和路线,寄托着秦

①《史记》卷15《六国年表》。
②《史记》卷28《封禅书》。

先公、先王及秦始皇的政治诉求,行动计划,精神动力和宗教信仰。秦人的这一睿思、改革和在宗教仪法上的重要建树,是春秋、战国时期其他诸侯国所没有的。畤文化从西垂兴起,逐渐东扩,随着秦始皇统一六国,终于变成全国性、历史性的一种礼仪制度和形式,上承殷周,下传西汉,引领了一个时代的礼仪风俗,在中国礼仪制度史上占有重要的地位,也是西北文化史的一件大事。它的出现和发展无疑反映了秦先公、先王直到秦始皇一以贯之的政治胆略和礼制创新精神。直到汉代,仍能看到这一精神的流风。

第三,反映了秦人与西部少数民族文化交流的迹象。秦人生活的关陇尤陇右,自古就是多民族聚居区。春秋、战国以来,这里的少数民族氐、羌、月氏、匈奴等大都有信天、祭天的风俗。如《史记》卷110《匈奴传》记载,匈奴人每年五月,"大会茏城,祭其先、天地、鬼神。"同卷又记汉武帝时霍去病将万骑出陇西,过焉支山千余里,击匈奴,"破得休屠王祭天金人",裴骃《集解》引《汉书音义》曰:"匈奴祭天处本在云阳甘泉山下,秦夺其地,后徙之休屠王右地,故休屠有祭天金人,象祭天人也。"秦与匈奴等少数民族壤地相接,部族混杂,风习相染,故其先公、先王在制定祭天仪制时难免受夷狄风俗的影响。前引《史记·封禅书》秦献公作畦畤祀白帝那段话下,司马贞《索隐》引《汉旧仪》所说秦人"祭人先于陇西西县人先山,山上皆有土人,山下有畤,埒如菜畦,畤中各有一土封,故云畤",这段话似乎反映出秦人祭天时有祖先配祀,或在祭"人先"(即先人或祖先)时也立畤,其具体形式是山上有土人,山下有畤。"土人"就是泥塑的人像,它的作用相同于匈奴的祭天金人。秦先公祭祀中的这一做法,从一个侧面反映了它与匈奴等少数民族风俗文化交流的事实。《史记·六国年表·序》有"秦杂戎翟之俗"的说法,祭祀时陈列偶像,若不是匈奴向秦人学的,就是秦人向戎翟(如匈奴)学来的一种风俗。此习到后世愈染愈深。汉武帝"作甘泉宫,中为台室,画天地泰一诸鬼神,而置祭具以致天神",①不就是秦人设像崇拜的亚流?

第四,它反映了秦国(朝)最高统治者及西汉帝王的宗教追求和取向。过去,人们对秦王朝建立前后及汉代最高统治者的宗教追求关注甚少,或很模糊。在谈到秦汉政治指导思想的时候,多强调秦的尚法,汉初的黄老信仰和汉武帝以后的崇儒。这是对的。然而在秦汉思想或宗教文化领域还有一个共同性的倾向,那就是秦汉两代最高统治者都深信阴阳五行,"五德终始"的学说,而且以之作为最高层面的信仰和政治实践的指导。譬如秦朝是一个"事统上法"的政权,这一方面是继承了商鞅变法以来的政治思想传统,另一方面又受到阴阳五行学说的影响。《史记·封禅书》说秦始皇统一后,确定秦在"五德"中为"水德之时","事统上法"。裴骃《集解》引服虔曰:"政尚法令也",又引瓒曰:"水阴,阴主刑杀,故尚法。"看来秦国连传统尚法的政治思想都要以阴阳五行学说为依据进行论证,可见指导秦朝政治的深层思想不是法家学说,而是当时时新于各国之间的阴阳五行说及其在国家政权更替上的理论"五德终始说"。西汉皇帝尤其汉武帝十分迷信方仙鬼神世界,但在他们脑子里,五行学说、五德终始理论和天人感应那一套决不少于秦始皇及其前代,汉武帝的天神信仰比前人多了个太一,但他对五帝的信仰仍然是一往情深。秦朝建立前后及西汉帝王之所以如此笃信五帝系统的天神,是因为他们思想深处隐藏着与五帝相配的阴阳五行,"五德终始"的观念,这一观念决定了他们的宗教取向。

(原载《西北师大学报》2009 年第 5 期)

---

①《汉书》卷 25 上《郊祀志》。

藏传佛教与中国传统文化的关系

一、从藏传佛教形成的渠道看它与中国传统文化的关系

公元七世纪中期，佛教就从中国内地和尼泊尔两路传入我国藏族先民聚居地——吐蕃。众所周知，唐太宗贞观八年（634年），藏王松赞干布遣使向唐朝进贡通好，唐太宗派行人冯德遐到吐蕃答礼，揭开了唐蕃关系的序幕。紧接着，松赞干布多次遣使向唐求婚。贞观十五年（641年），唐太宗以文成公主嫁给松赞干布。文成公主赴藏时，将她平时供奉的释迦牟尼佛像带到了吐蕃；在此稍前，泥婆罗（今尼泊尔）王鸯输伐摩将其女墀尊公主嫁给松赞干布，墀尊公主来藏时，也带着她喜爱的释迦牟尼像。在文成公主和墀尊公主的影响下，松赞干布及其王室成员开始信仰佛教，并按汉、尼两地建筑风格，在拉萨红山以东创建了两座佛殿，分别供奉两位公主带去的佛像，即今大昭寺和小昭寺。这两座佛殿的建成，是佛教传入吐蕃的标志。只是佛教当时仅在吐蕃社会上层信奉，而吐蕃民间流传的仍是传统的苯教。

传至墀德祖赞（704—754年）时，吐蕃王室一方面派人从天竺请来了《金光明经》及密教经卷；另方面又向唐朝求婚。唐中宗景龙四年（710年），唐以金城公主出嫁墀德祖赞。金城公主积极赞助王室崇佛。派人从暗室中将以前汉、尼公主供奉过的佛像请出，重新供奉于大昭寺和小昭寺。墀德祖赞还派人到内地迎请汉僧，帮建佛寺，翻译佛经及其他天文、星相、历算、医药等方面的书籍。直到他晚年，墀德祖赞

还派在吐蕃出生的汉人桑希等，从唐朝请来多种佛经。公元八世纪后半期，赤松德赞(742—797 年)当政，反佛势力仍然存在，他用计坑埋了反佛的大贵族玛祥仲巴结，废除了前此订立的禁佛令，在统治阶层中倡导恢复了佛教信仰。这时候，印度佛教已经衰落，不少印籍僧人来到吐蕃避难、传法。著名的那烂陀寺主讲堪布寂护(静命)也被赤松德赞迎到拉萨讲经。为了战胜反佛势力，寂护向赤松德赞推荐、请来了邬仗那(今巴基斯坦瓦特河谷一带)的密教大师莲花生。莲花生通过斗法，降伏了本教反佛派，同时吸收本教驱魔、占卜、火祭、①祀天等仪式内容，为佛教在吐蕃的传播扫清了道路。与此同时，赤松德赞派往内地的使臣塞囊、桑布等人也带来了唐肃宗赐给的蓝纸金字佛经及其它礼品。赤松德赞在桑耶寺奠基前后，还两次举行倡佛盟誓仪式，即有名的"桑耶大誓"，诸王子、尚论、内外相、千户、将军们向神献血宣誓，将盟文用金银汁写出几份存档，或勒石公诸于众。桑耶寺建有汉式、藏式和天竺式三种屋顶，形象地反映了吐蕃佛教的多元文化成分。桑耶寺设有译经、密宗、戒律、禅定、声明等部，是汉、印结合，显密兼备的一座寺院，从它建起以后，佛教就在吐蕃广泛深入地传播开来。首批在这里出家的僧人中，有贵族子弟 7 人，官民子弟 300 余人，僧侣阶层从此开始形成。当时吐蕃流传的佛教宗派，主要是从天竺等地引进的大乘旧密和从唐朝传来的禅宗。这是前弘期佛教在吐蕃传播的情况。它说明，即使是前弘期的佛教也不是只从天竺引入，而是从天竺和唐朝两路同时传来的。

公元 838 年，朗达玛继任吐蕃赞普后掀起了灭佛的浪潮。他于公元 841 年下令封闭或拆毁寺庙，焚烧佛经，杀逐僧人，或勒令其还俗、

---

①火祭：以香树枝及酥油、粮食等共焚以祀鬼神的宗教活动。

改业屠猎。842年,朗达玛被僧人杀死。此后100多年间,佛教在吐蕃沉寂了。直到公元十世纪后期,才又从多康(今青海西宁一带)和阿里两路再次传入吐蕃。吐蕃佛教从此进入了它的后弘期。在藏传佛教史上,人们把佛教从多康地区传入吐蕃称作"下路弘传";而把从阿里引进佛教称作"上路弘传"。严格意义上的藏传佛教是指后弘期形成的佛教。现在,有些论者在谈到佛教传入西藏的问题时,过分地强调了印度佛教的传播作用,而忽略了其与汉地佛教的渊源关系,这是与事实不符的。其实,不论在藏传佛教形成前还是其形成过程中,离开内地佛教,就至少不会有像今日这样面貌的藏传佛教。而且,从文化性质来说,印度和中国内地佛教之传入藏地,其意义是不一样的。印度佛教传入藏地,就像它传入中国内地一样,是不同文化的引进;引进以后,必然要经过一个与当地固有文化长时间碰撞,以至被吸收、改造、消化的过程。而汉地佛教之传入藏区,则是佛教传入中国内地,经过数百年磨合、融化和扬弃,与中国传统文化相结合,变成中国传统文化一个组成部分后,向边远地区的延伸和推广。前者是异质文化的吸纳;后者是同质文化的交融。因此,在谈藏传佛教历史渊源的时候,就不能见小不见大而忽视中国传统文化的主渠道作用。

二、从藏传佛教发展的环境看它与中国传统文化的关系

藏传佛教作为一种地域性宗教,它的形成和发展始终离不开一定的政治大环境,包括中原王朝的影响和藏地政治势力的作用。宋元以降,尤其是元朝将西藏纳入其统一版图后,便从中央到地方,建立起一套完整、严密的管理系统,如中央机构的总制院(后改为宣政院),地方上的宣慰使司都元帅府、军民万户府、千户所及与内地相同的路、州、县等。在加强行政管理的同时,还建立了帝师制度,前后任命八思巴等14位帝师以及为数更多的国师、禅师、上师等,扶植宗教

上层,从精神上加强对信仰佛教民族的统治。西藏和甘青新等地的喇嘛上层人士,也急于得到中央政府的封赐,以作为其生存和进一步发展的政治资本。整个蒙藏佛教地区,没有任何一支宗教势力能离开中央政府的支持而取得支配地位。

历代中央政府给予藏传佛教上层的关注和优待是极高的。元朝的帝师,"帝后妃主,皆因受戒而为之膜拜。正衙朝会,百官班列,而帝师亦或专席于坐隅。且每帝即位之始,降诏褒护,必敕章佩监络珠为字以赐……其未至而迎之则中书大臣驰驿累百骑以往,所过供亿送迎。比至京师,则敕太府假法驾半仗,以为前导,诏省、台、院官以及百司庶府,并服银鼠质孙。用每岁二月八日迎佛,威仪往迓,且命礼部尚书、郎中专督迎接。及其卒而归葬舍利,又命百官出郭祭饯。元成宗大德九年(1305 年),专遣平章政事铁木儿乘传护送,赙金五百两、银千两、币帛万匹、钞三千锭。元仁宗皇庆二年(1313 年),加至赙金五千两、银一万五千两、锦绮杂彩共一万七千匹。虽其昆弟子姓之往来,有司亦供亿无乏……其弟子之号司空、司徒、国公,佩金玉印章者,前后相望。"①元朝政府的崇奉,极大地提高了藏传佛教领袖人物的政治地位,帝师之命"与诏敕并行于西土。百年之间,朝廷所以敬礼而尊信之者,无所不用其至"。②八思巴卒后,赐号为"皇天之下一人之上开教宣文辅治大圣至德普觉真智佑国如意大宝法王西天佛子大元帝师"。我们从这里可以看到元朝皇帝对藏传佛教优宠的程度。

明朝继承了元朝优待藏传佛教的政策。明太祖洪武五年(1372 年),前元最后一位摄帝师喃加巴藏卜遣使入贡,归顺明朝。次年亲自

①《元史》卷 202《释老传》。
②《元史》卷 202《释老传》。

来京,按明朝政府的要求,带着一个 60 余人的推荐名单。朱元璋改摄帝师为炽盛佛宝国师,推荐人员均授给职位。对其他帝师后裔、喇嘛,也都给以优待。明朝政府虽然不像元朝那样专靠萨迦派以实现对藏蒙地区的统治,而是采取"多封众建"的政策给藏区有影响的教派首领都给予法王、大国师、国师、禅师等封号,如噶玛噶举派的得银协巴、萨迦派的昆泽思巴、格鲁派的释迦也失都先后给以法王的称号。实力较强的达垄等派首领则被封为国师,各派受封国师的有二三十人之多。与此同时,设立了一系列政权机构。明初就在河州(今甘肃临夏)建立了西安行都指挥使司,统管全国藏区事务。这一机构后改设朵甘行都指挥使司和乌思藏行都指挥使司两部分,职官僧俗并用,分管甘青川藏地区的藏族事务。还在甘肃秦州(治今甘肃天水市秦州区)、临潭,四川松潘、雅安等地设立茶马司,负责与藏族地区传统的茶马互市。明朝政府的宗教、政治和经济政策,作为藏传佛教存在的政治大环境,直接影响着藏传佛教的发展。

清沿明制。"齐其政不易其宜"[1],实现对藏、蒙、土、裕固等信仰佛教民族统治的政治策略。和前代一样,不少大喇嘛被清政府赐以国师等称号。又倡导修寺院、刻藏经,以大量的金银绢茶等物赐给藏传佛教寺院。清世祖顺治(1644—1661 年)以后的皇帝,经常到寺院礼佛。雍正、乾隆时,又在刻印汉文大藏经之后,刻印了全部蒙文《丹珠尔》,还将汉文藏经译成满文,即《满文大藏经》。由于清朝政府的支持和藏地各宗派力量对比的结果,黄教势力迅即在甘、青、藏及新疆厄鲁特蒙古族中占了绝对优势。元明清藏传佛教发展的历史清楚地显示,历代中央政府的统一管理和扶植,既是藏传佛教赖以存在、发展的政治

---

①[乾隆]《清朝文献通考》卷 292。

保证和经济靠山,也为广大喇嘛和信教群众到内地参佛、传法、经商,扩大藏传佛教的影响提供了良好的外部条件。历代中央政府为了维护其对藏蒙等佛教民族的统治而给藏传佛教的呵护和支持,其影响作用不仅仅是经济的和政治的,也不都是单向的;它还内涵着传统文化的影响作用,包括政治制度、生产方式、风俗习惯、民族共同心理等方面。同时,又将藏传佛教文化纳入中国传统文化的范畴,而给汉族及其它民族以广泛深远的影响。在研究藏传佛教形成、发展历史的时候,我们并不否认印度、尼泊尔、巴基斯坦以及克什米尔等地区及民族的文化输入作用,也不能忘记这些地区高僧大德给予的帮助。但这种帮助与中国内地传统文化、中央政府对藏传佛教形成、发展的强大作用相比较,不光是性质不同,而且其能量也是无法比拟的。在藏传佛教形成和发展中,没有任何一个地区或民族能给它提供像中国内地那样的经济、政治和文化环境。因此从一定意义上可以说,藏传佛教是在中国传统文化的哺育及历代中央政府的呵护支持下形成和发展起来的,它与中国传统文化有着内在、本质的联系,是中国传统文化的延伸和重要组成部分。

三、从藏传佛教的教义内容看它与中国传统文化的关系

显密并修而以释密为特色的藏传佛教,其教义包括显密两个部分。显教部分主要是通过"下路弘传"和"上路弘传",从丹底(在今青海西宁以东)和西藏阿里两路传到卫藏,又传到蒙古等民族中去的;有些内地汉族僧侣也向青藏等地传播佛法。从丹底传到西藏的,还是唐以来由文成公主、金城公主和历世汉藏高僧从内地带到西藏,朗达玛灭法时又从西藏转移到青海一带的佛法。它是显教(也含旧密)在西藏的复传;中心内容是中国化了的佛教宗派——南方禅宗。此派教法简练,没有繁文缛节,倡导明心见性,顿悟成佛,适应了草原民族求

佛心切而又文化水平较低的特点，因而深得藏蒙等信仰佛教民族的欢迎。根据记载，朗达玛灭法时，西藏曲卧日（在今西藏曲水以南，有三僧人①携经逃到朵甘藏区，在那里继续收徒传法。其弟子公巴饶赛（892—975年）学有所成，得到当地藏族上层的信任和资助，修建了很多的寺塔，名气越来越大。到他晚年时，前后藏都有人来向他学法。这些人回去后，建寺度僧，在卫藏地区复传了佛教。公巴饶赛在青海东部一带既向藏饶赛等学习了中国化程度很深的传统佛教，又得到一次汉藏文化交流的机会；因为当地汉藏僧人混合往往同在一寺焚修，汉地佛经和许多密法一起流传。公巴饶赛受比丘戒的尊证师中，就有两位名叫果旺和基班的汉僧。受比丘戒以后，公巴饶赛又到甘州（今甘肃张掖市）继续学习。②其间无疑会受到更多汉地文化的影响，因此，仅以他个人而言，在他所传教理中就有中国传统文化的因子；何况内地各民族文化对藏传佛教的影响还有更多的渠道。

藏传佛教的密教部分，除传统的旧密外，主要是印度佛教晚期的新密教吸收西藏本教的一些神灵、仪式，如各种灵怪、山川草木之神、祭敖包、祭火等而形成的。如果说本教作为西藏原有的宗教，代表了中国地方性传统宗教文化中较原始的一面，不足以反映中国传统主流文化对藏传佛教的影响，那么，在中印文化交流已经有了近千年历史的背景下形成的印度密教，不也直接吸收了中国传统宗教文化的一些理论、法术，包含着中国宗教界人士的贡献吗？据学者考证，印度密教中的"吐纳术""男女双修法"、攘灾祈福、驱邪治病、求雨止旱、念咒作法、降神伏妖等理念、法术，都与中国道教的极为相似，可以从中明显地看到中印文化交流、融摄的蛛丝马迹。即在印密创立过程中，

①他们是藏饶赛、钥格迥和马尔释迦牟尼。
②参见王森：《西藏佛教发展史略》，中国社会科学出版社1997年版。

中国道士也与有功焉。1998 年 9 月,由中国社会科学院世界宗教研究所和台湾法鼓山中华佛学研究所主办的"佛教与东方文化——纪念佛教传入中国 2000 年"海峡两岸佛教学术研讨会上,学者们提出的论文中,有的就密教与道教的关系进行了深入的探讨,指出这两个宗教不仅在理论和实践上有很多共同的特征,而且在古代也有过深切的交往。如印度密教认为,世界是由男女和合而生的,中国道教则主张"阴阳抱合",两者都崇拜女性,重视精神和肉体的修炼。密、道两教在修身方面更有很多相同的实践:如房中术、炼丹与制药技术、服饵养生法、吐纳调息法、身体锻炼法等。印度保存的很多古代和中世纪梵文、泰米尔文文献中,都载有中国道教和印度密教人员修炼交流的情况。据印度赖易(P.Ray)等教授考证,南印度著名的 18 位密教"成就者"中有两位是中国道教徒。他们名叫博迦尔和普里巴尼。这两位"成就者"在印度传播道教医学和炼丹术,他们的成就在印度密教史和化学史中都有着卓越的地位。[①]对于密教传入中国后吸收道教的思想和信仰,如阴阳五行说、谶纬说、神仙方术等以及两教在教义内容、仪礼、符咒、印法、文句、咒声等方面相摄相融的历史事实,学者也有深入的揭示。至于密教经典翻译中的儒家文化影响,汉族僧俗学者在藏经翻译,释密传播中的贡献,更是明显而不待言的。可见,密教不论传入中国前还是传入中国后,都曾与中国传统文化尤其是道教有着千丝万缕的联系,饱含着道教等中国传统文化的滋补。要之,藏传佛教与中国传统文化的关系,是中国传统文化整体与部分,源与流的关系。两种文化内在、密切的关联,也是藏蒙等信仰藏传佛教民族与中华民族大家庭历史联系的见证和结果。充分认识这一宗教文化的

---

①见黄夏年:《1998 年中国大陆佛学会议综述》,《社会科学动态》1999 年第 7 期。

统一性和历史联系性，是信仰藏传佛教各民族与中华民族大家庭其他成员之间相互团结的思想基础和精神动力之一。

（原载《中国藏学》2001 年第 3 期）

关注姓氏文化资源的研究和保护
——以李氏的陇西地望为例

　　唐朝皇族李氏出于陇西,这在正史两《唐书》《北史》《唐会要》及《册府元龟》《资治通鉴》等基本、权威性史书中都有明确而一致的记载。但从上世纪 30 年代陈寅恪发表论文,接着出版《唐代政治史述论稿》(以下简称《述论稿》),提出李唐皇姓出自赵郡后,学术界对此问题进行了长达半个世纪以上的讨论,以岑仲勉为代表的一部分学者,对陈的意见多不认可。①直到晚近,仍有不少文章对之表示质疑。在今天,坚持李唐先祖出于陇西或赵郡看似并不重要,然而在西部大开发中,陇西李氏的地望已经成为一项文化经济资源,吸引着海内外李氏后人及无数旅游者到陇西来寻根、参观和旅游。因此,去伪存真,正本清源,辨明事实真相,仍然有着十分重要的现实意义。这既是唐史、西北史、李氏宗族史研究的重要课题,又是发掘陇西李氏文化资源,促进甘肃乃至西北旅游经济文化建设的一项重大科研任务。本文仅就李唐先祖与赵郡及与陇西的关系,唐室先祖的世系及李氏陇西地望的提升等问题略陈浅见。

一、唐皇先祖非出于赵郡李氏

　　对于唐朝皇姓的渊源,陈寅恪在他的大作《述论稿》等论著中提

――――――――――

①见岑仲勉著:《隋唐史》上册《唐史》第一节,中华书局 1982 年版,第 95 页。

出了李唐出于赵郡说。其依据,一是李唐先祖李熙及其子李天赐的陵墓在赵州昭庆县(治今河北隆尧县东),此地"旧属钜鹿郡,与山东著姓赵郡李氏居住之旧常山郡壤地邻接"①。二是"河北省隆平县尚存唐光业寺碑,碑文为开元十三年宣义郎前行象城县尉杨晋所撰",其中有皇祖"谥宣皇帝""宣庄皇后"。皇祖"谥光皇帝","光懿皇后"及"维王桑梓,本际城池"等文字。陈先生据此推断:"李氏累代所葬之地即其家世居住之地。"②三是《隋书》卷三三《经籍志·史部·谱序篇序》云:后周"太祖入关,诸姓子孙有功者,并令为其宗长,仍撰谱录,纪其所承,又以关内诸州为其本望"。陈先生据此断定:"李唐之称西凉嫡裔","改赵郡郡望为陇西郡望",③即在此时。这些推论是值得商榷的。

关于第一点,首先要指出,郡(地)望与生地、死后葬地是两回事。在魏晋隋唐时期,一个人的生地或死后葬地与其郡望可以是一致的;也可以并不一致。出生和死后的葬地带有偶然性,本身没有政治涵义;而地望或郡望则是历史上长时期形成的对于一个氏族的社会评价和习惯性称呼,在魏晋隋唐时期,具有强烈的政治性。因此,人们对于自己驰名地望的认同带有必然性、确定性和稳固性。不错,《唐会要》卷一《帝号上》记载,唐皇先祖李熙的建初陵及其子李天赐的启运陵都在赵州昭庆县。他二人被追尊为皇帝在唐高宗咸亨五年(674年),其墓称"陵"最早则在仪凤二年(677年)3至5月。李熙父子是陇西李,他们死后为何又葬在河北呢?这里有一段曲折的历史过程。史载

①陈寅恪:《唐代政治史述论稿》,生活·读书·新知三联书店1956年版,第8页。

②陈寅恪:《唐代政治史述论稿》,第8页。

③陈寅恪:《唐代政治史述论稿》,第12页。

李熙在后魏任"金门镇将，领豪杰镇武川，因家焉。"①后"终于位"。②这就是说，李熙父子在武川的确有个家。他们之葬于赵州昭庆县的原委史载不明，但按理不出 3 种可能：一是六镇起义失败后，北魏曾将平城及六镇兵民 20 多万人移到河北定（今河北定县）、冀（今河北冀县）、瀛（今河北河间县）等地"就食"，③其时李熙子李天赐已经卸任在家，因而随迁到河北，并将其父迁葬于昭庆。他死后，与父同葬一处；二是李天赐也死在武川，北魏后期，"北镇纷乱，所在蜂起，六镇荡然，无复蕃捍"，④除人民起义外，还经常受到柔然的进攻，政治社会情况大不如昔；更糟的是北魏政府经常把判处死刑的罪犯"恕死""徙充北蕃（六镇）诸戍"，⑤充当边兵，镇户乃与同列，殊以为耻。因此，天赐子李虎将其父祖迁葬于赵郡他的封地内。⑥三是李氏子弟移官它处，因须搬家，乃将其祖坟一并迁出边境危乱的武川镇，安葬于内郡的昭庆县。早在陇西房和赵郡房分房以前，陇西房先祖就有葬于赵郡的，如赵郡李和陇西李的共同祖先李昙，字贵远，赵柏人侯，入秦为御史大夫，葬柏人西，就是一例。李熙父子生活在特别讲究门阀世胄的时代，然而仅凭他们的葬地，并不能确证其地望。就是说，即使李氏有人曾经在赵州昭庆县安家，死后也葬在那里，也不能说那里就是李唐先祖的郡望，因为地望的形成需要一个很长的历史时期和许多代人的努力及事功，才能积累而成。决不是一两代人所能奏效。李熙父子在武

---

①《旧唐书》卷 1《高祖纪》。

②（宋）王钦若等撰：《册府元龟》卷 1《帝王部·帝系》。

③参见王仲荦：《魏晋南北朝史》，上海人民出版社 1980 年版，第 571 页。

④《魏书》卷 14《高凉王孤传附六世孙天穆传》。

⑤《魏书》卷 41《源贺传》。

⑥据《册府元龟》卷 1《帝王部·帝系》记载：李虎在西魏文帝时"徙封赵郡公"。

川和昭庆留迹的历史加起来也不过两代人。而按《新唐书》卷七〇上、《北史·序传》等记载，早在汉晋十六国西凉时期，李唐先祖的陇西地望就已经形成了。从那以后，分房、迁徙者累代多有，仅见于《北史·序传》者就有好几个地方。但无论他们迁居何地，墓在何方，史书纪传上都追述他们是"陇西人也"。这是因为在以地望为政治生命线的魏晋南北朝时期，地望是确定世族成员仕进、婚姻及社会地位的主要依据，一个世族的地望，小至县姓，大到郡姓乃至四海大姓，一旦形成，就不会被轻易地抛弃或改变。改变地望，就等于丢失了一项政治资本。何况地望有官府注册，冒认不仅要受到忘祖之讥，也不会被社会所承认。这就是说，李熙父子埋葬于河北昭庆一事，影响不到唐朝皇族的陇西郡望。再如《新唐书·宗室世系》记载，西凉武昭王李暠子愔为"镇远将军房始祖也，其曾孙系，平凉房始祖也"。李暠曾孙李丞是姑臧房始祖，李茂是敦煌房始祖，李冲是仆射房始祖。李暠玄孙李成礼是绛郡房始祖。李暠六世孙李刚是武陵房始祖，等等，他们家居各地，死后就地安葬，但论地望则都说是陇西人。由此看来，一个人的陵墓自陵墓，郡望自郡望，二者并不是同一回事。何况李熙父子的陵园并不与赵郡李氏的在一起，若他真的出于赵郡李，何必要重选兆域呢？

陈先生据李熙父子陵墓靠近赵郡李氏居柏仁一支的事实，及"南北朝庶姓冒称士族之惯例"，断言"李唐先世若非赵郡李氏之'破落户'，即赵郡李氏之'假冒牌'"。[①]这一推论不仅无补于陈先生"颇疑李唐先世本为赵郡李氏柏仁一支之子孙"的观点，且有许多矛盾和疑点。因为，若说李唐先世"是赵郡李氏之'假冒牌'"，他就根本不是赵郡李；若说他是赵郡李氏的"破落户"，那又与事实相去太远：从李熙

---

①陈寅恪：《唐代政治史述论稿》，第11页。

的祖先及其后世子孙的情况来看，他的父亲李重耳是西凉武昭王之孙，西凉后主李歆之子，南朝宋汝南太守，归魏后为弘农太守等官。①李熙本人如前所述是魏金门镇将。其子天赐"为幢主"即统领禁军的将军。天赐子李虎官至太尉，与李弼等佐周代魏有功，皆为柱国，号"八柱国家"，封唐国公。往下一代，就是唐高祖李渊之父李昞，"袭封唐公，周安州总管、柱国大将军，卒，谥曰仁"。②试问，历史上有这样的"破落户"吗？李熙家族以如此显赫的家史和政治地位而不与赵郡李氏同域兆，正说明它不出于赵郡李。如果能简单地以一个或数代人的生地或死后葬地来确定他（们）的地望，那么，自李渊以下，唐朝所有皇帝几乎都是出生于长安或关中，陵墓也都在畿辅，然则他们的《本纪》上何不说是长安或关中人氏呢？

关于第二点，隆平（今属河北隆尧）县光业寺碑的记载，即所谓"维王桑梓，本际城池"，这句话也证明不了李熙父子是出于赵郡李，因为赵郡李氏在平棘，属于汉常山郡，李熙父子墓在昭庆，属汉钜鹿郡，光业寺碑所说的"维王桑梓"，是指汉钜鹿郡广阿（唐昭庆）县的"城池"，而不是平棘或赵州（今河北赵县）的城池。在唐朝，皇族李氏的出身是一个严肃而又敏感的政治问题，别说是一个蕞尔县尉，就是顶级的朝廷大臣或学人，要在皇姓所出这样的问题上随便张嘴、与权威的说法唱反调，那将会以大逆不道而得罪，其后果可以想见。因而光业寺碑没有也不可能透露出李唐皇姓出于赵郡的信息。合理的解释，只能是原隆平（昭庆）一带的李氏，以李熙父子的陵园为牵绳，将他们自己与皇室拉得更近一点；赵郡李氏与陇西李氏本来就是连理

---

①《新唐书》卷 70 上《宗室世系上》。
②《新唐书》卷 1《高祖纪》。

同根,他们在李唐发皇以后,攀龙附骥,仰沾雨露,把自已的家乡说成唐皇的桑梓所在,又有何不可呢!连蛮夷赐姓、戎狄舅甥之国尚与皇室扯亲故,作为堂堂正正的宗室远亲,为何不能相互攀附呢?

关于第三点,周太祖入关后令汉族有功子弟"以关内诸州为其本望"的说法,我们认为它与史实、情理都不合。《隋书》卷三三《经籍志》原文是这样的:

> 后魏迁洛,有八氏十姓,咸出帝族。又有三十六族,则诸
> 国之从魏者;九十二姓,世为部落大人者,并为河南洛阳人。
> 其中国士人,则第其门阀,有四海大姓、郡姓、州姓、县姓。及
> 周太祖入关,诸姓子孙有功者,并令为其宗长,仍撰谱录,纪
> 其所承。又以关内诸州,为其本望。

陈先生说这段话从"后魏迁洛"至"并为河南洛阳人"为一节,"专指胡人而言。"从"其中国士人"至"又以关内诸州为其本望"为一节,"实专指汉人而言。"①由此他认为李唐"改赵郡郡望为陇西郡望",就是在这时这一政治背景下完成的。

首先,陈先生对上段引文的解释还可以商榷。我们认为,《隋书》这段话的原意,是将魏周之际以鲜卑为核心各族姓氏层位的变动分作两个历史阶段来概述;第一个阶段是"后魏迁洛"以后,第二个阶段是"周太祖入关"以后。在后一阶段,"诸姓子孙有功者,并令为其宗长,仍撰谱录纪其所承,又以关内诸州为其本望",仍然主指鲜卑胡人,而非"专指汉人而言",揆诸史实,改胡姓而注籍于京兆者于史有征,而周太祖入关后注籍于京兆的关东汉人则查无实据。前者如大统十五年(549年)五月,西魏文帝诏云:"诸代人太和中改姓者,并令复

---

① 陈寅恪:《唐代政治史述论稿》,第12页。

旧。"①这是令魏孝文帝太和(477—499 年)时改为汉姓的入关胡人恢复胡姓,同时,"诸姓子孙有功者,并令为其宗长"。又北周明帝二年(558 年)三月,诏云:"三十六国,九十九姓,自魏氏南徙,皆称河南之民。今周室既都关中,宜改称京兆人"。②这是令三十六国(族)九十九姓入关子弟以关内诸州为其本望,即将他们的洛阳籍改为京兆籍,并要求撰谱录,纪所承,改变观念,从思想上以关中为家,以死心塌地为鲜卑关中政权服务。假若以上引文中的"诸姓子孙"是"专指汉人而言",则能有类此的史实证据吗? 太和中改鲜卑姓为汉姓、注籍于洛阳者一一可指,历历可考,可周太祖入关后注籍于京兆的关东汉人或"诸姓子孙",除陈先生"假说"的李唐先祖外,其他还有谁呢? 这一实证的缺乏不正好反映了陈先生对该段史料的理解和结论有误,从而李唐先祖在周太祖入关后改赵郡郡望为陇西郡望的推断也不能成立吗?

退一步说,就算上文中的"诸姓子孙"是指胡汉各族或专指汉人而言,充其量不过是一种政治行为,当政治环境改变以后完全可以反正。西魏恭帝元年(554 年)曾赐李渊的祖父李虎为大野氏,③到隋文帝相周时,便"复高祖(李渊)姓李氏",④就属此类情况。若李唐先祖真是出于赵郡,则李渊何不借恢复汉姓的机会,连他的郡望一并恢复为赵郡呢? 这不正好说明他与赵郡李氏不相系属吗?

---

①《北史》卷 5《西魏文帝纪》。

②《周书》卷 4《明帝纪》。

③《周书》卷 2《恭帝纪》恭帝元年(554 年)十一月有云:"魏氏之初,统国三十六,大姓九十九,后多绝灭。至是,以诸将功高者为三十六国之后,次功者为九十九姓之后,所统军人,亦改从其姓。"可能就在这时,李渊的祖父李虎被赐姓大野氏。

④《新唐书》卷 1《高祖纪》。

唐太宗对包括赵郡李氏的山东士人向无好感。"王妃、主婿皆取勋臣家,不议山东之族。"①贞观五年(631年),他为了压制山东士族,乃以其"好自矜夸","甚伤教义"为借口,令高士廉等"刊正姓氏",重新确定氏族高下。高士廉"普责天下谱谍,仍凭据史传考其真伪,忠贤者褒进,悖逆者贬黜,撰为《士族志》",山东士族"崔干犹为第一等"。唐太宗看了,大不以为然,他特别提到山东的"崔、卢、李、郑"四大姓,说他们"世代衰微,全无冠盖,犹自云士大夫,婚姻之间,则多邀钱币。才识凡下,而偃仰自高""我不解人间何为重之?"②试想,从魏武帝永熙三年(534年)宇文泰入关到贞观五年(631年),为时不到百年,若李唐果真出于赵郡,李世民当然会知道的,若然,则他累代高官,身为帝王,还能说山东士族"世代衰微,全无冠盖"而"恶之"吗?出身于山东,而又指斥山东李氏,那岂不是数典忘祖!唐人司空图有一首诗云:"一自萧关起战尘,河湟隔断异乡春。汉儿尽作胡儿语,却向城头骂汉人。"③说的是"安史之乱"后,吐蕃侵占河湟等地,被俘汉人隔断了与中原内地的联系,无知青年身为汉人,却站在城头上叫骂汉人,那确是一种糊涂和悲哀,难道号称"文武大圣"的唐太宗,也会与番地小儿一般见识吗?

二、李唐先祖世系分明,无可置疑

李唐皇族的世系,《北史》、两《唐书》、《资治通鉴》等主要史书追溯得既远且详。其中最为简明的说法是《通鉴·唐纪一》胡注的一段话,其文云:李渊"本陇西成纪人,七世祖暠王西凉,是为凉武昭王。至

---

①(宋)司马光:《资治通鉴》卷200,显庆四年十月。
②《旧唐书》卷65《高士廉传》。
③《全唐诗》卷633《河湟有感》。

曾孙熙家于武川；熙孙虎，从周文帝，始家长安"①。短短 30 多字，将李渊的世系交代得十分清楚。这是对其他正史、编年、会要相关记述的高度概括。

陈寅恪怀疑这些史书记述唐皇世系的真实性，他在断言李唐先世是赵郡李氏之"破落户"或"假冒牌"的同时，又指出："有唐一代之官书，其纪述皇室渊源间亦保存原来真实之事迹，但其大部尽属后人讳饰夸诞之语。"②在这一认识下，他将《新唐书》卷七〇上《宗室世系表》与《宋书》的几段话相类排，认为《新唐书·宗室世系表》中李重耳父子事实皆与《宋书》卷七七《柳元景传》等记载中"李初古拔父子事实适合"，因此，"假定李唐为李初古拔之后裔"。③我们知道，唐代正史及《唐会要》等记载李重耳是唐献祖李熙的父亲；陈先生却认为"李重耳则疑本无其人，或是李初古拔之化身"④。这使人怀疑：李重耳及其子李熙是汉人，他们与李唐皇室的关系昭然在册，而李初古拔及其子李买得则连陈先生也认为"类胡名"，只因二者有几点史实相类似，就说他们是同一对父子？陈先生在他的大作中明确表示"李唐血统其初本是华夏"，并列表起自李熙下至李世民予以说明。现在又说李熙就是"类胡名"的李买得，李买得的父亲就是李初古拔，而李初古拔就是唐祖。前后两说不是互相矛盾的吗？若李重耳本无其人，或者他是李初古拔的"化身"，那为什么各种权威性史书都未说明？陈先生前说李唐改赵郡郡望为陇西郡望，后说李重耳是李初古拔的"化身"；赵郡李是汉人，李初古拔"类胡名"疑为胡人，然则李唐先祖到底是何地、何

---

①（宋）司马光：《资治通鉴》卷 185，高祖神尧大圣光孝皇帝上之上注。
②陈寅恪：《唐代政治史述论稿》，第 11 页。
③陈寅恪：《唐代政治史述论稿》，第 6 页。
④陈寅恪：《唐代政治史述论稿》，第 13 页。

族、何名字之人呢？陈先生只有"假定"而无有力的证明，读者能不糊涂吗？且若李重耳疑无其人，其子李熙也有疑问，那么李唐先祖的这两代人到底是谁？李初古拔及其子李买得的先祖又为谁？他们怎样变成了李唐之祖？在陈先生的大作中，其来龙去脉很不清楚。还有，李唐皇族抛弃自己实际的地望，或冒牌赵郡郡望，或将自己的胡姓祖先"化身"为汉人，这与儒家的伦理孝道无碍吗？若是当时的史臣慑于皇威而不敢言，那么后世的政治家、史学家，如两《唐书》《资治通鉴》《册府元龟》《十六国春秋辑补》等等的作者也何以不敢纠谬，而任其流传，直到千载而后才由陈先生发其覆呢？

关于"李重耳为宋汝南太守一事"，陈先生说："征诸史实，绝不可能。盖既言：'为宋将薛安都所陷'，其时必在元嘉二十七年。当时前后宋之汝南太守其姓名皆可考知。""故依据时日先后，排比推计，实无李重耳可为宋汝南太守之余地。"①

这个考证是相当疏略的，难免有误。《新唐书》卷七〇上《宗室世系表》原文说李重耳"国亡奔宋，为汝南太守。后魏克豫州，以地归之，拜恒(弘)农太守，复为宋将薛安都所陷。后魏安南将军豫州刺史"。检《北史》卷一〇〇《序传》云：西凉"后主以明元皇帝泰常五年而亡"，那是公元420年。从此到李重耳拜恒(弘)农太守，复为宋将薛安都所陷的元嘉二十七年(450年)，中间经过了30年时间。陈先生在他的大作中只考察了元嘉二十七年魏主拓跋焘率兵十万攻汝南时，汝南太守的任职者等情况，即所谓汝南、颍川二郡太守郭道隐弃城奔走。②焘

①陈寅恪：《唐代政治史述论稿》，第4—5页。
②事实上，郭道隐所守之城，中华书局点校本《宋书·索虏传》作汝阳、颍川二郡，而非汝南、颍川二郡。考下文，拓跋焘围围悬瓠即汝南郡城时，"汝南、新蔡二郡太守徐遵之已于事先"去郡"，则上文郭道隐为汝阳(今河南商水县西)、颍川二郡太守于义为胜，中华书局标点本是正确的。

军掠抄淮西六郡,杀戮其多。攻围悬瓠城(即汝南郡城,今河南汝南县),城内战士不满千人。此前,汝南、新蔡二郡太守徐遵之去郡,南平王遣左军行参军陈宪行郡事,宪婴城固守。(宋)太祖刘义隆嘉宪固守,实擢汝南、新蔡二郡太守等事。由此可知,陈先生考察过的只是元嘉二十七年(450年)前后任汝南太守的两个人,而对上述时段其他任汝南太守者均未考察,焉知李重耳在这30年间作过汝南太守是"绝不可能"的事?元嘉二十七年是李重耳任弘农太守,复为宋将薛安都所陷的年份,这时离西凉亡国、李重耳奔宋已有几十年了,几十年间,李重耳的政治经历至少有任宋汝南太守,以地归魏,拜弘农太守等。陈先生的考察时限太短,宜乎找不到李重耳为宋汝南太守之余地了。

李重耳"本无其人"或是李初古拔"化身"的说法既有误,那么,重耳子李熙是否即李买得呢?这里也有问题。正史上记载说重耳生熙,字孟良,后魏金门镇将。①各书均未提到他有几个兄弟。陈先生据《宋书·柳元景传》记载宋将薛安都"生擒李初古拔父子二人",又"攻金门坞,屠之。杀成主李买得,古拔子也"几句话,推测"李初古拔当不止一子,殆买得死难,以弟或兄代领其职",②等等,多属推论之词。史学是无征不信的科学,陈先生将两个名字不同、身世不同、族属不同、经历不同的人,仅以"李熙为金门镇将,李买得亦为金门镇成主,地理专名如此巧同"③,就极其勉强地将他们说成是同一人,并以此为据,又作出许多李初古拔父子的推论,以比况李重耳父子,这是不能取信于读

①《新唐书》卷70上《宗室世系上》。
②陈寅恪:《唐代政治史述论稿》,第4页。
③陈寅恪:《唐代政治史述论稿》,第4页。

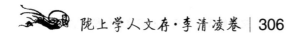

者的。

唐朝皇族确认他们出于陇西李氏，并以西凉武昭王李玄盛为远祖。高祖李渊曾以有李玄盛这样一位先祖而自豪，武德三年（620年），他对尚书左仆射裴寂说："我李氏昔在陇西，富有龟玉，降及祖祢，姻娅帝王，及举义兵，四海云集，才涉数月，升为天子。"①他的得意神情，溢于言表。贞观九年（635年）七月，太宗令议宗庙之制，"于是增修太庙，祔弘农府君及高祖并旧神主四为六室。"胡注："弘农府君讳重耳。"②若唐室与西凉李氏真的没有宗族关系，他们会将一个毫无关系或冒充的祖宗奉入太庙，以为始祖，而世世祭奠吗？再说，假若李唐"称西凉嫡裔"是在特定政治条件下被迫而为，则李唐建国后，还有必要继续背这个包袱吗？事实上，他们对西凉李氏不仅世代确认，而且一往情深历久弥笃。玄宗天宝元年（742年）七月，诏："自今以后，凉武昭王孙（李）宝以下，绛郡、姑臧、敦煌、武阳等四公子孙，并宜隶入宗正寺，编入属籍"③，就是一个绝好的例子。

有认为既然李唐出于陇西显姓，那山东士族为什么还要向其拒婚？拒婚，表明李唐不是赵郡李，也不是门地高贵的陇西李，而是的道的"假冒牌"。

关于山东士族拒婚的事，正史未见记载。《太平广记》卷一八四有云：唐文宗为庄恪太子选妃，朝臣家有女子者"悉被进名，士庶为之不安，帝知之，召宰臣曰：'朕欲为太子婚娶，本求汝郑门衣冠子女为新妇，闻在外朝臣，皆不愿共朕作亲情，何也？'朕是数百年衣冠，无何神

---

①（宋）王溥撰：《唐会要》卷36《氏族》。
②（宋）司马光：《资治通鉴》卷194。
③（宋）王溥撰：《唐会要》卷65《宗正寺》。

尧打家罗诃去。因遂罢其选。"这则故事反映的是政治问题,而不是门第之见。唐文宗统治的短短十几年(827—840年),朋党奔兢,"宦官恣横""人情危惧",[①]政治衰微到了极点。又"太子永之母王德妃无宠……太子颇好游宴,昵近小人",朝廷"议废之"。[②]在这个朝政乱,太子闇,危机伏的政治火山口上,谈婚色变的是满朝"士庶",文武百官,而不光是山东士族,他们害怕掉进政治漩涡而遭灭顶之灾,根本不是嫌什么地望。因此,绝不能拿它来否定唐朝皇族的陇西地望。

李唐先祖出于陇西李,唐皇确认,史载分明,是准确无误和不能轻易推翻的。陈先生的推测性论断经过半个多世纪的争论,攻之者多,和者盖寡,这正好证明了事实的生命力和正史的权威性。

三、李氏陇西地望的两次提升

陇西李氏的地望,是李氏迁居陇西后,历秦、汉、魏、晋、南北朝直至隋、唐时期逐渐提高的,其间标志性的提升有两次。

按照《北史·序传》的记载,李氏先世从春秋晚期的李耳算起。李耳的后裔,战国末有秦太子太傅李洪,字道弘,洪生兴族字育神,一名汪,为秦将。兴族生昙,字贵远,为秦皇朝御史大夫。李昙生四子:崇、辨、昭、玑。李崇字伯祐,职任陇西郡守,南郑公,他就是李氏陇西房的始祖;李玑则"为赵郡房"的始祖。前述讨叛羌战殁于狄道的仲翔,乃是李崇的玄孙。仲翔战死后,"葬陇西狄道东川,因家焉。"[③]这是李氏占籍陇西有明确记载的开始。

---

①(宋)司马光:《资治通鉴》卷246,开成三年正月。
②(宋)司马光:《资治通鉴》卷246,开成三年八月。
③《新唐书》卷70上《宗室世系上》。

然而，尽管早在春秋以后，李氏子孙散居诸国，"或在赵，或在秦"①，在秦而有名姓可考及任职受封于陇西者代有其人，但战国、秦汉社会以豪强地主所有制占支配地位，人们并不重视地望。加上汉将李广的孙子李陵打匈奴战败后投降，匈奴单于"以其女妻陵而贵之。"汉朝政府闻讯，"族陵母妻子。自是之后，李氏名败，而陇西之士居门下者皆用为耻焉"，李氏因此"陵迟衰微矣。"②这就是说，李广等人虽"力战为名"，但陇西李氏在汉代的地望并不高。

魏晋南北朝世族地主所有制占支配地位。"九品中正制"、门第婚姻制等推行后，地望在社会生活中的作用越来越重要，郑樵《通志》云：

> 自隋唐而上，官有簿状，家有谱系，官之选举，必由于簿状，家之婚姻，必由于谱系，历代并有图谱局，置郎令史一掌之，仍用博通古今之儒，知撰谱事。凡百官族姓之有家状者则上之，官为考定详实，藏于秘阁，副在左户，若私书有滥，则纠之以官籍，官籍不及，则稽之以私书，此近古之制，以绳天下，使贵有常尊，贱有等威者也。所以人尚谱系之学，家藏谱系之书。自五季以来，取士不问家世，婚姻不问阀阅，故其书散佚而其学不传。③

这段话是对地望、谱系学历史的系统总结。魏道武帝天兴二年至明元帝泰常五年（399—420年），陇西李氏的第一个皇帝李暠在河西建立西凉政权，传两代，前后共21年。西凉灭亡后，李暠孙李宝归附于北魏。其曾孙李冲以卓越的政治才干，在魏孝文帝迁都、改革中"位当端

---

①《北史》卷100《序传》。
②《史记》卷109《李将军列传》。
③（宋）郑樵：《通志》卷25《氏族序》。

揆，身任梁栋"，因此，北魏太和中（477—499 年）"定四海望族，以
（李）宝等为冠"，①标志着陇西李氏已成为"当世盛门"和全国著姓了，
这是它地望的一次大提升。李渊的祖父李虎，任北魏左仆射，封陇西
郡公，他与宇文泰、李弼等同为柱国大将军，死后追封唐国公，谥曰
襄。李虎子李昞为北周安州总管、柱国大将军，袭唐国公，谥曰仁，陇
西李氏的地望，在西魏北周时仍很显著。

入唐以后，唐太宗通过修《氏族志》，贬抑山东士族和其他高门大
姓，"专以今朝品秩为高下，是以皇族为首"，②陇西李氏由此被列为诸
姓之冠，这是其地望的又一次大提升。唐高宗时，许敬宗等以《氏族
志》"不叙武后世，又李义府耻其家无名，乃重编《姓氏录》"，③对李氏
的独尊地位有所冲击。肃宗乾元元年（758 年），著作郎贾至撰《百家
类例》十卷，"通为百氏，以陇西李氏为第一"，④恢复了陇西李氏的特
殊地位。终唐一世，各类氏族著作杂出，等第时有调整，但陇西李氏则
始终是第一大姓。

综上所论，我们得到这样几点认识：第一，古代氏族的地望，是在
社会生活中形成的人们习惯的看法，但魏晋南北朝以后，它往往含有
政治的意义。陇西李氏从秦汉以来就占地立籍，北魏至唐，通过"定四
海郡望"和编《氏族志》等政治性活动，李氏的陇西地望两度得到国
家政权的扶植和确认，终于从郡姓而"四海大姓"，最后上升为天下第
一姓。

第二，魏晋至隋唐时期，地望是一个家族的政治性标签。它与该

①《新唐书》卷 95《高俭传》。

②（宋）司马光：《资治通鉴》卷 195，贞观十二年正月。

③《新唐书》卷 95《高俭传》。

④（宋）王溥：《唐会要》卷 36《氏族》。

家族某些成员的出生、活动地及死后葬地并非完全一致,尤其在某一著名地望形成后更是这样。一个政治含金量高的地望一旦形成,它的后人便不必生于斯、长于斯,落叶归根葬于斯,才能寄名于该地。事实上,十六国北朝以来,光大了陇西李氏门庭的多数伟人,如西凉灭国后的李暠后裔,其生地和事功都不在陇西,他们及后人系籍于陇西,或是出于一种恋根情结,或是取用其先祖打造和遗留的"陇西李氏"这块金字匾。在特别重视门阀地望的魏晋南北朝隋唐前朝,这一情况更加突出。因此,我们在看到古代史籍上写某人者,"陇西人也"的时候,便不能马上理解为他是出生于陇西的。同样,我们也不能因为某人生于或死后葬于它地,就否认他的陇西地望。

第三,史学研究的"疑古"精神是可贵的,但它必须建立在科学证据的基础上。陈寅恪先生是我国著名的史学大师,他在基本史书的夹隙中求证李唐先世的地望尚如此之难,这就告诉我们,一味地崇古不行,过分的疑古也不行,只有在马克思主义指导下实事求是地研史考史,才能使自己提出的论点经得起历史的考验,并在重要课题的研究上取得突破,为社会的进步作出贡献。

(原载《兰州大学学报》2004 年第 5 期)

陇原不息的智慧之光

——金宝祥先生和他的史学研究

  我国唐史学界的著名学者，前甘肃省历史学会会长金宝祥先生于 2004 年 8 月 25 日逝世，陇原史学界一时感到无比的悲痛。在先生逝世一周年将到的时候，谨以此文致祭。

  金宝祥先生 1914 年 2 月 6 日生于浙江省萧山县临蒲镇戴家桥村。他 5 岁丧父，由慈母抚养成人。先生自幼勤奋好学，又得名师指点，著名的历史小说家蔡东藩曾为他的启蒙教师。考入中学后，虽值社会动乱，但从小环境看，他所上的中学有不少留学归来的学人任教，因而使他仍有条件受到良好的基础教育。1934 年 9 月，先生考入北京大学史学系，进一步受到那里浓郁学术空气的熏陶，聆听了当时许多文化界精英，如胡适、周作人、钱穆、陈寅恪等一代大师的讲课，奠定他的学术功底。毕业后，先生曾在四川大学、浙江英士大学等校任教，并从事唐宋史研究。1950 年 9 月，在我国著名史学家范文澜先生的推荐下，金宝祥先生来到西北师范大学的前身——西北师范学院，从那以后，50 多年来先生扎根陇原，倾其毕生精力，为包括甘肃、西北的国家建设培养数以千计的专门人才，并在中国唐史学界，以他卓越的研究成果，赢得赫赫声名。他曾担任甘肃师范大学（今西北师范大学）历史系副主任、主任，《甘肃师大学报》主编等职，还曾兼任中国历史学会理事；中国唐史学会理事、顾问；中国敦煌吐鲁番学会理事、顾问；甘肃省社会科学联合会顾问；甘肃省历史学会秘书长、会长、顾问等职。获得过国家"五一劳动奖"。他是西北师范大学为数极少的终身教授之一。陇原学子,乃至整个学界,凡治史学者无不以受先生之教为荣,以闻先生之名为快。他沾溉史林,嘉惠于后学者多,后学对他的崇敬也都出于真诚之心。

金宝祥先生一生治学严谨,不苟为文,著作必有自己的独到见解。《唐史论文集》可以说是他毕生史学论文的集萃,也是他的代表作。文集共收论文9篇,其中每一篇都是先生经过几年甚至十几年的"积渐、思考",精研深究才写出来的。它不仅全息着先生的学术生涯,而且崭露出他的史学智慧和功力。先生在世时,每与人会,必以他所关注的史学观点为言。今日,我们怀念金宝祥先生,自然也应提到他的主要学术观点。

金先生《唐史论文集》的开卷之作《唐代封建经济的发展及其矛盾》一文,撰成于1954年。在这篇文章中,先生研究均田制的瓦解、庄园制的兴起、安史之乱后江淮地区商品经济的繁荣,并提出"两税法中所规定的两税是夏秋两征的户税"这一著名的、为他终生坚持不放的史学观点。《和印度佛教寓言有关的两件唐代风俗》一文,说的是唐人受印度佛教和中国儒学的影响,将印度释典中所见"割股供养""燃灯祈福"引变为"割股疗亲""燃灯歌舞"的儒教习俗的史实。此文从1941年开始搜集资料,1947年初撰成文,到1956年改写定稿,前后经过15年。期间,还有一些题材,如寒食扫墓、放纸鸢等,都因种种原因而使思考不精,始终没有动笔撰写,由此也可以看到先生治学的严谨态度。在《论唐代的土地所有制》一文中,先生提出他终生坚持的又一重要史学观点,即他认为"以生产者依附关系强化为特征的世族地主所有制向以生产者依附关系减轻为特征的庶族地主所有制的转化,是唐代历史的一个基本内容"。同时,他认为"作为国家土地所有制形式的均田制""只是从属于世族地主所有制的一种形式"。这些见解都是极其精辟的。《关于中国封建社会土地私有制的形成问题》一文提出，春秋战国之际，自村社开始瓦解后，由于自由自耕农民的大批涌现，商人和商品生产随之活跃，小农经济陆续分化，在这样的历史条件下私家大土地私有制逐渐形成。他认为小农经济是商品生产得以存在和发展的基础；商品生产又陆续分化小农经济，促使土地迅速集中，形成大土地所有制。春秋战国以降，直到唐代尤其是安史之乱后，社会经济的发展都遵循着这一历史发展的轨迹。《论唐代的两税法》一文，提出许多十分有力的论据，详细论证唐代"两税法中所规定的两税是夏秋两征的户税而不是户税加地税"，从而重申他在七八年前提出的观点。《关于隋唐中央集权政权的形成和强化问题》一文，提出："自南北朝直到隋末，由于连绵不绝的农民起义而引起的私家佃农依附关系的开始减轻，是隋唐中央集权政权形成和强化的历史前提。""私家佃农依附关系由强化而减轻，表现为世族地主所有制向庶族地主所有制的转化。"中唐以后，由于均田制瓦解、府兵制毁废，长安政府的财政收入既不足以建立一支强大的中央禁军，又无力给养沿边和内地节度使的军队，在这种情况下，将征兵、养兵和税收的权力下放给地方节度使，从而出现藩镇割据的局面。但"只要生产者的依附关系的相对减轻这一基本条件不变，国家权力之走向统一强化，自是历史的必然"。五代之末到宋以后，统一强化的中央政权就逐渐显现出来了。先生的《论历史主义和阶级观点的相互关系》一文，认为："历史主义以阶级观点为内容，阶级观点以历史主义为依据。"直接生产者受大土地所有者的统治和奴役而缺乏人身自由的依附关系，是封建社会最一般的关系，它贯穿于整个封建社会，但在不同历史时期反映有所不同。在秦汉时期人身依附关系尚未强化，或隋唐时期人身依附关系已经由强化而减轻的条件下，国家政权必然是一个中央集权的政权。同时，"私家佃农人身依附关系由强化而减轻是唐代历史的基本内容。"在《北朝隋唐均田制研究》一文中,他将中国历史上的国家土地所有制,分为两种类型:战国以前是以村社所有制为内容的国家所有制;战国以后是以小土地所有制为内容、以地主所有制为前提的国家所有制。均田制的产生过程,就是国家佃农之受检括,变为国家编户而人身依附关系不断强化的过程。它的实质,"就是国家佃农人身依附关系的强化。开天之际,均田制的瓦解,也正是国家佃农经过长期斗争而终于摆脱繁重兵役和部分力役,从而标志其人身依附关系已由强化而减轻的一个必然结果。"在《唐史论文集》的压卷之作《安史乱后唐代封建经济的特色》一文中,先生提出人身依附关系减轻前提下出现的商品货币关系的发展,是"安史之乱"后唐代封建经济的特色的观点。文章回溯中国历史上商品货币关系产生、发展的过程及其"繁盛"和"冷落"的规律。指出唐代安史之乱后正是商品货币关系繁盛的时期,所有货币流通的广泛,商业资本、高利贷资本的发展,两税法的创立,封建剥削率的增长等等,都从不同的层面反映这一历史事实。

金先生的著作,除《唐史论文集》外,还有他主编的《甘肃史稿》(甘肃师范大学历史系 1964 年内部交流)、《中国古代史》(甘肃师范大学政史系 1974 年试用教材)、《隋史新探》(兰州大学出版社,1989年),论文还有《汉末至南北朝南方蛮夷的迁徙》(《禹贡》第 5 卷第 12期,1936 年 8 月)、《宋高宗南渡前后两淮及西北居民之南迁》(1940年《中央日报·昆明版》)、《南宋马政考》(《文史杂志》第 1 卷第 9 期,1941 年第 10 期)、《怎样探索我国封建主义流毒的历史根源》(《晋阳学刊》1981 年第 1 期)、《唐史探赜》(《西北师院学报》1982 年第 2期)、《马克思主义究竟怎样看待历史科学的任务》(《西北师院学报》1983 年第 2 期)、《吐蕃的形成、发展及其和唐的关系》(《西北史地》1985 年第 1、2 期)、《怎样更新史学》(《中外历史》1987 年第 5 期)、

《西夏的建国和封建化》(西北师范大学历史系编《西北史研究》,兰州大学出版社,1997年)等。他的研究以隋唐史为重点,涉及整个古代社会历史的经济、政治、社会、文化、民族、宗教和史学理论等领域。金先生常说,历史的本质是一种纵贯古今的思想,只有从纷纭复杂的现象形态里探索出本质的关系或规律,才能真正显现出历史的科学性。金先生的史学研究正是在这一思想指导下,独辟蹊径,探隐索微,钩深致远而自成一家之言。他的论文和观点,或许有不够完美和可以商榷的地方,但他的学术实践留给我们的治学精神和风范,却是值得我们永远效法和继承的。

我与金宝祥先生40年交往和师生情谊中,在治学方面感受最深、受益最大的有三点:一是先生对科学理论的执着追求。他要求自己、也要求学生从文献资料,东方哲学名著和马克思主义经典著作、黑格尔哲学等方面打下理论基础。为此,他除广泛阅读各类史学著作、儒经、子集、释典及今人著述外,又从20世纪50年代以来便入迷于读马列、黑格尔的著作,仅《资本论》就读三遍。他说对于《资本论》,他每读一遍都犹如跃上一个新台阶。"读懂后,自己的思维功能扩展了许多。它犹如一把刀,帮我剖析了中国社会的许多问题,提出了许多独到的历史见解。即使对文献资料也有了新的认识。"黑格尔的哲学著作如《小逻辑》《精神现象学》等深奥难懂,往往令人望而却步,但只要你潜心研读,便会享受到无限的乐趣。先生说他的"理性思维"便源于黑格尔哲学。金先生常说历史家应有理性思维的能力,因为研究历史最终要集中到一点,要形成一种体系。达到这一点非常难,研究者要不断地提高自己的思维能力,不被假象所迷惑,要透过事实的表面看到本质。他说他在进入耄耋之年后,虽然记忆力已大为衰退,但仍能比较深入、清晰地思考一些历史问题,这与他长期坚持读马列、读黑格尔的哲学著作分不开。

二是学术上的厚积薄发。金先生一生勤奋,孜孜矻矻,读书写作外别无所好。按说,他当成果丰硕,著作等身,但事实如前所述,他留给学界的最主要的著作只是一二十篇论文而已。这与先生一贯坚持厚积薄发的著述原则分不开。先生坚持厚积,就是多读书,多思考;薄发,就是不轻易为文,写出来的东西要经过长时期的深思熟虑,有新见解,经得起学界和时间的检验。他认为史学著作的内容,应像司马迁要求的那样,究天人之际,通古今之变,成一家之言。即研究人和自然的关系,古今社会变迁的规律,有个性化的体系和学术内容。1985年到1989年,我有幸参加金先生主持的《隋史新探》一书的研究和写作,那不过是15万字的一本小书,4个人写。金先生对我们几个参撰者首先讲他对本书的基本观点和思路,然后写个研究大纲,共4章,他亲自写第一章《隋史总论》,其余3章,要我和本系其他两位中青年教师侯丕勋、刘进宝二同志每人分写一章,期以3年完成,每个人的实际写作任务不过三四万字。此后,每一节写出来后,都由他反复地审查和修改,鼓励我们继续钻研提高。就这样整整搞了3年多时间,直到1989年10月,才正式出版。我们写的书稿,出版前大都以论文形式发表,并由《中国史年鉴》《高校文科学报文摘》等简要介绍。《隋史新探》出版后,获得甘肃省教委社科优秀成果一等奖;然而对于我们来说,更大的收获是近距离地受到先生勤奋、严谨学风的熏陶。金先生经常嘱望年轻学人,文章要写,但切勿贪多,多必滥,保证不了质量。这是多么切中时弊和关爱有加的言语!

三是史学论著的创新精神。金宝祥先生对于写史著文的要求非常严格。他认为写文章不仅是向读者介绍一些历史知识,更不是找一些稀奇古怪的资料来论证一个经不起推敲的观点。史学论著的目标应揭示社会历史的本质和辩证运动的规律,讲历史应把它讲成一个点,这个点展开来就是一个体系。他是这样说的,也是这样做的。封建社会的历史现象纷繁复杂,金先生抓住人身依附关系这个"点",认为它是中国封建社会的本质。人身依附关系有私家佃农对私家地主的依附关系;也有国家佃农对国家地主的依附关系,金先生认为这两类依附关系是互相补充的。秦汉以前的封建社会虽然也存在人身依附关系,但私家佃农对私人地主的人身依附关系尚未强化,因而必然要由国家佃农人身依附关系的强化来弥补,这就出现了中央权力的加强和国家统一的局面。魏晋南北朝时期,私家佃农对私人地主的人身依附关系大大地强化,私家地主的分割性使他们在政治上以国家政权为工具,实现对人民群众的统治,而在经济上又向国家争夺农民的剩余劳动,这是造成当时社会分裂的主要原因。以北魏孝文帝改革为契机,降至唐中叶这段时期,私家佃农的人身依附关系又逐渐减轻,同时,以均田制的推行为标志,国家佃农对国家地主的依附关系又逐渐强化,于是安史之乱以后,以国家佃农人身依附关系强化为特征的中央集权不断加强,就成了历史发展的主导方面。循此研究中国封建社会的历史,就抓住了它的规律性。

金先生每发表一篇论文,都会在学术界引起很大的反响,这是因为他在学术上刻意创新,不苟写作的缘故。他的每一篇文章都提出与他对整体历史认识相一致的经得起人们推敲和实践检验的观点,给人以耳目一新的感觉。例如,唐中期以后社会经济发展的趋势,学术界多认为这时唐朝的社会经济在倒退。金先生以他对中国封建社会经济发展的总体趋势为依据,列举这一时期私家佃农人身依附关系的减轻、商品货币的广泛流通、商业高利贷资本的迅速膨胀、以货币地租为主要内容的两税法的创立及封建剥削率的增长等历史事实,令人信服地证明那正是唐朝商品货币关系繁盛的时期。"飞钱""邸肆"以货币为主的两税法等的出现,甚至为尔后资本主义萌芽的产生创造条件。如前所述,他对其他历史问题的研究,也是这样富于创意。

金宝祥先生对我私谊甚厚，关爱有加。四十年来，不论同在一校还是暂离兰州，我都与先生没有间断联系，学习研究遇到困难便常向他请教，得先生一言指点，犹如怀揣真理。当我听到先生逝世的噩耗，内心不胜惊愕、悲哀，急约张培德教授一起赶到金先生家，在先生的灵堂前，面对他的遗像，眼前顿觉一片迷茫。我焚香秉烛，顶礼膜拜，并由衷地献上一幅挽联，以表达我的哀悼之情：曾援巨臂扶我登堂奥，暂抑深哀送师出俗尘。

金宝祥先生的英名将永驻我心！

（原载《甘肃社会科学》2005 年第 5 期）

附录

李清凌主要论著目录

一、论　文

1. 李清凌:《范仲淹与宋夏和议》,《历史教学与研究·西北师院学报增刊》1983。《中国人民大学复印报刊资料·中国古代史》1983(6)转载;《中国历史学年鉴》(1984)简介。

2. 李清凌:《关于宋代营田的几个问题》,《西北师院学报》1985(3)。《中国人民大学复印报刊资料·经济史》1985(8)转载;《中国史研究动态》1985(12)摘登,《中国历史学年鉴》(1986)介绍。

3. 李清凌:《南宋秦陇军民的抗金斗争》,《历史教学与研究·西北师院学报增刊》1985。

4. 李清凌:《丝绸之路上的裴矩》,《西北师院学报》1986(1)。

5. 李清凌:《陇西李冲与魏孝文帝的改革》,《西北师院学报》,1987(4)。

6. 李清凌:《北朝以来私家佃农人身依附关系的开始减轻》,《西北师院学报》1988(2)。《高等学校文科学报文摘》1988(5)介绍。

7. 李清凌:《隋朝对西部地区的经营》,《西北民族学院学报》1988(1)。

8. 李清凌:《均田制的毁而复兴和兴而复毁》,《历史教学与研究·西北师院学报增刊》1988。《中国历史学年鉴》(1989)介绍。

9. 李清凌:《均田制既推行于北方必推行于南方》,《甘肃教育学院学报》1989(1)。

　　10. 李清凌:《文书契约租佃制的产生、发展和作用》,《西北师大学报》1990(2)。《中国人民大学复印报刊资料·经济史》1990(5)转载;《高等学校文科学报文摘》1990(4)介绍。

　　11. 李清凌:《唐代河陇地区的农牧业》,《甘肃教育学院学报》1990(2)。

　　12. 李清凌:《试论北宋的弓箭手田制》,《西北师大学报》1992(1)。

　　13. 李清凌:《宋朝陇右地区的榷卖与民间贸易》,《西北师大学报》1993(1)。

　　14. 李清凌:《唐代河陇地区的商品经济》,《甘肃教育学院学报》1993(2)。

　　15. 李清凌:《宋代陇右地区的土地经营》,《西北师大学报》1994(2)。

　　16. 李清凌:《吐鲁番出土文书"衣物疏"浅析》,《丝绸之路》1994(5)。

　　17. 李清凌:《魏晋十六国北朝各民族政权竞争下的西北经济》,《甘肃社会科学》1995(5)。

　　18. 李清凌、王三北:《从东西部差距的形成看民族关系的重要性》,《开发研究》1995 (6)。《中国人民大学复印报刊资料·民族学》1996(2)转载。

　　19. 李清凌:《学田制度:庆历改革的一项创举》,《西北师大学报》1995(6)。《新华文摘》1996(2)摘登;《中国史研究动态》1996(12)介绍。

　　20. 李清凌:《宋代的职田制度与廉政措施》,《西北师大学报》1997(1)。《中国人民大学复印报刊资料·宋辽金元史》1997(3)转载。

21. 李清凌:《三国至唐前期的"丝绸之路"》,潘竟万主编:《黄金大道》,甘肃人民出版社1997年。

22. 李清凌:《天下称富庶者无如陇右——汉唐河陇经济的繁荣》,《文史知识》1997(6)。

23. 李清凌:《汉唐陇右少数民族》,《中国典籍与文化》1997(3)。

24. 李清凌:《战国秦汉西北地区的土地所有制与经营方式》,《简牍学研究》1997。

25. 李清凌:《战国秦汉西北地区的手工业》,《简牍学研究》1997。

26. 李清凌:《从官庄看宋朝政府的管理活力》,《西北师大学报》1998(3)。

27. 李清凌:《两汉在西北的屯田制度》,《简牍学研究》1998。

28. 李清凌:《论西夏政权的历史作用和影响》,《宋史研究论文集》,宁夏人民出版社1999年。

29. 李清凌:《佛教传入中国应从西域算起》,《史学论丛》,甘肃文化出版社2000年。

30. 李清凌:《从〈述善集〉看河南濮阳西夏遗民的族属与汉化》,《固原师专学报》2000(4)。

31. 李清凌:《元代西北的理学思想》,《黄河论坛》2001(1)。

32. 李清凌:《明代西北的佛教》,《甘肃教育学院学报》2001(2)。

33. 李清凌:《藏传佛教与宋夏金时期西北的民族关系》,《西北民族学院学报》(哲学社会科学版·汉文版)2001(2)。

34. 李清凌:《藏传佛教与中国传统文化的关系》,《中国藏学》2001(3)。

35. 李清凌:《关于〈中国文化史〉的几个问题》,《西北师大学报》2001(5)。《中国人民大学复印报刊资料·文化研究》2002(1)转载。

36. 李清凌:《汉唐两代对西部的开发》,《历史教学》2001(12)。

37. 李清凌:《中国宋史研究会第十届年会暨唐末五代宋初西北史研讨会综述》,《甘肃社会科学》2002(6)。

38. 李清凌:《中国宋史研究会第 10 届年会暨唐末五代宋初西北史研讨会有关经济史研讨综述》,《中国经济史研究》2002(4)。

39. 李清凌:《北宋的西北人口》,《河西学院学报》2002(4)。《中国人民大学复印报刊资料·宋辽金元史》2003(1)转载。此文又以《北宋西北人口蠡测》为题载《漆侠先生纪念文集》,河北大学出版社,2002 年。

40. 李清凌:《汉唐气象与西北开发——汉唐开发西北的历史回顾》,《甘肃社会科学》2002(1)。

41. 李清凌:《宋夏金时期佛教的走势》,《西北师大学报》2002(6)。

42. 李清凌:《铜奔马与西北古代经济开发——武威铜奔马出土30 周年纪念》,《中国社会科学院院报》2002 年 5 月 30 日。

43. 李清凌:《初访陇山莲花台》,《丝绸之路》2002(12)。

44. 李清凌:《元明清时期甘青地区的土司制》,《云南社会科学》2003(5)。

45. 李清凌:《麦积山石窟的开凿背景与价值》,《丝绸之路》2003(7)。

46. 李清凌:《元明清时期西北的经济开发》,《西北师大学报》2003(6)。《中国人民大学复印报刊资料·经济史》2004(3)转载。

47. 李清凌:《〈高僧传合集〉与宋夏金时期西北的佛教》,《西藏大学学报》(汉文版)2004(4)。

48. 李清凌:《论我国西北思想史的几点经验》,《甘肃社会科学》2004(6)。

49. 李清凌：《关注姓氏文化资源的保护和研究——以陇西李氏的地望为例》，《兰州大学学报》2004(5)。

50. 李清凌：《畤文化考论》，《西北师大学报》2004(5)。《高等学校文科学报文摘》2004(6)转摘。

51. 李清凌：《隋朝对待西北民族的谋略思想》，《甘肃联合大学学报》2004(3)。

52. 李清凌：《1980 年以来西北开发史研究》，《中国边疆史地研究》2004(2)。

53. 李清凌：《史学遗产与民族精神学术研讨会综述》，《史学史研究》2005(1)。

54. 李清凌：《隋唐五代时期西北的经济开发思想》，《西北师大学报》2005(6)。

55. 李清凌：《陇原不息的智慧之光——金宝祥先生和他的史学研究》，《甘肃社会科学》2005(5)。

56. 李清凌：《改进历史学函授(专升本)教学的一点建议》，《西北成人教育学报》2005(2)。

57. 李清凌：《以区域文化优势促进西部经济发展——论史学遗产在西部大开发中的作用》，《开发研究》2005(3)。

58. 李清凌：《宋朝西北经济开发的动力》，《中国社会经济史研究》2005(1)。

59. 李清凌：《元明清管理甘青民族地区的政治思想》，《史林》2006(6)。

60. 李清凌：《西北古代农田水利开发的类型投资者和基本经验》，《西北师大学报》2006(5)。

61. 李清凌：《西北古代农田水利建设的技术》，《甘肃联合大学学报》2006(4)。

62. 李清凌:《宋元手工业史研究的集成之作——简评〈中国手工业经济通史〉宋元卷》,《甘肃社会科学》2006(3)。

63. 李清凌:《魏晋十六国北朝西北的经济开发思想》,《宁夏社会科学》2006(2)。

64. 李清凌:《槐里·狄道·成纪——陇西李氏的三个地望》,《丝绸之路·文论》2006(总第14辑)。

65. 李清凌:《西北古代农田水利开发的三个高峰》,《西北师大学报》2007(5)。

66. 李清凌:《元明清三朝治理甘青民族地区的特点、成就和经验》,《甘肃联合大学学报》2007(4)。

67. 李清凌:《通儒达道,政乃升平——论傅玄的政治思想》,《宁夏师范学院学报》2007(2)。

68. 李清凌:《崔沔和杜佑的货币思想》,《甘肃金融》2007增刊。

69. 李清凌:《北宋治理西北边疆民族的思想和实践》,《河西学院学报》2008(1)。

70. 李清凌:《元代西北教育的特点》,《西北师大学报》2008(6)。

71. 李清凌:《元明清治理甘青民族地区的防灾减灾思想和实践》,《甘肃社会科学》2008(4)。

72. 李清凌:《清代甘青宁民族地区的教育》,《青海民族研究》2008(2)。

73. 李清凌:《西北开发史上有没有过辉煌?——介绍田澍主编〈西北开发史研究〉》,《历史教学》(高校版)2008(1)。

74. 李清凌:《论龙祖伏羲生活的时代——伏羲研究之一》,《宁夏社会科学》2008(1)。

75. 李清凌:《论杨家将历史知名度的形成和提高》,《史学论丛》第12集,中国科学文化出版社2008年。

76. 李清凌:《魏晋至清朝西北史家治史重点的转变》,《赵吉惠纪念文集》,陕西人民出版社 2008 年。

77. 李清凌:《西北区域政治史上比较优势的骤衰》,《宁夏社会科学》2009(6)。《中国人民大学复印报刊资料·魏晋南北朝隋唐史》2010(2)转载。

78. 李清凌:《明代西北的教育》,《历史教学》(高校版)2009(9)。

79. 李清凌:《杜佑的经济和政治思想》,《贵州社会科学》2009(3)。

80. 李清凌:《彩陶与中国文化的起源》,《丝绸之路》2009(2)。

81. 李清凌:《魏晋十六国北朝西北各政权的人才兴国》,《丝绸之路》2009(18)。

82. 李清凌:《用张澍的学术取向研究张澍——崔云胜〈张澍研究〉序》,《河西学院学报》2010(1)。

83. 李清凌:《苏绰治理乱世的政治思想》,《西北师大学报》2011(2)。

84. 李清凌:《西夏立国长久原因探析》,《丝绸之路》2011(8)。

85. 李清凌:《曹全碑碑主新考》,《丝绸之路》2011(14)。

86. 汪永臻、李清凌:《魏晋十六国北朝西北人口发展的趋势和特点》,《西北人口》2012(6)。

87. 汪永臻、李清凌:《唐宋西北人口与经济社会的发展》,《西北师大学报》2012(3)。

88. 李清凌:《周公旦:西北政治思想史上的一座丰碑》,《丝绸之路》2012(4)。

89. 李清凌:《中国最早的乡民自治公约——蓝田吕氏〈乡约〉研究》,《甘肃理论学刊》2013(4)。

90. 李清凌:《昆仑丘与甘肃始祖文化》,《天水师范学院学报》

2013(3)。

91. 李清凌:《秦人早期在甘肃的活动》,雍际春等主编:《嬴秦西垂文化——甘肃秦文化研究会首届学术研讨会论文集》,甘肃人出版社2013年。

92. 李清凌:《辩证地认识秦族起源的问题》,雍际春等主编:《秦文化探研——甘肃秦文化研究会第二届学术研讨会论文集》,甘肃人民出版社2015年。

93. 杨发鹏、李清凌:《松筠在"丝路"新疆段管理的创造性成就》,《历史教学》2017(4)。

94. 李清凌:《一个伟大的传说》,雍际春主编:《轩辕文化研究论文集》,甘肃科学技术出版社2017年。

95. 李清凌:《秦亭:秦嬴的族源地》,雍际春主编:《轩辕文化研究论文集》,甘肃科学技术出版社2017年。

96. 李清凌:《街亭地名的历史演变》,《甘肃史志》2017(2)。

97. 李清凌:《清华简〈系年〉"是秦先人"新解》,《辉煌雍城——全国(凤翔)秦文化学术研讨会论文集》,三秦出版社2017年。

98. 李清凌:《五帝之祀的历史演变》,赵逵夫主编:《先秦文学与文化》第六辑,上海古籍出版社2017年。

99. 李清凌:《甘肃文化二十年——〈甘肃省志·文化志·概述〉》,《甘肃史志》2019(1)。

100. 李清凌:《秦人的马文化》,《甘肃日报》2019年1月2日。

101. 李清凌:《让兰州黄河文化资源活起来》,《甘肃日报》2020年1月2日。

二、著　作

1. 李清凌:《教育科学研究的历史法》,李秉德主编:《教育科学研究方法》,人民教育出版社 1987 年。

2. 金宝祥、李清凌、侯丕勋、刘进宝著:《隋史新探》,兰州大学出版社,1989 年。

3. 李清凌、左尚志、蒋克强主编:《瓦岗英雄与隋唐人物》,甘肃人民出版社,1990 年。

4. 李清凌著:《史学理论与方法》,甘肃民族出版社 1993 年。

5. 李清凌主编:《甘肃经济史》,兰州大学出版社 1996 年。

6. 李清凌著:《西北经济史》,人民出版社 1997 年。

7. 李清凌主编:《中国文化史》,高等教育出版社 2002 年。

8. 李清凌主编:《隋唐之际人物》,华文出版社 2004 年。

9. 朱瑞熙、王曾瑜、李清凌主编:《宋史研究论文集》第十辑,兰州大学出版社 2004 年。

10. 郭厚安、李清凌主编:《西北通史》第三卷,兰州大学出版社,2005 年。

11. 李清凌著:《元明清治理甘青少数民族地区的思想和实践》,中国科学文化出版社 2008 年。

12. 李清凌、钱国权著:《中国西北政治史》,人民出版社 2009 年。

13. 李清凌、张海亮、汪永臻编著:《中华文明史》,天津古籍出版社 2011 年。

14. 李清凌著:《华夏文明的曙光》,中国社会科学出版社 2013 年。

15. 李清凌著:《秦亭与秦文化》,中国社会科学出版社 2016 年。

16. 李清凌主编:《中国文化史》第 2 版,高等教育出版社 2017 年。

17. 李清凌编著:《古代乡规民约精华》,甘肃教育出版社 2020

年。

18. 李清凌总纂:《甘肃省志·文化志》(1986—2007 年),甘肃文化出版社 2020 年。

后 记

　　这里收录的是我自 20 世纪 80 年代以来近 40 年所写文章的选编。虽然水平不高，却能反映本人的学术追求和志趣所向，重新读过，惭愧之余，亦有敝帚自珍之感。

　　人说做研究工作是辛苦的，但我从未感到辛苦，反倒是乐在其中。在新技术迅猛发展的今天，从事历史研究的人比前辈学者幸运多了。网络搜寻技术的应用，使历史研究的条件极大地改善，往往足不出户，就能查阅到全国各大图书馆所藏资料。先辈学者倾终生之精力收集到或收集不到的资料，今人很容易就能看到。只要确定有价值的研究课题，尽可能全面完整地搜集和占有资料，深入思考，坚持不懈，就一定会做出成绩。

　　此书的出版，得到甘肃省社会科学院的资助，得到西北师范大学历史文化学院院长何玉红同志的提议、编辑和操办，得到甘肃人民出版社总编辑李树军同志、张菁同志的热情支持，提出许多宝贵修改意见。西北师范大学历史文化学院博士生缪喜平、张宸、郭海东等同学在搜集论文、编辑文稿、史料校对等方面付出辛勤劳动。在此，谨对以上单位和同志们表示最衷心的感谢。

　　作者能力有限，文稿外误仍会不少，敬请读者多加指正。

李清凌

2020 年 9 月 15 日

《陇上学人文存》 已出版书目

第一辑

《马　通卷》马亚萍编选　　《支克坚卷》刘春生编选
《王沂暖卷》张广裕编选　　《刘文英卷》孔　敏编选
《吴文翰卷》杨文德编选　　《段文杰卷》杜琪　赵声良编选
《赵俪生卷》王玉祥编选　　《赵逵夫卷》韩高年编选
《洪毅然卷》李　骅编选　　《颜廷亮卷》巨　虹编选

第二辑

《史苇湘卷》马　德编选　　《齐陈骏卷》买小英编选
《李秉德卷》李瑾瑜编选　　《杨建新卷》杨文炯编选
《金宝祥卷》杨秀清编选　　《郑　文卷》尹占华编选
《黄伯荣卷》马小萍编选　　《郭晋稀卷》赵逵夫编选
《喻博文卷》颜华东编选　　《穆纪光卷》孔　敏编选

第三辑

《刘让言卷》王尚寿编选　　《刘家声卷》何　苑编选
《刘瑞明卷》马步升编选　　《匡　扶卷》张　堡编选
《李鼎文卷》伏俊琏编选　　《林径一卷》颜华东编选
《胡德海卷》张永祥编选　　《彭　铎卷》韩高年编选
《樊锦诗卷》赵声良编选　　《郝苏民卷》马东平编选